2025 미래 투자 시나리오

2025

대긴축의 시대를 돌파할 전략 인사이트

미래 투자 시나리오

최윤식 지음

알키

정해진 미래에 투자하라

2015년 이후, 제4차 산업혁명이 지구촌을 강타하고 있다. 2020~2021년에는 코로나19가 전 세계를 충격에 몰아넣었다. 이제, 세계는 그 충격에서 점차 벗어나 '위드 코로나With Covid-19 시대'로 진입하고 있다. 위드 코로나 시대는 코로나19 바이러스와 오랫동안 함께 살아야 하는 환경, 코로나19 이전에 이미 시작되었던 미래가 빨라지는 환경이 핵심이다. 이렇게 투자시장을 둘러싼 환경이 매우 빠르고 급하게 변하는 시기에는 미래 변화 흐름trend과 신호를 읽어내는 힘이 중요하다.

"미래는 투자시장에서 숫자로 나타난다."

필자가 즐겨 하는 말이다. 특히 주식시장은 정치, 경제, 사회, 문화, 기술, 산업, 환경 등 세상 모든 영역의 미래 변화 흐름과 신호가 투자라는 용광로 속에 녹아서 숫자로 재탄생하는 곳이다. 미래 변화 흐름과 신호를 나타내는 수많은 숫자들이 급변하는 투자 심리와 섞이면 거대한 가격 변동성을 만들어낸다. 그 속에서 이리저리 휩쓸리지 않으려면 미래 변화 트렌드와 신호를 읽어내는 통찰력이 필요하다. 통찰력이 없으면 급류에 휩쓸리기 쉽다.

통찰력 훈련의 기초는 사실을 많이, 그리고 잘 알아야 한다. '많이 안다'는 것은 수많은 정보 속에서 사실fact and score을 최대한 많이 찾아낸다는 의미다. '잘 안다'는 것은 찾아낸 사실들을 이리저리 섞어가면서 비판적 사고critical thinking로 의심하고, 남과 다르게 생각해 보고, 시스템 사고로 연결해 보고, 가추사고(가설-추론 사고)로 다양한 가설들을 만들어 머릿속에서 충돌시켜 보는 것이다. 이런 과정을 반복하다 보면 미래가 흘러가는 방향과 신호를 얼추 가늠하는 통찰력이 생긴다.

통찰력이 향상될수록 소음, 소문, 가짜 뉴스에 휘둘리지 않게 된다. 통찰력이 부족하면 투자시장에서 모두가 흥분할 때 같이 흥분하고, 주가가 하락하면 공포감으로 올바른 판단을 하지 못하게 된다. 이 책은 세상의 다양한 영역에서 미래를 향해 움직이는 사실들을 추적하면서 투자시장의 흐름을 제대로 읽어내는 노력을 할 것이다.

"미래는 갑자기 만들어지지 않는다."

이 말도 필자가 즐겨 하는 말이다. 투자자들이 발견하고 싶은 미래 방향은 아무런 이유 없이 막연하게 만들어지지 않는다. 미래는 과거와 현재 안에 '미래를 만드는 힘'으로 이미 존재한다. 필자는 미래를 만드는 힘을 '심층 원동력driving forces'이라고 부른다. 통찰력이 향상되면 이런 심층 원동력을 찾아낼 수 있다. 미래는 어느 날 갑자기 우리 눈앞에 '짠~' 하고 나타나지 않는다. 미래는 반드시 '미래 신호futures signals'를 먼저 주고 온다. 정확히 말하면, 심층 원동력이 움직이면서 보내는 신호다.

이런 미래 신호를 발견하기 위해서는 현재 존재하는 모든 것들을 제로베이스에서 다시 생각하는 용기가 필요하다. 미래 신호를 발견하는 데에 최대 장애물이 현재 굳건하게 존재하는 것들이기 때문이다. 현존하는 것들은 그 존재가 굳건하고 강력할수록 미래에도 영원할 것이라는 착각도 크게 들게 한다. 하지만 역사가 알려주는 교훈은 '영원히 성장하는 것은 없다'는 것이다. 조금만 돌아보라. 정말 많은 산업과 기업들이 강력하게 존재했다가 한순간에 사라졌다. 특히 변화가 크고, 빠르고, 급한 '패러다임 전환의 시기'에는 이런 일들이 반드시 일어난다.

"미래 예측에는 '미래 오차'가 따른다."

아무리 미래 신호를 잘 추적하고, 미래 변화를 만드는 심층 원동력을 정확히 파악하더라도 미래 변화를 완벽하게 예측하는 것은 불가능하다. 미래 가치 추정, 미래 변화의 속도와 시기 예측에는 늘 오차가 발생하기 마련이다. 필자는 이것을 '미래 오차

futures errors'라고 부른다. 예를 들어, 미래 가치가 큰 기업, 산업, 투자자산을 찾았다고 해도 가격 결정은 다른 문제가 될 수 있다. 가격 상승이 생각보다 빠르거나 혹은 느릴 수도 있다. 미래 방향은 맞았지만 속도가 문제라는 말이다. 다행히 투자시장에서는 미래 오차를 헤지hedge(위험회피)하는 방법이 있다. 분산투자다. 하지만 분산투자를 잘하려면 투자시장의 다양한 변화를 종합적으로 알고 있어야 한다. 투자자산마다 제각각 다른 미래 방향과 속도가 있기 때문이다. 이 책이 투자시장의 다양한 영역들(주식, 채권, 부동산, 원자재, 달러, 암호화폐)을 들여다보는 이유다.

마지막으로, 투자 세계에서 남들보다 미래 방향을 먼저 통찰하는 선구자에게는 약간의 희생이 뒤따른다. '기다림'이라는 희생이다. 시장에는 오해, 무관심, 저평가, 대중의 광기, 대실망, 조급함 등이 난무한다. 시장에서 미래 가치가 빛을 발하려면 이런 우여곡절을 거쳐야 한다. 기다림을 인내 혹은 장기투자라고 해도 된다. '마음 다스림'은 시장의 광기에 휩쓸리지 않고 미래를 향해 인내하며 나가는 데 큰 도움이 못 된다. '공부'가 흔들리지 않는 확신을 주고, 확신이 인내를 만들어낸다. 투자 세계에서 살아있는 전설로 불리는 워렌 버핏은 이런 말을 했다.

"스스로 읽고 생각해 투자 결정을 내린다.
원칙에 따라 내린 투자 결정에 대해선 주변에서
뭐라고 하든 개의치 않는다."

스스로 읽고 생각하는 힘은 공부에서 나온다. 공부가 어느 정도 수준에 올라서면, 자신만의 투자 관점과 원칙이 생긴다. 탄탄한 공부를 통해 만들어진 원칙을 따라 투자 결정을 내리면 마음이 저절로 다스려진다. 시장 광기에도 일희일비하지 않고 굳건한 반석 위에 서 있는 힘을 발휘할 수 있다.

이 책을 손에 쥐었다면 공부하는 투자자일 것이다. 흔들리지 말고 공부하기를 바란다. 이 책은 공부하는 투자자를 위한 것이다. 단순하게 투자 종목을 추천하는 책이 아니다. 필자가 투자 종목을 추천하지 않는 이유가 있다. 어떤 투자자산과 종목으로도 수익은 낼 수 있다. 채권시장을 보라. 파산 직전에 있는 '정크본드'로도 큰 수익을 낼 수 있다. 심지어 파산 선고를 받은 기업 주식으로도 수익을 내는 사람이 있다. 정크는 정크에 맞는 투자전략을 구사했기 때문이다. 필자는 이렇게 말하고 싶다.

"투자수익은 '전략'에서 나온다."

이렇게 말하는 사람도 있을 것이다. "투자수익은 좋은 종목 선택에서 나오는 게 아닙니까?" 맞다. 하지만 좋은 종목을 선택하는 것도 '전략'이다. 좋은 종목을 선택해도 그 종목에 맞는 전략을 함께 구사하지 않으면 손실을 낸다. '투자 환경의 변화'를 공부하는 것은 좋은 전략을 만들어내는 기초다. 좋은 전략이라고 해서 엄청나게 복잡하고 세밀하지 않다. 베일에 쌓여 숨겨져 있지도 않다. 투자 환경의 복잡성과 변화를 잘 읽어내면 좋은 전략이 자연스럽게 보이게 된다.

투자 환경의 변화는 공부하고 연구해야 읽어낼 수 있지만, 좋은 투자전략은 투자 환경 변화를 공부할수록 '직관적으로' 발견할수 있다. 투자전략은 '무엇을, 언제 사고, 언제까지 보유할 것인가'에 대한 단순하고 명쾌한 해답이기 때문이다. 공부하지 않으면 단순하고 명쾌한 해답이 엄청나게 복잡하고 모호한 영역이 된다. 필자는 복잡하고 불확실성이 높은 투자시장에서 단순하고 명쾌한 답을 찾고자 하는 사람들을 돕는 길라잡이가 되기를 바라는 마음으로 이 책을 썼다.

이 책이 독자들을 만나기까지 수많은 사람들의 도움이 있었다. 책이 나오기까지 도움을 준 출판사 대표님과 편집 팀, 아시아미래인재연구소 연구원들, 그리고 부모님과 가족의 지원과 응원에 감사드린다. 무엇보다 이 책을 펼쳐 들고 필자의 미래 생각을 들어주는 독자들에게 큰 감사를 드린다. 부디 이 책에 담긴 내용이 더 나은 미래를 만들어가고자 하는 모든 이들에게 도움이 되기를 바란다.

2022년 1월, 더 나은 미래를 위해
미래학자 최윤식 박사

차례

Part 3 **패권전쟁의 시대,**
반도체와 기술주, 버블 붕괴의 확률적 미래

Part
1

위드 코로나 시대,
종합주가지수의 미래

위드 코로나 시대,
투자시장의 방향과 핵심 원동력

위드 코로나 시대가 시작되었다. 투자시장에서는 이전과 전혀 다른 상황이 펼쳐질 것이다. 이유가 무엇일까? 변화의 흐름을 주도하는 힘이 바뀌기 때문이다. 2020년 3월부터 2021년 가을까지는 '코로나19 팬데믹(세계적 대유행) 확산'이라는 단 하나의 변수가 투자시장 흐름을 주도했다. 이제부터는 다양하고 복잡한 변수들이 투자시장의 변화 흐름에 영향을 미친다. 필자가 주목하는 핵심 원동력은 다섯 가지다. 위드 코로나, 긴축, 미중 패권전쟁 3라운드, 기후변화 위기, 미래 기술.

첫 번째 핵심 원동력은 '위드 코로나'다. 위드 코로나는 코로나19의 '완전 종식'에서 '안전한 동행'으로의 정책 전환을 의미한다. 당연히 사회적 거리두기 완화와 경제봉쇄 해제 등의 조치가 뒤따른다. 앞으로 전 세계 모든 국가들이 위드 코로나로 방역정책을 선회하는 것은 '이미 정해진 미래'다. 투자시장과 관련된 문제는 속도다. 국가 간에 위드 코로나로의 정책 전환 속도에 따라 경제성장률 경로가 달라진다. 국가 전체의 경제성장률 경로는 종합주가지수에 직접 영향을 미친다.

두 번째 핵심 원동력은 '긴축'이다. 미국 바이든 정부 시기 내내, 미국 연준과 각국 중앙은행은 양적완화에서 긴축으로 방향을 전환한다. 긴축정책의 속도와 규모에 영향을 미치는 하위 변수는 인플레이션율과 실업률이다. 긴축의 속도와 규모로 인해 미국과 신흥국 주식시장의 행보에 차이가 생긴다. 미국 내에서도 주식과 채권의 밸런싱에 영향을 준다. 글로벌 투자시장에서는 금, 환율, 원자재 가격에 영향을 미친다. 긴축 속도가 빨라지고 규모가 커질수록 기술주, 암호화폐, 부동산 가격에 미치는 영향력도 커진다.

긴축 과정에서 실물시장이 갑자기 얼어붙으면 스태그플레이션stagflation이라는 뜻밖의 사태가 벌어질 수도 있다. 스태그플레이션은 경기침체를 뜻하는 스태그네이션stagnation과 물가상승을 뜻하는 인플레이션inflation을 합성한 말이다. 경제불황과 물가상승이 동시에 발생하는 상태다. 스태그플레이션 중에서도 정도가 심한 것을 슬럼프플레이션slumpflation이라고 한다. 미국에서 스태그플레이션 상황이 처음 등장한 때는 1969~1970년이었다. 석유파동이 일어나면서 경기는 침체했지만 물가는 치솟는 당황스런 상황이 펼쳐졌다. 실물경제 사이클이 침체로 전환되는 기간에 에너지를 비롯한 원자재 가격이 상승하거나, 군사비나 실업수당 같은 정부의 소비적 재정지출이 확대되거나, 노동조합의 압력으로 근로자의 최저임금 급상승이 계속되고 기업의 원가 및 관리비 상승

그림 1. 2010~2021년 미국 GDP(분기) vs. 다우지수 추이

출처: TRADINGECONOMICS.COM

이 제품 가격 상승에 전가되거나 하면 스태그플레이션이 갑자기 찾아올 수 있다.[1] 만약 앞으로 진행되는 긴축 과정에서 이런 상황이 갑작스럽게 찾아오면 전 세계 주식시장의 대폭락이 앞당겨질 수 있다.

세 번째 핵심 원동력은 '미중 패권전쟁hegemonic war 3라운드'다. 코로나19로 잠시 멈췄던 미국과 중국의 패권전쟁이 다시 시작된다. 미국과 중국은 글로벌 투자시장에서 절대적 영향력을 발휘한다. 두 국가가 충돌하면 그 자체만으로도 투자시장에 대지진이 일어난다. 전 세계 투자시장 참여자들은 미중이 경제력과 군사력으로 영향력을 넓히려고 벌이는 패권전쟁의 향배를 주목하고 있기 때문이다. 그림 1을 보자. 2010~2021년까지 미국 경제성장률과 다우지수 추세다. 미중 무역전쟁 기간에 경제성장률과 다우지수가 모두 하락했다. 다우지수 조정폭은 연준이 긴축을 단행했던 2015~2016년보다 컸고, 2010년 4월 13일에 그리스가 구제금융을 신청하면서 유럽에 금융위기가 발발했을 때와 비슷했다.

미중 패권전쟁이 투자시장에 미치는 영향은 광범위하다. 미국은 세계 최대 소비시장이면서 동시에 전 세계 투자시장의 방향을 결정하는 선도 국가다. 중국은 전 세계 공급망의 중심 국가다. 이들의 움직임, 경쟁, 갈등 관계에 따라 기업의 이익, 국가 성장률, 원자재 수요와 공급, 채권과 환율시장의 향방이 결정된다.

미중 패권전쟁의 시작(제1차 국면)은 버락 오바마 행정부 시절이었다. 2008년, 서브 프라임 모기지 사태로 미국 경제가 붕괴되고 달러 신뢰도가 흔들렸다. 중국은 이 기회를 놓치지 않고, 패권국가의 야심을 드러냈다. 오바마 정부는 '차이메리카' 관계를 깼다. 달러 가치 회복, 미국 내 산업과 일자리 회복을 위해 '은근한 보호무역주의 태도'로 전환했다. 이렇게 시작된 미중 간의 패권전쟁은 2016년 도널드 트럼프가 대통령에 당선되면서 제2차 국면으로 발전했다. 트럼프 대통령은 중국과 거침없는 말 폭탄을 주고받으며 전 세계를 긴장으로 몰아넣었다. 미국과 중국은 곧이어 관세 폭탄을 주고받았다. 신냉전 시대가 시작되었다는 평가가 줄을 이었다. 주식시장에도 대지진이 일어났다.

하지만 실리에 민감했던 트럼프 대통령은 표면적으로 강렬하게 치고받는 모습을 연출했지만, 이면에서는 중국이 민감하게 생각하는 인권이나 환경문제 같은 약점은 건들지 않았다. 중국이 신장 위구르족의 인권이나 홍콩 민주화 시위를 탄압할 때, 트럼프 대통령은 겉으로는 경고하고 엄포를 놓았지만 실제 행동은 취하지 않았다. 중국도 실리를 추구하는 트럼프 대통령의 비위를 맞춰

주면서 미국산 제품의 수입 물량을 늘렸다. 한마디로 온건한 패권 전쟁 국면이었다.

2020년 대선에서는 조 바이든이 새로운 대통령이 되었고, 민주당이 상하원을 모두 장악하는 격변이 일어났다. 자연스럽게 미중 패권전쟁도 제3차 국면으로 접어들었다. 필자의 예측으로는 바이든 행정부 시기 동안 미중 패권전쟁은 트럼프 행정부 시절과 정반대 상황이 될 가능성이 높다. 겉으로는 신사적이고 합리적으로 중국에 대응하는 것처럼 보이지만, 실제적으로 가장 강렬한 패권전쟁 국면이 될 가능성이 높다. 바이든 행정부와 상하원을 장악한 민주당은 중국 공산당 정부가 가장 민감하게 여기고 금기시하는 인권과 환경문제를 직접 공격할 가능성이 높기 때문이다. 자유와 독립을 요구하는 홍콩이나 신장 위구르족, 농민공의 인권 문제는 중국 공산당 체제의 생존과 직결되어 있다. 중국은 다른 나라가 자국 인권 문제를 거론하면 반드시 보복한다. 군사적 위협도 가하면서 결사 항전의 의지를 천명한다.

이처럼 인권을 최우선 가치로 정권의 정체성으로 삼는 바이든 행정부가 중국 인권 문제를 통상무역trade and commerce의 중심으로 끌고 오면 전 세계 주식시장에도 영향이 생긴다. 나아가 미중 간의 격렬한 충돌과 기 싸움의 불똥이 투자시장 내 어디로든 튈 수 있다. 한 예로, 중국이 암호화폐 구제 및 제재를 강력하게 하는 이유도 미중 패권전쟁 때문이다. 중국이 미국을 뛰어넘으려면 기축통화 지위를 얻는 것이 필수다. 하지만 중국의 노력에도 불구하고 글로벌 시장에서 위안화의 지위는 여전히 낮다. 당분간 위안화가 달러 지위를 넘는 것은 불가능하다. 유로화의 지위를 넘는 것조차도 역부족이다.

이런 상황에서 디지털 화폐는 중국 정부가 노리는 회심의 반전 카드다. 중국 정부가 디지털 위안화로 제1기축통화 지위국이 되려면 가장 먼저 비트코인을 쳐내야 한다. 중국이 디지털 법정화폐 경쟁에서 앞서 나가면, 미국도 가만히 앉아 있을 수 없다. 디지털 달러 현실화 시간표를 앞당겨야 한다. 암호화폐 투자시장 관점에서 보면, 두 나라의 경쟁은 디지털 화폐시장의 미래를 앞당기는 호재다. 하지만 이미 암호화폐 투자시장에서 1~2위를 다투는 비트코인이나 이더리움에게는 악재다. 미국, 중국, 유럽연합EU 등이 발행하는 법정 암호화폐에 현재의 지위를 넘겨주어야 한다. 현재 위상이 무너지면 가격은 폭락한다. 미중 패권전쟁의 불똥이 암호화폐 시장으로 튀는 것은 시간문제다. 필자의 예측으로는 바이든 행정부 시기가 결정적 시간이 될 가능성이 높다.

네 번째 핵심 원동력은 '미래 기술'이다. 위드 코로나가 코로나19 이전으로의 회복과 관계 있다면, 미래 기술은 위드 코로나 이후의 고지를 누가 먼저 선점하느냐와 연관된다. 미국, 중국, 유럽 등은 위드 코로나 정책으로 빠르게 전환하면서 동시에 미래 성장이라는 다음 고지를 향해 뛰어나갈 것이다. 미래 산업과 미래 시장은 이미 우리 곁에 와 있다. 코로나19 대재앙은 인적·물적으로 큰 피해를 낳았지만, 미래 산업과 새로운 시장의 도래를 최소 3~4년에서 최대 10년 정도 앞당겼다. 그만큼 경쟁도 심해졌다. 필자는 "미래는 투자시장에서 숫자로 나타난다."고 했다. 코로나19

팬데믹 이후, 미래 시장에 대한 경쟁이 빠르게 심화될수록 투자시장에 나타나는 주가 숫자도 크고 빠르게 변화될 것이다.

무엇보다 인공지능, 미래 자동차, 바이오 및 나노기술 등 제4차 산업혁명으로 불리는 미래 기술, 미래 산업, 미래 시장 전쟁의 1차 승부처는 글로벌 표준 전쟁이다. 이런 싸움에서는 정부와 정치의 역할이 매우 중요하다. 새로운 시장이기 때문에 민간에서 자생한 시장 규모가 크지 않다. 정부가 신제품과 서비스 구매의 주체가 되고 인프라 투자를 해주어야 한다. 바이든 행정부가 (막대한 정부 부채 증가 위험에도 불구하고) 천문학적 규모의 인프라 투자 계획을 발표하고 추진하는 이유다. 인프라 투자 전쟁으로 미래 산업 장악력과 속도를 높여서 미국의 미래 잠재성장률을 끌어올리려는 속내다. 의회도 기업이 기술을 더욱 빨리 발전시키고 시장을 만들어가도록 규제를 풀어주어야 한다. 미국 의회도 초당적으로 바이든 행정부의 글로벌 표준 전쟁을 후방 지원한다. 2021년 4월 30일, 민주당 캐서린 코테즈 상원의원과 공화당 롭 포트먼 상원의원이 공동으로 백악관 과학기술정책실에 정계, 학계, 산업계 전문가가 모두 참여하는 태스크포스팀을 만들었다. 이를 통해 인공지능, 5G, 미래 자동차 등의 신기술 표준 설정 과정에서 중국을 견제하고, 미국의 기술과 산업 글로벌 경쟁력을 높이며, 일자리를 보호하는 장기 계획을 마련하기 위한 법안을 발의했다.[2]

미국의 이런 행보를 중국 정부가 그저 바라만 보고 있지 않을 것이다. 코로나19 탈출 이후, 중국 정부도 막대한 규모의 인프라 투자와 미래 산업 지원정책을 쏟아낼 것이다. 미국과 경쟁하기 위해 탄생한 EU도 머뭇거릴 수 없다. 미국, 중국, EU가 앞다퉈 정부 주도로 인프라 투자와 미래 산업 지원책을 쏟아내면 한국과 일본을 비롯한 경쟁국들도 적극 가세할 수밖에 없다. 투자가 늦은 만큼 미래 경쟁력이 약화되기 때문이다. 바이든 행정부 시기 동안, 전 세계 주요 선진국과 신흥국들은 미래를 향한 숨가쁜 투자 전쟁을 벌일 것이다. 선진국에서 글로벌 빅테크 기업에 대한 독과점 규제나 증세 시도를 이어가겠지만, 미래를 주도하는 기술주의 거침없는 가치 상승을 막을 수는 없을 것이다. 코로나19 팬데믹 시기에 나스닥 시장에 큰 버블이 만들어졌다. 그럼에도 앞으로 몇 년 동안 나스닥지수는 다우지수보다 더 빠르고 큰 폭의 상승률을 지속할 가능성이 높다. '미래 기술'이라는 강력한 심층 원동력이 나스닥 시장을 밀어 올릴 가능성이 크기 때문이다.

위드 코로나 시대, 투자시장의 미래 방향을 결정짓는 마지막 핵심 동력은 '기후변화 위기'다. 코로나19 팬데믹으로 기후변화와 환경 파괴에 대한 경각심이 높아졌다. 앞으로도 바이든 행정부 시기에 투자시장에서 기후변화와 관련된 이슈의 중요도는 점점 커질 것이다. 바이든 행정부와 EU를 중심으로 어떤 모양새든 환경에 대한 국제사회의 행동과 소비자 감시가 극대화될 것이다. 인권만큼 환경을 중요한 가치로 내걸고 출범한 바이든 행정부 입장에서는 환경문제가 중국을 압박할 수 있는 중요한 카드다.

바이든 행정부는 출범 초기부터 아프가니스탄 문제로 정권 위기에 몰렸다. 미중 패권전쟁은 바이든 행정부가 직면한 정치적 위기를 탈출하느냐, 아니면 몰락하느냐를 좌우하는 결정적 변수가 될 가능성이 높다. 바이든 행정부는 미국과 동맹국의 경제와 무역을 훼손시키지 않는 범위에서 모든 방법을 동원해 중국을 압박해야 한다. 바이든 행정부는 인권과 환경이라는 두 개의 칼을 전가의 보도처럼 휘두르면서 중국을 압박할 것이다. 그럴수록 투자시장에서 환경 이슈는 관심의 초점이 된다. 투자시장에서 '관심'은 돈이 어디로 향할지를 결정하는 중요한 변수다. 벌써부터 기업의 비재무적 요소인 ESG Environmental, Social and Governance (환경, 사회, 지배구조)에 글로벌 자금이 모이기 시작했다. 세계 최대 자산운용사 블랙록Blackrock의 래리 핑크 CEO는 ESG를 자산 운용 기준으로 적극 반영하고, 이를 무시하는 기업에는 투자를 철회하겠다고 선언했다. 이런 움직임은 글로벌 큰손을 비롯해서 대형 투자은행들로 빠르게 확산 중이다.[3]

앞으로 투자시장은 2020년 코로나19 팬데믹 시기와 전혀 다른 환경이 펼쳐질 것이다. 이전과 전혀 다른 투자전략과 통찰력이 필요하다. 몸을 낮추고, 투자 트렌드 변화를 읽고, 전략을 재조정하라. 투자시장에서 발생하는 신호와 소음을 구별하면서 기회를 기다려라. 미국의 통계학자이며 정치 예측 전문가인 네이트 실버는 《신호와 소음》이라는 책에서 신호(의미 있는 정보)와 소음(잘못된 정보)을 구별하는 방법을 설명했다. 네이트 실버는 수많은 소음에서 의미 있는 미래 신호를 구분해 내려면 두 가지 능력이 필요하다고 했다. 과학적 지식과 자기 인식이다. 과학적 지식은 '공부'다. 필자는 이 책을 통해 위드 코로나 시대에 투자 흐름을 결정하는 다양한 지식들을 설명할 것이다. 네이트 실버가 말하는 자기 인식은 자신이 예측할 수 있는 것과 예측할 수 없는 것을 냉철하게 구별하는 내면의 능력, 혹은 자기 인정이다. 네이트 실버는 이것을 '지혜'라고도 말한다.

많은 사람들이 "투자시장의 미래를 예측하는 것은 의미가 없다."고 쉽게 말한다. 아니다. 미래는 갑자기 오지 않는다. 미래는 반드시 신호를 주고 온다. 미래는 마구잡이로 형성되지 않는다. 미래는 무질서한 환경에서 아무런 이유 없이 툭 던져진 결과물이 아니다. 미래는 과거와 현재 속에 이미 존재하는 심층 원동력들이 움직이면서 만들어진다. 미래는 일정한 방향으로 질서 정연하게 나간다. 그렇기에 미래를 한 치의 오차도 없이 정확히 예언prediction하는 것은 불가능하지만, 미래를 논리적이고 확률적으로 예측 foresight하는 것은 가능하고 매우 의미 있는 행위다.

단, 자기가 배운 지식과 획득한 정보 안에서 예측할 수 없는 것에 대해서는 '겸손'해야 한다. 하지만 예측할 수 있는 것에 대해서는 '용기'를 내야 한다. 필자도 이 책을 통해 필자가 연구한 지식과 수집한 정보 안에서 글로벌 투자시장의 트렌드를 논리적이고 확률적으로 예측해 보려고 한다. 특별히 '위드 코로나 시대, 투자 트렌드'를 결정하는 다섯 가지의 강력한 힘들을 중심으로 투자시장에서 구체적으로 어떤 변화들이 일어날 것인지 통찰하는 데 중점을 둘 것이다.

위드 코로나,
다섯 가지 특징과 신호

그림 2는 '위드 코로나'라는 심층 원동력이 미국 주식시장에 어떤 경로로 영향을 미치는지 간략하게 정리한 시스템 지도다(초록색 선은 같은 방향으로 영향을 주는 관계를 표시한다. 예를 들어, 인프라 투자 규모가 커지면 경제성장률도 높아진다. 회색 선은 반대 방향으로 영향을 주는 관계를 표시한다. 예를 들어, 달러 가치가 상승하면 종합주가지수는 하락한다. 달러 가치와 종합주가지수를 연결한 회색 선에 그어진 두 줄은 '지연delay'을 의미한다. 달러 가치가 상승하면 즉각적으로 종합주가지수 하락에 반영되지 않는다. '생각보다 늦게' 효과가 나타난다).

미국을 제외한 나머지 나라들은 미국과 자국의 위드 코로나 시점에 모두 영향을 받는다. 자국의 위드 코로나 시점이 주 영향 변수이고, 미국의 위드 코로나 시점은 부영향 변수다. 그림 3은 미국 수출 의존도가 높은 신흥국의 주식시장이 위드 코로나라는 심

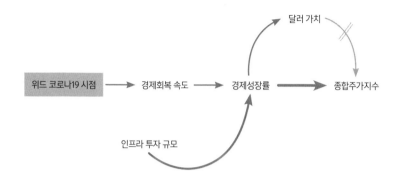

그림 2. 위드 코로나가 미국 주식시장에 영향을 미치는 경로

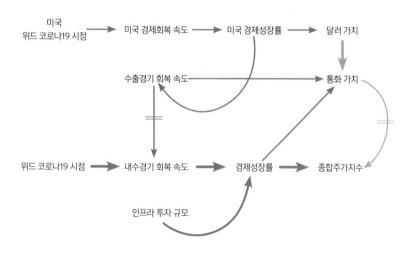

그림 3. 위드 코로나가 신흥국 주식시장에 영향을 미치는 경로

층 원동력으로부터 어떤 영향을 받는지 보여준다.

위드 코로나는 코로나19의 '완전 종식'에서 '안전한 동행'으로의 정책 전환이다. '확진자 수 억제'에서 '위중증 환자 관리'로 방역

정책의 초점이 바뀐다. 위드 코로나19는 다음의 다섯 가지 특징과 신호를 보여준다.

1. 백신접종 완료율이 전 국민 대비 50%를 넘으면, 실내 마스크 착용과 감염재생산지수R0를 낮추는 방역 조치를 유지하는 조건으로 생계형 영업 분야에서부터 코로나19 이전으로의 일상회복정책이 '시작'될 것이다. 위드 코로나 정책 전환의 준비 단계로, 최소 영역에서 위드 코로나 정책 전환 테스트가 시작된다. 예를 들어, 사회적 거리두기 단계를 하향 조정하고, 백신접종 완료자 중심으로 비대면에서 대면 활동으로 전환한다. 단, 이 단계에서 사회적 거리두기를 완전히 해제할 경우, 백신 미접종자를 중심으로 대규모 감염이 재현될 수도 있다.

2. 백신접종 완료율이 전 국민 대비 70%를 넘으면, 신규 감염 상황이 크게 악화되지 않을 정도의 집단면역 장벽이 형성되면서 거의 모든 영역으로 일상회복정책이 '확대'될 것이다. 미국과 유럽의 경우, 자발적 백신접종 희망자 비율이 전 국민 대비 50% 전후에 머문다. 그렇기 때문에 이들 국가들은 백신접종 완료율이 전 국민 대비 50%만 넘으면(70%가 되지 않아도) 위드 코로나 정책 전환을 본격적으로 시작한다. 하지만 한국, 중국, 일본 등 아시아는 자발적 백신접종 희망자율이 전 국민 대비 65~70%까지 상승한다.

그래서 아시아 국가들에서 본격적인 위드 코로나 정책은 백신접종 완료율이 전 국민 대비 70% 전후에서 실시될 가능성이 높다(65세 이상 고령층의 경우 90%, 18~64세는 80% 수준이 될 것이다). 단, 이 단계에서도 백신 미접종 그룹에서 신규 확진자 발생은 계속된다.

위드 코로나 정책 확대를 결정하는 시점에서 백신접종률 상황이 나라별로 다르기 때문에 치명률도 다르다. 가장 빨리 위드 코로나 정책을 실시했던 나라 중 한 곳인 싱가포르는 2021년 9월 4일 기준 백신접종률은 81%였고, 코로나 치명률은 0.08%였다. 같은 시기 위드 코로나 정책 전환 전인 한국의 코로나19 치명률(0.89%)과 해마다 반복되는 독감 치명률(0.1%)보다도 낮았다. 반면, 같은 시기에 위드 코로나 정책을 실시했던 미국과 영국은 백신접종률이 각각 62%와 70%였고, 코로나 치명률은 2.0%와 1.9%였다. 하지만 이들 국가들은 감염자 숫자와 치명률이 다시 상승해도 위드 코로나 정책을 후퇴시키지 않았다. 오히려 영국은 봉쇄나 모임 제한을 완전히 폐지하고 백신여권 도입 계획도 철회하면서 위드 코로나 정책을 확대했다. 경제회복 때문이었다. 코로나19 델타 변이는 감염재생산지수가 5~8명이기 때문에 집단면역을 형성하려면 전 국민 80%라는 백신접종 완료율을 기록해야 한다. 하지만 이는 어린이 백신접종이 완료되지 않으면 불가능한 수치다. 결국, 이론적 집단면역 형성 시점은 선진국의 경우에도 어린이 백신 보급과 접종이 시작되는 2022년 상반기에나 가능하다.

　미국이나 영국 같은 부자 나라도 2022년 상반기까지 경제봉쇄를 계속하면서 버틸 여력이 없다. 백신접종 완료율이 전 국민의 70%를 넘으면, 감염자 확대 억제에서 경제회복으로 코로나19 정책의 무게중심이 옮겨 가야만 한다. 위드 코로나 정책 전환 성공에 가장 확실한 조건은 백신접종률 추가 상승보다 '치료제'가 될 것이다. 2009년에 신종플루는 경구용 치료제인 '타미플루'가 개발되면서 공포감이 수그러들었고 빠른 일상회복이 가능했다. 2021년 9월 현재, 머크MSD, 로슈, 화이자 등 다국적 제약회사들이 3상 임상시험을 진행하고 있는 먹는 코로나 치료제는 2021년 말 최종 3상 임상시험 결과가 나오면 미국 식품의약국FDA의 긴급승인 후 상용화될 가능성이 높다. 개발 속도가 가장 빠른 MSD의 '몰누피라비르Molnupiravir'는 하루 두 번씩 5일간 복용하면 된다. 화이자의 팍스로비드도 거의 상용화 단계다. 2022년 초, 이런 확실한 치료제가 대량 보급되면 위드 코로나 정책 전환이 빠르고 광범위하게 이루어질 것이다.

　3. 전 국민의 90%가 코로나19 면역력을 갖고 완벽한 치료제가 나와서 중증 이환율(확진자 중에서 중증 환자로 전환되는 비율)이 지역 의료 체계가 감당할 수준이 되면, 실내외 마스크 착용 의무에서 '완전' 해방된다(그럼에도 일부 국민은 심리적 안정을 위해 당분간 마스크 착용을 계속할

가능성도 있다). 모든 사회적·경제적 활동에 제한이 없어진다. 전 국민의 90%가 코로나19 면역력이 생기려면, 백신접종 완료율이 70%에 도달한 이후부터 추가로 6~12개월의 시간이 필요할 것이다. 12세 미만 접종 완료에 필요한 시간, 백신접종 거부자 그룹에서 자연 감염에 따른 면역 형성 기간, 고령자와 기저질환자에 대한 추가 접종(부스터샷) 완료 시간 등이 필요하기 때문이다. 미국의 경우, 12세 미만 어린이용 백신은 2022년 초쯤 승인될 전망이다. 이 단계가 되면, 코로나19 이전으로 완전 복귀가 가능해진다. 즉, '악수하는 사회'로 복귀가 가능하다. 감염자 추적이나 확진자 숫자 집계를 중단하고, 확진자와 접촉한 사람들의 추적과 격리 수준도 축소하며, 독감처럼 위중증 환자 관리체제로 전환하는 것도 가능해진다.

4. 각국은 세 가지 다른 경로로 '형식적 코로나19 종식 선언'을 할 것이다.

5. 세계보건기구WHO와 각국의 보건 당국은 코로나19 바이러스를 신종플루처럼 매년 다시 찾아오는 '엔데믹(풍토병)'으로 지정·관리한다.

코로나19의 '종식'이 아니라 코로나19와 '동행'해야 하는 이유는 무엇일까? 두 가지 이유다. 첫째, 전 세계가 더 이상 경제봉쇄로 코로나19에 대응하기가 힘들어졌다. 경제봉쇄로 인한 심각한 부작용이 국민 전체가 감당할 수 있는 수준을 넘어서고 있다. 시간이 지날수록 '백신접종자 규모가 일정 수준에 이르면, 감염자를 줄이는 정책에서 중증 환자나 사망자를 줄이는 정책으로 전환해야 한다'는 여론이 높아지고 있다.

기록에 따르면, 1918년에 시작된 스페인독감은 3년 후인 1920년 말에 종식되었다. 하지만 이번 코로나19는 형식적이라도 전 세계 종식을 선언하려면 대략 4년 정도의 시간이 소요될 것이다. 이는 아이러니하게도 강력한 사회적 거리두기와 빠르게 개발된 백신 때문이다. 인플루엔자(독감) 전문가인 덴마크 로스킬드 대학의 론 시몬슨 교수에 따르면, 지난 130년 동안 다섯 차례 발생한 인플루엔자 팬데믹은 발병부터 종식까지 평균 2~3년의 시간이 걸렸고, 가장 길게 유행한 기간은 5년이었다.[4] 백신이 없는 인플루엔자 대유행은 2~3년 정도 자연면역 형성 기간을 받아들일 수밖에 없다.

이와 달리, 코로나19 팬데믹은 신속한 백신 개발로 (자연면역 전략을 피하고) 접종 완료 때까지 강력한 사회적 거리두기를 지속해야 한다는 주장에 힘이 실리면서 전 세계가 과거 어떤 팬데믹보다 강력한 봉쇄를 단행했다. 또한 진단 기술 발달과 신속한 언론 보도로 인해 코로나19 확진자와 사망자 숫자 계산이 명확하고 투명해져서, 일정 수준(코로나19는 전 인류의 90% 이상 면역 형성)이되어야 종식을 선언할 수 있게 됨으로써 오히려 종식이 느려지고 있다. 부스터샷으로 선진국을 제외한 나라들에 백신 보급 속도가 느려진 것도 한 요인으로 작용했다.

스페인독감 대재앙은 당시 인구 15억~17억 명 중 3분의 1을 감염시켰고, 1,700만~5천만 명의 사망자를 낸 것으로 추정된다 (최대 1억 명까지 추정). 대략 1~4% 사망률이다. 2021년 8월 31일 기준, 전 세계 코로나19 공식 확진자는 2억 178만 명이다. 공식 사망자 숫자는 452만 명을 넘었다. 2%가 넘는 사망률이다. 비공식적 확진자와 사망자 숫자는 더 클 것이다. 예를 들어, 2021년 4월 27일에 CNN은 인도에서만 코로나19에 감염된 실제 숫자가 5억 명을 넘었을 것으로 추정·발표했다.[5] 인도 정부의 공식 발표보다 30배 높은 수치다. 2021년 5월 21일, WHO도 화상 언론 브리핑을 통해 다양한 요인에 의해 코로나19 공식 사망자 통계가 '과소 집계'되었다고 발표했다. 코로나19 사망자 보고의 지연, 진단검사를 받지 않은 상태에서 코로나19로 사망한 경우, 코로나19 팬데믹에 따른 생활환경 악화로 인한 사망, 코로나19로 인한 각종 이동 및 의료 제한 조치로 만성 혹은 급성질환자들이 치료를 받지 못해 사망한 경우, 오랜 봉쇄 조치로 우울증 환자가 늘면서 발생한 자살자의 증가 등이 누락되었다. 이런 요인들까지 포함한다면 코로나19 사망자는 공식적으로 보고된 수치보다 적어도 2~3배는 많을 것이라는 분석이다.[6]

전 세계 90% 국가에서 백신접종이 늦어지면서 확진자와 사망자 숫자는 계속 증가할 것이다. 이런 추세라면 공식적인 누적 사망자가 500만 명을 넘는 것은 시간문제다. 2023년, 코로나19의 전 세계 공식 종식을 선언하는 시점이면 비공식적(집계에서 제외된 숫자 포함) 누적 사망자가 1천만~2천만 명이 될 가능성도 충분하다. 하지만 이런 인적 피해 규모에도 불구하고 더 이상 강력한 경제봉쇄는 어렵다. 만약 2023년까지 경제봉쇄와 강력한 사회적 거리두기를 지속하면 전 세계가 대공황에 버금가는 경제 충격에 빠질 수도 있다.

필자의 분석으로는 코로나19의 경제적 충격 규모는 스페인 독감을 넘어 인류 역사상 최고 수준일 것으로 추정된다. 스페인 독감 유행 당시에도 미국과 유럽 등 주요 선진국에서 국경 봉쇄와 강력한 사회적 거리두기로 경제가 셧다운되었다. 하지만 현재는 100년 전과 경제 규모 자체가 다르다. 2020년 5월 19일, 아시아개발은행ADB은 코로나19 팬데믹으로 세계경제 손실 규모가 8조 8천억 달러(약 1경 818조 원)에 이를 것이라는 전망을 내놨다. 세계 국내총생산GDP의 6.4~9.7%에 해당하는 규모다. 코로나19 기간 동안 전 세계적으로 줄어든 일자리 숫자도 1억 5,800만~2억 4,200만 개로 전망했다.[7] 하지만 ADB의 추정치는 최대 18~24개월 정도의 피해 규모일 것이다. 2021년까지 코로나19가 3~4차의 대유행기를 반복하면서 피해는 눈덩이처럼 커졌다.

2021년 8월 30일, CNBC는 영국의 분석기관 이코노미스트 인텔리전스 유닛EIU의 보고서를 근거로 코로나19 백신접종 지연으로 인해 신흥국을 중심으로 2022~2025년까지 2조 3천억 달러의 경제적 손실이 추가로 발생할 것이라고 발표했다. EIU는 이런 손실의 3분의 2가량이 신흥국에 집중될 것으로 예측했다.[8] 간접적 경제 손해까지 합하면 피해 규모는 천문학적으로 늘어난다. 그림

4는 코로나19로 미국이 직간접으로 감당해야 하는 경제적 손실 비용의 총규모를 보여준다. 무려 16.2조 달러로 추정된다. 9·11테러로 미국이 입은 경제적 손실 비용 6.4조 달러보다 2.5배 많다(그림 5). 다시 말하지만, 2023년까지 경제봉쇄와 강력한 사회적 거리 두기가 지속되면 대공황에 맞먹는 경제적 충격이 전 세계를 강타할 수 있다.

둘째, 코로나19 바이러스가 전 세계에 넓고 깊게 퍼져서 사실상 완전 박멸이 불가능해졌다. 각국이 나름대로 '형식적 코로나19 종식 선언'을 하겠지만, 실제적 종식은 불가능하다. 델타, 감마, 람다, 뮤, 오미크론 등 변이가 끝이 아니다. 2021년 9월 7일, WHO 긴급대응팀장도 언론 브리핑에서 코로나19의 완전 퇴치 가능성은

그림 4. 코로나19로 인한 미국의 총 경제적 손실 비용 | 16.2조 달러

GDP 손실
7.6달러

정신건강 장애
1.6조 달러

만성질환
2.6조 달러

조기사망
4.4조 달러

건강 손실 비용

출처: Visual Capitalist

매우 낮고, 앞으로 계속 변이가 나타나면서 인류와 함께 살게 될 것이라고 전망했다.[9] 앞으로 코로나19 바이러스는 변이에 변이를 거듭하면서 수두나 홍역, 페스트처럼 수백 년 이상 지구상에 존재할 가능성이 확실해졌다. 코로나19 바이러스의 '토착화 현상'이다.

토착화는 두 가지를 의미한다. 하나는 코로나19 백신이 홍역이나 수두처럼 영유아 필수 접종 항목이 될 수 있다는 의미다. 다른 하나는 매번 겨울철마다 고령자와 기저질환자는 코로나19 백신접종을 반복해야 한다는 의미다. 겨울철은 체온 하락 위험이 높아서 인간은 면역력이 약해지고 바이러스의 활동력은 강해진다

그림 5. 9·11테러로 인한 미국의 총 경제적 손실 비용 | 6.4조 달러

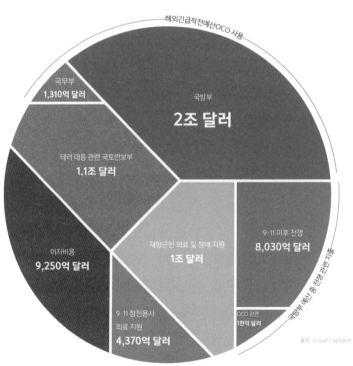

2025 미래 투자 시나리오

(인간은 체온이 1도만 내려가도 면역력이 30% 하락한다). 코로나19 델타 변이 바이러스는 스쳐 지나가기만 해도 감염될 정도로 강력한 전파력을 가졌다. 매년 발생하는 독감 바이러스보다 수십 배 강하다. 감염 증상이 나타나기 전부터 바이러스를 퍼트리는 능력도 가졌다. 그만큼 확산을 막기 어렵다. 최근의 오미크론 변이는 델타 변이 바이러스보다 전파력이 더 높다.

코로나19 변이 바이러스는 매년 독감철에 창궐하는 바이러스의 주종이 될 가능성이 높다. 한국의 방역 당국에 따르면, 국내 독감 감염률은 전체 인구 대비 5~10% 정도다. 연간 250만~500만 명 규모다. 고위험군에 무료 예방접종을 제공하고 치료제를 적극적으로 처방해도 독감 감염자 중 0.05~0.1%가량이 매년 사망한다. 대략 2천~4천 명이다. 미국은 좀 더 심각하다. 전체 인구의 10~20%가 감염되고 치명률이 0.05~0.1%가량일 것으로 추정된다. 3,300만~6,600만 명 감염에 2~6만 명이 사망하는 셈이다.

2023년경 이후에도 독감 사망자 중 상당수가 코로나19 변이 바이러스 감염자일 수 있다고 가정해 보자. 앞으로도 전 세계적으로 매년 수십만 명이 코로나19 변이 바이러스로 사망할 수 있다는 추정이 가능하다. 그렇다고 매년 경제봉쇄를 반복하고 강력한 사회적 거리두기를 시행하여 사회 전체를 마비 상태에 빠뜨릴 수는 없다. 이제는 매년 코로나19 변이 바이러스 감염자가 발생하는 것을 받아들여야 한다. 대신, 국가가 매년 고위험군에 무료 예방접종을 제공하고 건강보험을 통해 치료제를 적극적으로 처방하여 사망자 숫자를 줄이는 데 집중해야 한다.

위드 코로나 정책 전환의
세 가지 경로

전 세계 모든 국가가 위드 코로나 정책으로 선회하는 것은 이미 정해진 미래다. 문제는 '시점'이다. 앞으로 몇 년 동안 세계 각국의 경제성장률 경로는 위드 코로나 정책 전환 시점이 얼마나 빠르고 신속하게 시작되느냐에 따라 달라진다. 필자의 예측으로는 전 세계 각국은 위드 코로나 정책으로 진입하는 각기 다른 세 가지 경로를 따라 '형식적 코로나19 종식 선언'을 할 것이다. 그에 따라서 해당 국가의 경제성장률 경로가 달라지고, 이는 종합주가지수에 직접 영향을 미친다.

경로 1. 양호한 사회적 방역 수준을 유지한 상태에서 백신접종 속도를 높여 가장 빠르게 위드 코로나에 진입한 국가 → 미국, 싱가포르, 영국, 이스라엘, 독일, 프랑스 등.

경로 2. 사회적 방역 실패로 인한 자연 감염으로 (백신 수급 실패에도 불구하고) 자연적 집단면역이 형성되면서 위드 코로나에 진입한 국가 → 인도, 아프리카 빈국, 중남미 국가 등

경로 3. 강력한 사회적 방역 준수와 느린 백신 보급 사이에서 방황하다가 가장 늦게 위드 코로나에 진입한 국가 → 베트남, 필리핀 등

1번 경로로 위드 코로나에 진입하는 대표적 국가 중 한 곳인 미국을 살펴보자. 그림 6은 미국의 코로나19 확진자와 사망자 추세 그래프다. 백신 수급과 접종이 아주 빠르게 이루어지면서 확진자와 사망자 숫자도 빠르게 하락했다. 델타 변이가 창궐하는 시기에도 백신 미접종자 그룹에서 확진자 숫자가 급증하는 현상이 일어났지만, 사망률은 상대적으로 느리게 증가하면서 지역 의료 체계 붕괴를 피했다. 이런 나라들은 가장 빠르게 위드 코로나 국면으로 진입이 가능하다. 2021년 8월 23일, 앤서니 파우치 국립알레르기·감염병연구소NIAID 소장이 미국은 2022년 봄 무렵에는 코로나19를 통제할 수 있고 국민 대부분이 평범한 일상으로 완전히 복귀할 수 있을 것이라고 말한 것도 이런 맥락이다.[10]

2번 경로로 위드 코로나에 진입하는 대표적 국가는 인도다. 2번 경로는 코로나19 대응이 최악인 경우다. 사회적 방역에도 실패하고, 백신 수급에도 실패했다. 그 결과, 인적 피해가 최악으로

그림 6. 미국의 코로나19 확진자와 사망자 추세

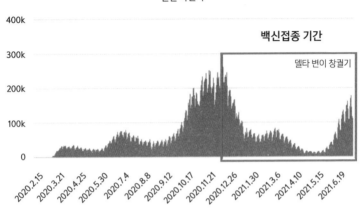

일일 확진자

백신접종 기간

델타 변이 창궐기

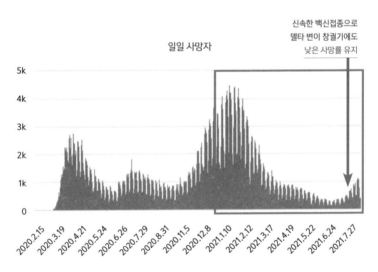

신속한 백신접종으로
델타 변이 창궐기에도
낮은 사망률 유지

일일 사망자

그림 7. 인도의 코로나19 확진자와 사망자 추세

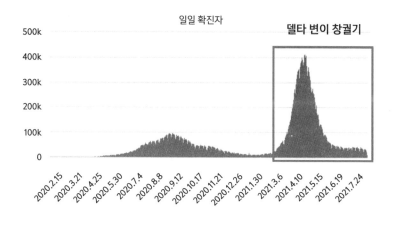

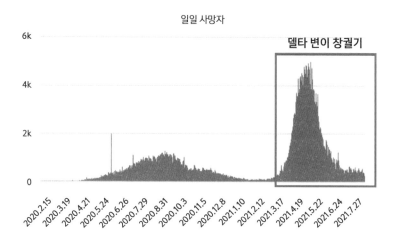

그림 8. 나미비아의 코로나19 확진자와 사망자 추세

일일 확진자

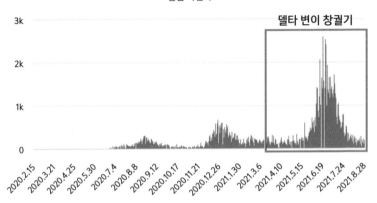

일일 사망자

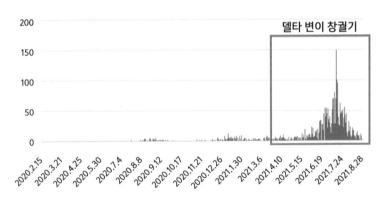

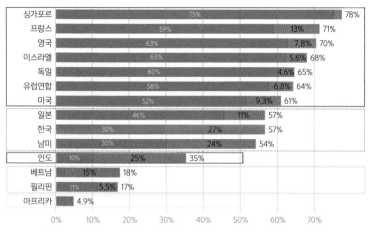

그림 9. 주요 국가의 백신접종 현황

■ 2차 접종 완료자 비율   ■ 1차 접종 완료자 비율

국가	2차 접종 완료자 비율	1차 접종 완료자 비율	합계
싱가포르	75%		78%
프랑스	59%	13%	71%
영국	63%	7.8%	70%
이스라엘	63%	5.6%	68%
독일	60%	4.6%	65%
유럽연합	58%	6.8%	64%
미국	52%	9.3%	61%
일본	46%	11%	57%
한국	30%	27%	57%
남미	30%	24%	54%
인도	10%	25%	35%
베트남	15%		18%
필리핀	11%	5.5%	17%
아프리카	4.9%		

치달았다. 하지만 아이러니하게도 위드 코로나 국면으로의 전환은 1번 경로에 해당하는 나라들과 비슷한 속도로 이루어졌다. 그림 7은 델타 변이가 만들어졌던 인도의 코로나19 확진자와 사망자 추세 그래프다. 사회적 방역과 백신 수급에 모두 실패하고 델타 변이 피해를 고스란히 받으면서 확진자와 사망자 숫자가 빠르게 증가했다. 하지만 델타 변이가 인도 전역을 3개월 정도 휩쓸고 지나간 후에는 '자연적 집단면역'이 서서히 형성되면서 확진자와 사망률이 빠르게 하락하며 '안정기'에 진입하는 신호가 나오고 위드 코로나 국면이 자연적으로 형성되었다.

그림 8은 아프리카 대륙에 있는 나미비아의 코로나19 확진자와 사망자 추세 그래프다. 사회적 방역과 백신 수급에 모두 실패하고 델타 변이 피해를 고스란히 받으면서 확진자와 사망자 숫자

그림 10. 베트남의 코로나19 확진자와 사망자 추세

일일 확진자

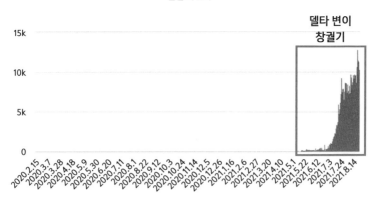

일일 사망자

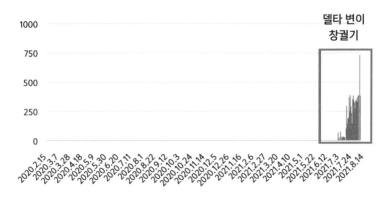

가 빠르게 증가했다. 하지만 델타 변이가 한번 휩쓸고 지나간 후에는 '자연적 집단면역'이 서서히 형성되면서 확진자와 사망률이 빠르게 하락하고 안정기에 진입하는 신호가 나오고 있다.

그림 9는 2021년 8월 30일 기준, 주요 국가들의 백신접종 현황이다. 1번 경로를 진행하고 있는 미국, 싱가포르, 영국, 이스라엘, EU 등은 높은 백신접종률을 기록하면서 전 세계에서 가장 빨리 위드 코로나 국면으로 전환 중이다. 반면, 인도는 1번 경로를 따라가고 있는 선진국보다 현저히 낮은 백신접종률을 기록하고 있지만, 코로나19 확진자와 사망자 수준은 훨씬 더 낮게 유지하는 중이다. 아프리카의 경우, 전 세계에서 가장 낮은 백신접종률을 기록하고 있다. 백신 수급 속도도 가장 느리다. 하지만 일부 국가들에서는 선진국과 비슷한 수준으로 코로나19 확산세가 수그러지고 있다. 참고로, 한국과 일본은 1번 경로를 따라갈 가능성이 가장 높다.

3번 경로는 1번과 2번 사이에 있는 중간 경로다. 하지만 결과는 가장 좋지 않다. 3번 경로로 움직이는 나라는 상당 기간 사회적 방역에는 성공했지만, 백신 수급 속도가 현저하게 느려 강력한 사회적 거리두기를 반복하면서 버텨야 하는 가장 불리한 상황에 빠진다. 강력한 사회적 거리두기로 인적 피해는 줄이고 있지만, 백신 수급 속도가 매우 느리면서 경제적 충격은 가장 크고 오랫동안 받는다. 버티는 기간이 길어질수록 경제 붕괴 위기도 커진다. 이런 경로에 있는 국가는 백신접종으로 집단면역을 형성할지, 아니면 어쩔 수 없이 경제봉쇄를 완전히 풀고 대규모 감염을 방관하여 자연적 집단면역을 형성할지의 사이에서 오랫동안 갈팡질팡하게 될 것이다. 결국, 위드 코로나 국면 전환도 가장 느리다.

대표적인 국가로 베트남과 필리핀을 들 수 있다. 그림 10은 베트남의 코로나19 확진자와 사망자 추세 그래프다. 델타 변이 창궐 초기까지도 강력한 사회적 방역으로 확진자와 사망자 숫자를 안정적 수준에서 유지했다. 하지만 백신 수급에 실패하면서 델타 변이 확산을 사회적 거리두기 강화만으로 대응하는 바람에 확진자와 사망자 숫자가 빠르게 증가하고 있다. 결국 베트남 정부는 일시적으로 주민 외출 금지령을 내리고, 5인 이상 모임이 적발되면 50만 원 정도(공장 근로자 2~3개월 급여)의 벌금을 부과하는 초강수를 두었다.[11] 하지만 경제적 충격이 갈수록 누적되면서 베트남 정부는 3번 경로를 계속 유지할지, 아니면 인도나 아프리카처럼 2번 경로로 전환할지를 심각하게 고민 중이다.

위드 코로나 진입 경로에 따른 상이한 경제성장률 곡선들

위드 코로나 정책 전환이 경제성장률 곡선에 영향을 주는 이유는 무엇일까? 백신접종을 통한 집단면역 형성(혹은 대규모 감염 후 자연적 집단면역 형성)을 전제로 한 위드 코로나 정책은 경제 충격 후 반드시 일어나는 111 리바운드 효과의 속도와 규모에 결정적 영향을 미친다. 일반적으로 경제가 큰 충격에 빠진 후에는 기저효과와 경기부양책에 힘입어서 일시적으로 강력 반등하는 현상이 발생한다. 필자는 이런 현상을 '111 리바운드 효과'라고 부른다. 이번 코로나19는 위드 코로나 정책 전환 직전과 직후에 111 리바운드 현상이 발생한다. 그림 11을 보자. 미국의 경우, 백신접종 시작과 함께 소비시장이 빠르게 살아나기 시작했다.

일반적으로, 경기 대침체(리세션) 이후에 일시적으로 경제지표들의 강한 반등이 일어나는 현상을 '기저효과'라고 부른다. 하지만 111 리바운드 효과는 기저효과보다는 좀 더 긴 시간 동안 일

그림 11. 미국의 백신접종과 111 리바운드

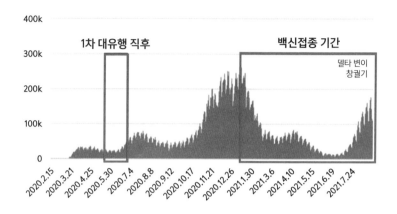

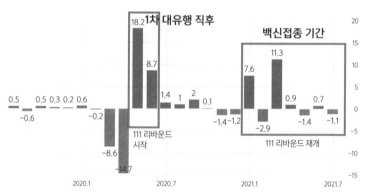

출처:TRADINGECONOMICS.COM | U.S. CENSUS BUREAU

어나는 현상이다. 필자가 지난 수십 년간의 주요 선진국 경제 움직임을 분석한 결과, 경기 대침체 후 1개월, 1분기, 1년이라는 시간 내에서 경기 대침체 이전의 평균치보다 높은 강한 반등 현상이 패턴처럼 반복해서 일어났다. 리바운드는 말 그대로 '튀어 오르는 현상'이며, 경제가 높은 곳에서 급강하했기 때문에 그 힘에 의해 자연스럽게 일어난다.

리바운드 현상에 관여하는 힘은 서너 가지가 결정적이다. 가장 큰 힘은 경제 참여자의 심리다. 두 번째 힘은 정부와 중앙은행의 구제와 부양책으로 쏟아져 들어오는 추가 유동성이다. 세 번째 힘은 숨죽였던 소비 유동성으로 반등의 속도와 규모에 탄력을 덧붙인다. 예를 들어, 경제의 불확실성과 대침체 분위기로 일시적으로 움츠러들고 유보되었던 소비가 한꺼번에 터져 나오는 보복 소비가 일어나면 기업 매출이 빠르게 회복(리바운드)된다. 경기 대침체 때, 기업 파산을 피하고 살아남은 기업은 경쟁자 탈락으로 시장 점유율이 자연스럽게 높아지는 어부지리 효과를 누리며 매출 몰림 현상으로 매출 신기록을 쏟아내기도 한다.

마지막 힘은 착시현상이다. 대침체 기간에 나타난 경제지표들이 매우 나빴기 때문에 조금만 반등해도 시각적 격차를 크게 보이도록 만든다. 그만큼 경제 분위기가 들뜬다. 시장 예상치를 훨씬 뛰어넘는 어닝서프라이즈earning surprise도 일종의 착시현상이다. 경기 대침체를 거치면서 살아남은 대부분의 기업은 강력한 구조조정을 단행하여 비용 감축을 했기 때문에 영업이익률도 위기 이전보다 더 크게 상승해 보인다. 이런 힘들이 1년 동안 차례로 영향을 주면서 1l1 리바운드 효과를 완성한다.

1개월 리바운드는 대침체 최저점에서 대략 1~2개월 이내에 일어나는 기술적 경제 반등이다. 이 시점의 반등을 기저효과라고도 부른다. 대침체 최저점에서 대략 1~2개월 이내에 일어나는 첫 번째 리바운드 현상에 관여하는 주요 힘은 경제 참여자(기업과 가

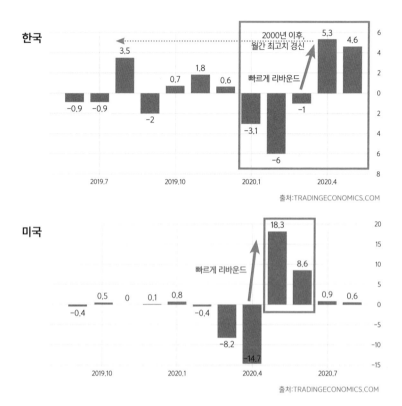

그림 12. 2020년 코로나19 1차 대유행 전후 한국과 미국의 월간 소매판매지수 변화

출처:TRADINGECONOMICS.COM

계)의 심리와 정부가 쏟아붓는 추가 유동성 및 중앙은행의 통화 확장정책이다. 이 시기에는 공포에서 탈출했다는 심리, 그리고 반등 대기 세력의 진입으로 아주 빠른 기술적 반등이 일어난다. 그림 12는 2020년 코로나19 1차 대유행 전후 한국과 미국의 월간 소매판매 변화 추이다. 경제위기로 소매판매가 위축된 후, 반등(리바운드)하는 첫 번째 달이 가장 크게 수치가 상승한 것을 볼 수 있다.

1개월 리바운드는 리바운드가 일어나는 첫 번째 1~2개월에

그림 13. 2020년 코로나19 1차 대유행 이후 미국 경제 움직임

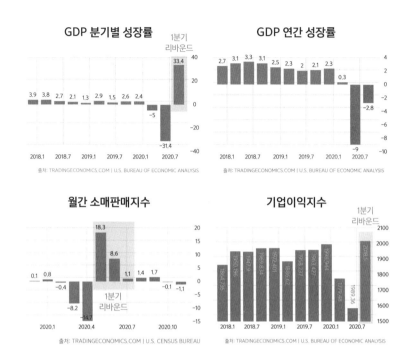

초점을 맞춘 법칙이다. 실물경제(소비시장 등)는 대침체 이후 본 격적인 반등 시점으로 들어서면 첫 번째 달이 가장 큰 반등폭을 기록한다. 하지만 그림 12에서도 보았듯이 리바운드가 시작되는 첫 번째 달 이후에도 경제 확장은 계속된다. 그래서 반등이 시작 되고 2~3개월 동안 누적 상승률이 최고치를 기록한다. 이것이 두 번째 리바운드인 1분기 리바운드 법칙이다. 그림 13에서 보듯이 실물경제는 소비, 경제성장률, 기업이익 등 다양한 영역에서 1분 기 리바운드 법칙이 적용되어, 대침체 후 최저점을 벗어나고 맞는 첫 번째 분기 성적들이 커다란 반등폭을 기록한다.

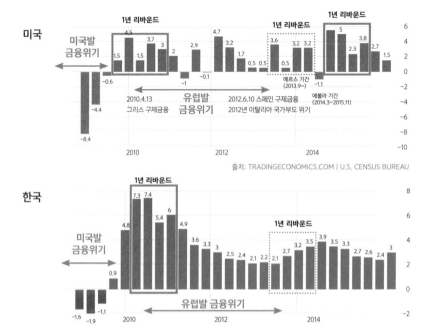

그림 14. 2008년 글로벌 금융위기 이후 미국과 한국의 경제성장률

출처: TRADINGECONOMICS.COM | U.S. CENSUS BUREAU

출처: TRADINGECONOMICS.COM | U.S. CENSUS BUREAU

　　마지막 법칙은 1년 리바운드다. 1년 리바운드 법칙은 대침체
가 일어난 후 다음 해(혹은 1개월 반등이 연초에 시작되면 해당 연
도 1년)에 연간 경제성장률이 높게 나오는 현상이다. 그림 14를
보자. 미국에서는 2008년 글로벌 금융위기가 발발한 후와 유럽
발 금융위기 이후 1년 리바운드 법칙이 작동했다. 2013년 후반과
2014년 초반에 메르스와 에볼라가 발병하면서 1분기 정도 경제성
장률이 마이너스를 기록한 후에 다시 1년 리바운드 현상이 재현
되었다. 한국에서도 2008년 글로벌 금융위기가 발발한 후에 1년
리바운드 현상이 발생한 것을 뚜렷하게 볼 수 있다.

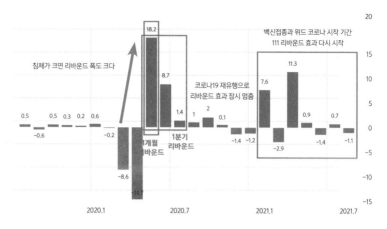

그림 15. 2020~2021년 미국의 월간 소매판매지수 변화

출처: TRADINGECONOMICS.COM | U.S. CENSUS BUREAU

코로나19 팬데믹 상황처럼 경제봉쇄와 해제가 반복되는 경우에는 111 리바운드 현상이 약간 변형되어 발생한다. 그림 15는 2020~2021년 미국의 월간 소매판매지수다. 그림에서 보듯이, 2020년 여름에 코로나19 1차 대유행기에서 벗어나면서 1개월, 1분기 리바운드 법칙이 적용되었다. 하지만 2020년 늦가을부터 겨울까지 코로나19 대유행이 다시 일어나면서 경제봉쇄가 재현되고 경제 상황이 원점으로 되돌아갔다. 그 결과, 111 리바운드 효과가 1개월과 1분기까지만 나타나고 잠시 멈추었다. 그리고 백신 보급이 본격적으로 시작되는 2021년 봄에 리바운드 효과가 재현되었다. 111 리바운드 효과가 빨리 시작될수록 경제성장률 회복이 빨라진다. 당연한 이치다. 필자가 분석한 바에 따르면, 대침체 후의 111 리바운드 효과가 끝나면 각종 경제지표들은 대침체 이전의 평균치로 수렴한다. 하지만 경제성장률을 빠르게 회복했기 때문

에 그만큼 앞서갈 수 있다. 만약 111 리바운드 기간에 정부의 지출과 투자가 매우 크고 가계의 소비 규모가 강력하다면 평균치로 수렴하는 속도도 늦출 수 있다.

앞에서 필자가 분류했던 '위드 코로나 정책으로 진입하는 각기 다른 세 가지 경로'를 경제성장률 회복 곡선과 연결시켜 보자.

경로 1. 양호한 사회적 방역 수준을 유지한 상태에서 '백신접종 속도를 높여서' 가장 빠르게 위드 코로나에 진입 → 이 경로에 진입한 나라는 경제성장률 회복이 가장 빠르다. 또한 대부분 선진국이기에 111 리바운드가 강하게 일어나면서 경제성장률 회복도 상승 곡선을 그린다. 대표적인 나라들은 미국, 싱가포르, 영국, 이스라엘, 독일, 프랑스 등이다.

경로 2. 사회적 방역 실패로 자연 감염이 빨라서 (백신 수급 실패에도 불구하고) 자연적 집단면역이 형성되어 위드 코로나에 진입 → 이 경로에 진입한 나라도 경제성장률 회복은 빠르게 시작된다. 하지만 인도, 멕시코 등을 제외한 대부분의 나라들이 가난한 국가이기 때문에 정부의 구제 규모나 투자, 가계의 소비 여력이 약하다. 당연히 111 리바운드 효과도 약하다. 111 리바운드 효과가 끝난 이후에는 대침체 이전의 낮은 경제성장률로 매우 빨리 회귀한다. 대표적인 나라들은 아프리카 빈국, 중남미 국가 등이다.

경로 3. '강력한' 사회적 방역 수준을 유지한 상태이지만 백신 수급 속도가 느려서 가장 늦게 위드 코로나에 진입 → 이 경로에 진입한 나라는 위드 코로나 전환이 가장 느리기 때문에 111 리바운드 효과 발생도 지체된다. 그만큼 경제성장률 회복도 가장 늦어진다. 코로나19 충격을 가장 크고 길게 받은 나라들이기에 정부와 가계의 피해가 커서 111 리바운드 강도가 선진국만큼 강하지 않다. 하지만 코로나19 이전에 높은 경제성장률을 기록했던 나라들이 많기 때문에 위드 코로나 정책으로 전환하기 시작하면 완만한 경제회복을 보일 가능성이 높다. 대표적인 나라들은 베트남, 필리핀 등이다.

미국, 중국, 한국의 종합주가지수 흐름 예측

위드 코로나 국면에서 보수적으로 투자하려면 종합주가지수에 투자해야 한다. 특히 한국이나 중국보다는 미국 종합주가지수 투자가 유리하다. 공격적으로 투자하려면 섹터별로 주가가 큰 순환을 반복하는 트렌드를 전략적으로 활용하면 된다. 섹터별로 순환하는 트렌드를 활용하는 전략은 미국, 중국, 한국 주식시장에 모두 좋다.

위드 코로나 국면에서 개별 주식이나 섹터보다 종합주가지수 투자가 안전한 이유를 살펴보자. 위드 코로나 정책 전환은 111 리바운드 효과의 지속과 경기 대침체 이전으로 완전한 복귀 신호를 투자시장에 준다. 당연히 상대적으로 회복 속도가 느렸던 '택트tact 주식'과 '에너지 주식'이 주목을 받게 된다. 예를 들어, 여행, 항공, 화장품, 의류, 레저, 석유회사 관련 주식이다. 위드 코로나 국면에 접어들면, 바이든 행정부가 역점을 두는 산업군들도 인기가 서

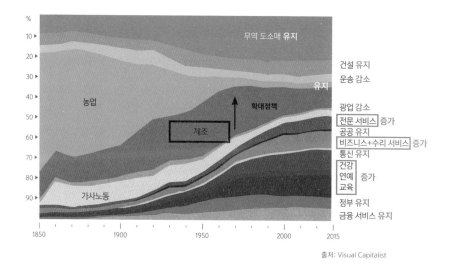

그림 16. 미국 산업별 고용 추세와 바이든 행정부 시기의 변화

무역 도소매 유지

건설 유지
운송 감소

유지

광업 감소
전문 서비스 증가
공공 유지
비즈니스+수리 서비스 증가
통신 유지
건강
연예 증가
교육

정부 유지
금융 서비스 유지

확대정책

제조

농업

가사노동

1850   1900   1950   2000   2015

출처: Visual Capitalist

서히 올라간다. 그림 16을 보자. 지난 150년 동안 미국 산업별 고용 추세 변화 자료에 바이든 행정부 동안 어떤 변화가 추가될지 필자가 표시해 놓은 그림이다.

하지만 위드 코로나 국면에서 주식시장의 움직임은 그리 간단치 않다. 수면 아래서 다양한 심층 원동력이 복잡하게 작동한다. 예를 들어, '긴축'이라는 심층 원동력이 작동하기 시작하면 기준금리 인상으로 예대마진이 높아지는 '금융 주식'은 수혜를 얻는다. 반면에, 부채는 많고 기업이익은 적은 '미래 기술 관련 주식'은 부정적 영향을 받는다. 비대면 기간 동안에 상대적으로 큰 수혜를 입어서 주식 가격이 크게 상승했던 기업이나 업종도 수익 실현 매물이 쏟아져 나온다. 그렇다고 금리인상에 취약한 '기술주'가 대폭락하는 사태도 발생하지 않는다. 제4차 산업혁명이라는 강력한 심층 원동력이 지속적으로 시장을 지지해 주기 때문이다.

하지만 긴축 강도가 한 단계씩 높아질 때마다 투자자들의 긴장감도 고조된다. 대세 상승장의 지속을 확신하지만, 곳곳에 위험이 도사리고 있으니 조심해야 한다는 생각도 널리 퍼진다. 결국, 일정한 수준까지 주가가 상승하면 재빠르게 수익 실현을 하는 방어적 전략이 대세가 된다. 그럴수록 시장 변동성은 커지고 업종별 순환 하락과 상승을 반복하는 양상이 잦아진다. 그럼에도 모든 섹터가 한꺼번에 대폭락하는 사태가 일어날 가능성도 크지는 않다. 중앙은행과 정부의 경기부양 의지가 여전하고, 위드 코로나 이전에 풀린 막대한 유동성도 시장을 돌아다니기 때문이다. 이런 모든 힘들이 복합적으로 작용하는 상황을 종합하면, 그나마 '심리적'으로 안전한 선택이 종합주가지수 투자다. 개별 기업이나 섹터별 주식들은 큰 변동성이 반복되지만 종합주가지수는 상대적으로 적은 변동성만 보이면서 횡보나 약한 상승세를 유지할 가능성이 크기 때문이다.

종합주가지수에 투자할 때에도 조심해야 할 게 한 가지 있다. 미국, 중국, 한국의 종합주가지수 트렌드가 조금씩 다르다는 점이다. 위드 코로나 국면에서는 전 세계의 이목이 미국을 향해 있다. 미국 경제가 세계경제를 주도하고 방향타 역할을 하기 때문이다. 특히 긴축 국면에 진입하면 달러는 강세가 유지되고, 미국으로 돈이 몰린다. 넘쳐나는 유동성 덕에 미국 기업들의 자사주 매입 규모도 역대 최대 수준을 이어가고 있다. 참고로, S&P500에 속한 기업들 중에서 자사주 매입 규모가 컸던 50개 회사들의 주식 가격은

평균 27% 정도 상승했다.[12]

반면, 신흥국 주식시장은 달러 자본 탈출이 늘어나면서 주식시장의 추가 상승 여력이 줄어든다. 한국과 중국은 위드 코로나로 정책 전환이 빠르고, 수출 회복이 지속되며, 정부가 대규모 지출을 유지하면서 각종 경제지표들이 호전되어 다른 신흥국들보다는 위험하지 않을 것이다. 하지만 주식시장에서 외국자본이 미국으로 빠져나가는 것 자체를 막기는 힘들다. 결국, 한국과 중국의 종합주가지수는 상당 기간 횡보나 약세를 보일 가능성이 크다. 이에 반해 돈이 몰려드는 미국 주식시장은 긴축 단계가 올라갈 때마다 '약간'의 충격이 있겠지만 대세 상승을 지속할 가능성이 높다. 종합주가지수 상승률 평균치도 가장 높을 것이다. 세계 1위 경제대국과 달러 패권국이라는 상징성만이 아니다. 앞으로 3~4년(바이든 1기 행정부 시기), 미국 경제는 독보적 행보를 보일 가능성이 높기 때문이다.

코로나19 이전에는 중국이 전 세계 경제성장을 좌우하는 키를 쥐고 있었다. 하지만 지난 10년간 종합주가지수에서 독보적 행보를 보인 나라는 중국이 아니다. 미국이다. 중국은 미국과의 패권전쟁에 돌입하면서 주식시장이 발목을 잡힌 상태다. 최근에는 시진핑 주석이 3연임을 목전에 두고 대중의 지지를 얻기 위해 각종 규제책을 쏟아내고 있다. 당분간 중국 주식시장을 바라보는 글로벌 투자자들의 심리가 위축될 것이 명확하다.

반면에 미국은 앞으로 3~4년 정도는 중국을 대신해서 세계 경제의 회복과 반등 규모, 속도를 좌우할 가능성이 높다. 예를 들어, 위드 코로나 국면이 시작되면서 미국 경제와 소비 회복 속도에 가속이 붙으면 미국에 다양한 소비재를 수출하는 국가들의 경제성장률도 덩달아 뛴다. 중국도 미국 시장의 회복을 기대하고 있다. 경제협력개발기구OECD는 조 바이든 행정부가 미국 경제를 강력하게 반등시키면 캐나다·멕시코(0.5~1%p), 유럽·중국(0.25~0.5%p)에서 추가 성장이라는 낙수효과가 나타나면서 전 세계 경제성장률도 1%p 추가 상승시킬 가능성이 높다고 평가했다.

바이든 행정부 4년,
미국 경제성장률 경로 예측

    필자가 위드 코로나 국면에서도 미국 주식시장의 글로벌 독주 추세가 계속될 가능성을 높게 예측하는 결정적 이유는 앞으로 3~4년 동안의 미국 경제성장률이다. 필자의 예측으로는 바이든 행정부 4년 내내 미국 경제는 놀라운 움직임을 보여줄 가능성이 크다. 필자는 2021~2024년까지 전 세계 각국의 경제성장률 경로 차이에 결정적 역할을 하는 요인을 세 가지로 꼽는다. 위드 코로나 정책 전환 속도, 인프라 투자 규모, 미래 산업 역량이다. 미국은 이 세 가지 요인이 전 세계에서 가장 강력하게 작동하는 나라다.

    2021년 상반기부터 미국은 빠른 백신접종 속도와 강력한 경기부양책으로 전 세계에서 가장 강력한 경제 반등 효과(111 리바운드 효과)를 내기 시작했다. 주요 경제연구소들은 2021년 미국 경제성장률이 최소 6%에서 최대 8%까지 이를 것이라는 전망을 쏟아냈다. 지난 10년간 연평균 성장률 2~3%의 2~3배이고, 최근 30년 내에 가장 높은 기록이다.[13] 영국 옥스퍼드 이코노믹스는 "미국이 16년 만에 처음으로 글로벌 경제의 '단독 견인차'로 떠오르고 있다. 미국이 2005년 글로벌 경제성장의 단일 제공자 지위를 중국에 내준 뒤 16년 만에 다시 그 지위를 되찾게 됐다."는 찬사를 보냈다.[14]

미국 연방준비제도Fed(이하 연준)도 2021년 미국 경제성장률을 최소 6%로 전망하고 있다. OECD는 조 바이든 행정부가 시행한 1조 9천억 달러의 추가 경기부양책이 2021년 미국 경제성장률을 3.7%p 추가 상승시켜서 최종 6.5%에 이르게 될 것이라고 전망했다. 미국 같은 경제 규모에서 연간 경제성장률 6.0~6.5%는 매우 높은 전망치인데, 이마저도 보수적인 수치일 수 있다. 연준의 이인자인 리처드 클라리다 부의장과 연준 내 서열 3위인 존 윌리엄스 뉴욕 연방준비은행 총재는 2021년 미국 경제성장률이 7%도 가능하다고 전망했다.[15]

뱅크오브아메리카도 2021년 미국 경제성장률을 7%로 전망했다. 글로벌 투자은행 UBS도 7.9%라는 역대급 예상치를 제시했다. 골드만삭스는 2021년 미국 실업률이 4.1%까지 하락하고, 경제성장률은 8%에 이르면서 1970년대 중반 이후 40~50년 만에 최고 기록을 달성할 것이라고 전망했다. 모건스탠리는 골드만삭스보다 약간 더 높은 수치를 제시했다. 2021년 말에는 실업률이 5%대로 하락하고, 경세성장률은 8.1%에 이를 것이라고 예상했다.[16] 물론 2021년 여름부터 델타 변이가 미국을 강타하면서 경제회복 속도가 느려지고 기존 경제성장률 전망치가 조금씩 하향 조정되었

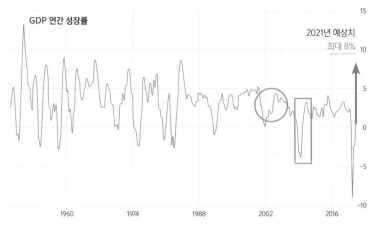

그림 17. 2020년 미국 경제가 받은 제2차 세계대전 이후 최대 충격

GDP 연간 성장률

2021년 예상치
최대 8%

출처: TRADINGECONOMICS.COM | U.S. BUREAU OF ECONOMIC ANALYSIS

다. 하지만 조삼모사다. 경기회복 속도가 일시적으로 늦춰진 것이기 때문에 2021년에 하향된 성장률 수치가 2022~2023년으로 이월, 반영될 가능성이 높다. 실제로 2021년 9월 21일 연준은 델타 변이로 경제회복이 지연되어 2021년 미국 경제성장률을 5.9%로 낮췄다. 대신, 2022년 경제성장률을 종전 3.3%에서 3.8%로 상향 조정했다.

일부에서는 2021년 미국 경제가 역사적 기록을 갱신하면서 강력하게 반등한 것을 위기 이후에 당연히 일어나는 기술적 반등이라고 폄하한다. 아니다. 그림 17를 보자. 2020년 미국 경제는 2002년 닷컴버블 붕괴, 2008년 금융위기 이후 기술적 반등 수준을 가뿐히 넘어서는 힘을 보여준다. 2002년과 2008년 위기뿐만 아니라 대부분의 경제위기 이후 경제성장률의 기술적 반등 수준은 위기 발생 직전 수치보다 낮거나 약간 상회했다. 하지만 2021년 미

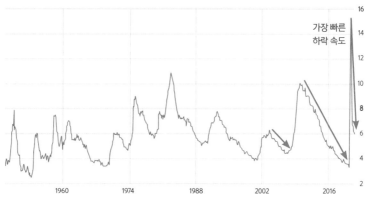

그림 18. 미국의 실업률 지표

가장 빠른
하락 속도

출처: TRADINGECONOMICS.COM | U.S. BUREAU OF ECONOMIC ANALYSIS

국의 연간 경제성장률의 반등 예상치는 1960년 이후 최고치에 근
접한다. 단순한 기술적 반등 수준이 아니다. 미국 웰스파고은행도
2021년 5월 이후부터 연말까지 미국의 소비 기세는 최근 70년 사
이 가장 강력할 것이라고 전망했다.[17] 그림 18의 미국 실업률 지
표도 살펴보자. 경제위기가 발생하면 실업률이 치솟는다. 정점에
오른 실업률이 위기 발발 이전 수준으로 내려오려면 최소 4~5년,
길게는 10년 이상 걸린다. 하지만 2020~2021년의 미국은 달랐다.
1929년 발생한 대공황 이후 최대 실업률을 기록했지만, 역사상 가
장 빠른 속도로 실업률이 하락 중이다.

　실업률의 세부 지표를 살펴보면 이런 추세는 더욱 명확해
진다. 미국의 제조업 전체, 내구재 및 비내구재 제조업 일자리는
2021년 4월 말에 코로나19 직전 수준을 모두 회복했다. 불과 1년
만이다. 심지어 비내구재 제조업은 코로나19 발발 이전보다 일자
리가 더 늘어났다. 2008년 금융위기가 발발했을 때에는 동일 업종

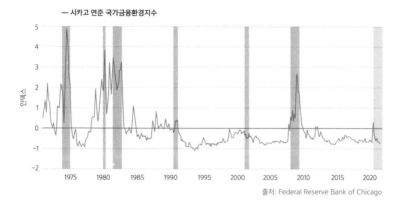

그림 19. 2020년 제2차 세계대전 이후 최대 경제 충격과 금융 안정성

— 시카고 연준 국가금융환경지수

에서 일자리 회복 기간이 8~9년 걸렸다. 여행 등 상대적으로 일자리 회복이 늦은 서비스업조차도 2008년 금융위기 당시 회복 속도를 능가했다. 한편, 그림 19는 미국의 금융 안정성 추세를 나타낸 것이다. 2020년 코로나19 대재앙에도 불구하고 미국의 금융 안정성은 최근까지 매우 양호한 상태를 유지 중이다.

2022년에도 미국 경제성장률은 코로나19 이전 평균치보다 높은 수치를 유지할 가능성이 높다. 2022년 상반기까지 111 리바운드 효과가 지속되고, 연준이 긴축 1단계(양적완화 축소)를 단행하더라도 초저금리 기조는 유지되며, 바이든 행정부의 2022년 예산이 제2차 세계대전 이후 최대 규모가 될 것이다. 2022년 후반기에는 11월 8일 중간선거가 있기 때문에 선거 특수 효과도 나타난다. 2021년 후반기 주식시장의 이슈가 위드 코로나였다면, 2022년은 인프라 투자 효과가 미국 주식시장을 달구기 시작할 것이다. 2022년에는 미국 경제의 70%를 차지하는 소비시장의 강세도 지속될 것이다. 국제 신용평가사 무디스는 2020년 경제봉쇄 기간에 전 세계 가계가 추가로 축적해 둔 소비력(초과 저축액)을 전 세계 GDP의 6%에 달하는 5조 4천억 달러(약 6,035조 원)로 추정했다.[18] 이 중에 미국 가계의 초과 저축액 규모가 가장 크다. 무디스의 추정에 따르면, 약 37%(2조 달러)를 미국 가계가 보유하고 있다.

미국은 2021년 3월에 1인당 1,400달러의 현금 지원(총 4,100억 달러)을 했고, 18세 미만 자녀 세액공제를 1인당 3천~3,600달러로 늘렸다. 4월 28일에는 미래 경쟁력을 키우기 위한 1조 8천억 달러(약 1,990조 원) 규모의 '미국가족계획American Families Plan'도 발표했다. 여기에는 최소 2025년까지 자녀 세액공제 연장, 500만 명 아이들에게 혜택이 돌아가는 2천억 달러(약 222조 3천억 원) 규모의

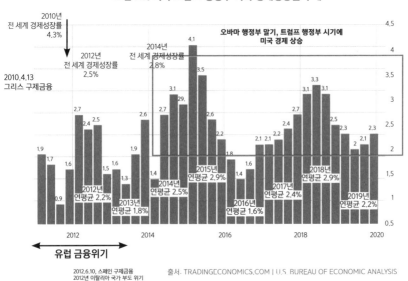

그림 20. 미국 트럼프 행정부 시기 경제성장률 추세

유치원 무상교육, 자녀 1명당 매월 최소 250달러를 지원하는 방안 등 저소득층과 중산층에 대한 다양한 재정 혜택이 추가되었다. 이런 정책 혜택을 모두 합하면 미국 가계의 축적된 소비력은 더욱 커진다.[19]

　미국 연준은 2022년 미국 경제성장률 전망을 최소 3.3%로 제시했다. JP모건은 3.8%로 전망했다. 토머스 바킨 리치먼드 연방준비은행 총재는 2022년 미국 경제성장률을 4.0%로 좀 더 높게 전망했다. 2022년 미국의 경제성장률을 가장 낮게 전망했던 모건스탠리도 2.8%로 예상했다. 이런 전망치가 현실이 되면, 2021~2022년 미국 경제성장률은 30년 만에 최고의 2년으로 기록될 가능성이 높다. 이렇게 2022년에도 미국 주식시장은 다양한 호재로 가득 찰 것이다. 이같은 이유로 미국 UBS글로벌 자산운용은 S&P500지수가 5,000선을 돌파할 것이라고 전망했다.[20]

　2023~2024년 미국 경제성장률은 어떨까? 미국 연준은 2023년 미국 경제성장률 전망을 2.2~2.4%로 제시했다. 이 수치는 코로나19 이전 미국 경제성장률의 평균치와 비슷하다. 필자는 연준이 상당히 보수적인 전망치를 내놨다고 본다. 그림 20을 보자. 오바마 대통령 제2기 행정부 시절과 트럼프 행정부 시기(4년)의 미국 경제성장률이다. 2008~2009년 미국발 금융위기 이후 기술적 반등이 일어났던 2010년에 미국의 경제성장률은 2.6%였다. 2011~2013년은 유럽발 금융위기로 인해 전 세계 경제성장률도 하락했다. 같은 해, 미국 경제성장률도 하락했다. 하지만 유럽 금융위기가 끝난 후에는 미국 경제가 재상승하면서 대체적으로 평균

그림 21. 1933~1936년 뉴딜 기간 미국 GDP

1933	$0.057	$0.817	-1.2%	뉴딜
1934	$0.067	$0.906	10.8%	미국 부채 증가
1935	$0.074	$0.986	8.9%	사회보장
1936	$0.085	$1.113	12.9%	루스벨트 증세
1937	$0.093	$1.170	5.1%	경기침체 재개

뉴딜 이전 미국 연간 경제성장률보다 2~3배 높아짐

성장률 2.4~2.9%에서 움직였다.

필자는 2023년에 바이든 행정부가 진행하는 인프라 투자(역대 최대 규모)가 미국 실물경제에 추가 동력을 제공하는 데 성공하고, 전 세계 코로나19 종식으로 세계경제가 완전 재개하는 상황이 펼쳐지며(세계 경제성장률 강세), 미래 산업 버블 분위기가 본격적으로 고조된다면 미국의 경제성장률이 최소 2.2%에서 최대 3.5%대를 기록할 가능성이 충분하다고 예측한다. 그림 21은 1933~1936년 루스벨트 행정부가 대규모 인프라 투자(뉴딜)를 시행했을 때의 경제성장률 변화 추이다. 뉴딜이 본격적으로 실물경제에 효과를 낸 시점은 시행 2년차였고, 뉴딜 효과는 4~5년차까지 효과가 유지되었다. 바이든 행정부가 실시하는 대규모 인프라 투자(신뉴딜New New Deal)정책도 비슷한 효과를 발휘할 가능성이 있다. 2022년부터는 기준금리 인상이라는 큰 변수가 기다리고 있지만, 미국 경제가 견고하게 움직이는 상황이라면 2023년 한 해는 일시적 긴축발작 정도의 충격만 줄 가능성이 크다.

마지막으로 바이든 행정부의 임기 마지막 해인 2024년 미국 경제성장률은 어떤 모습이 될까? 2024년은 긍정적 요인과 부정적 요인이 팽팽하게 맞서는 시기다. 2024년 미국 경제성장률 추이에 긍정적 요인은 대선 특수와 인프라 투자 효력의 지속이다. 부정적 요인은 코로나19 이전 평균 경제성장률로 회귀하려는 힘이 강해지고 기준금리 인상 후반부를 지나는 시기가 된다면, 금리 부담이 서서히 커지면서 개인과 기업이 소비를 줄이고 부채 상환을 늘리며, 생산물가와 임금 부담이 높아진 기업은 이익이 줄면서 투자를 줄이는 일이 일어날 가능성이 높다는 것이다.

대표적 긍정 요인인 '대선 특수'를 살펴보자. 그림 22는 1988~2020년까지 대선이 있던 해의 미국 경제성장률(분기)이다. 미국 대선은 엄청난 선거자금이 시중에 풀리고, 그에 따라 경기도 좋은 경우가 많았다. 그래프에서 보듯, 대선이 열리는 해에는 부동산 버블 붕괴, 코로나19 대재앙 같은 경제위기가 발생하지 않으면 대체적으로 분기별 경제성장률 혹은 연간 경제성장률이 전년보다 양호하거나 비슷했다. 2024년 대선정국 기간에도 큰 경제위기가 발생하지 않으면 경제성장률이 급격히 나빠질 가능성은 낮다.

대표적 부정 요인인 '기준금리 인상 부담'을 예측해 보자. 그림 23, 24, 25는 1985~2019년까지 미국 연준이 기준금리 인상을 했던 5번의 기간 중 미국 경제성장률 변화 추이다. 그림에서 보듯이, 기준금리 인상 전반부는 경제성장률이 상승했다. 하지만 후반부(박스 표시)는 기준금리 인상 부담이 경제성장률에 반영된다. 기준금리가 일정 수준 이상을 넘어서면, 개인과 기업들은 저축을 늘리고 부채 상환도 늘린다. 물가도 높아져서 가계가 소비를 줄이는 현상이 동시에 일어난다. 생산물가와 임금도 높아져서 기업은

그림 22. 1988~2020년 대선이 있던 해의 미국 경제성장률(분기)

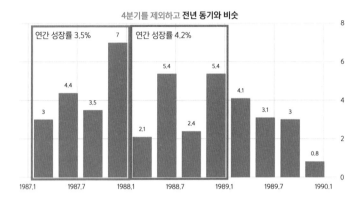

4분기를 제외하고 **전년 동기와 비슷**

연간 성장률 3.5%

연간 성장률 4.2%

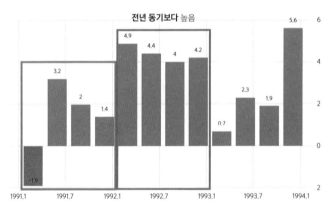

전년 동기보다 높음

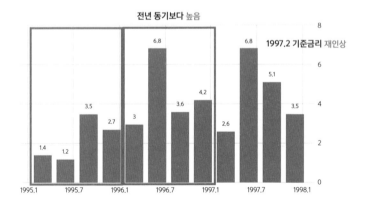

전년 동기보다 높음

1997.2 기준금리 재인상

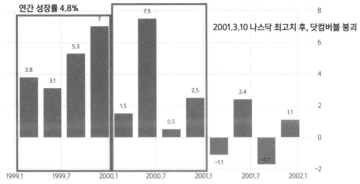

2분기는 **전년 동기보다** 높음 그러나 서서히 낮아짐 **연간 성장률 4.1%**

연간 성장률 4.8%

2001.3.10 나스닥 최고치 후, 닷컴버블 붕괴

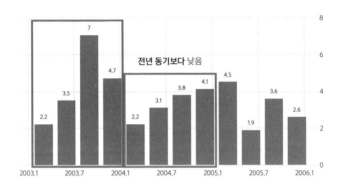

전년 동기보다 낮음

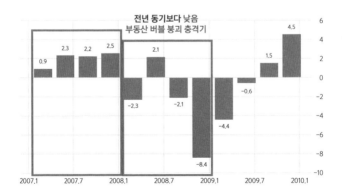

전년 동기보다 낮음
부동산 버블 붕괴 충격기

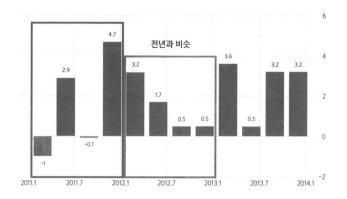

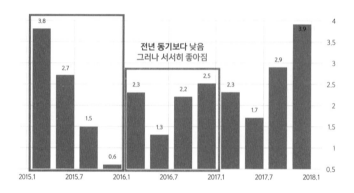

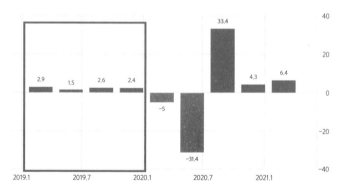

출처: TRADINGECONOMICS.COM | U.S. BUREAU OF ECONOMIC ANALYSIS

2025 미래 투자 시나리오

그림 23. 1985~2002년까지 미국 기준금리 VS.
경제성장률과 소매판매 비교

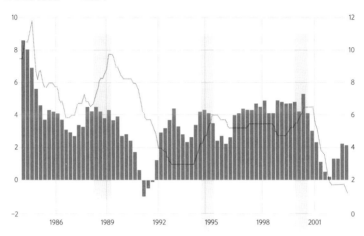

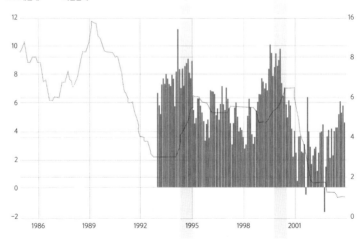

출처: TRADINGECONOMICS.COM

　　　　　　　Part 1 · 위드 코로나 시대, 종합주가지수의 미래

그림 24. 2003~2019년까지 미국 기준금리 VS. 경제성장률과 소매판매 비교

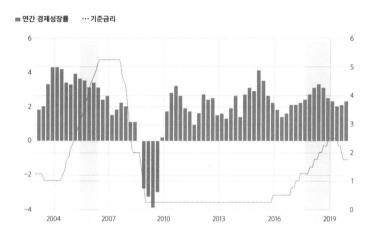

■ 연간 경제성장률   ⋯ 기준금리

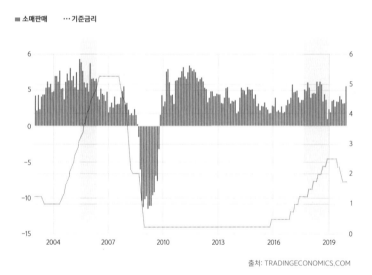

■ 소매판매   ⋯ 기준금리

출처: TRADINGECONOMICS.COM

그림 25. 1985~2019년까지 미국 기준금리 VS. 개인 저축률 비교

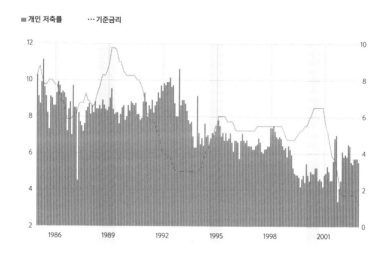

■ 개인 저축률   ··· 기준금리

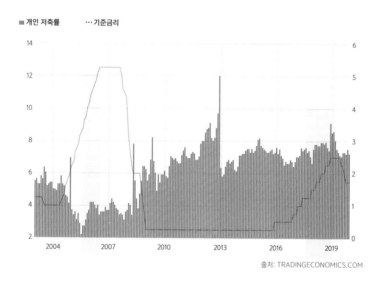

■ 개인 저축률   ··· 기준금리

출처: TRADINGECONOMICS.COM

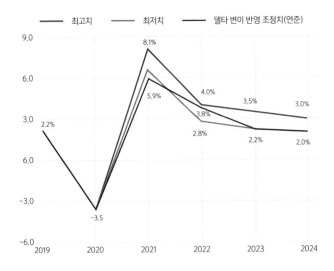

그림 26. 바이든 행정부 4년간 미국 경제성장률 경로 예측

최고치　　　최저치　　　델타 변이 반영 조정치(연준)

이익률이 줄고, 각종 민간투자도 주춤하면서 경제성장률이 전반적으로 하락한다.

2024년이 기준금리 인상 전반부라면 큰 영향은 없다. 하지만 기준금리 인상이 빨라져서 후반부를 지나는 시기라면 경제성장률에 영향을 주기 시작할 것이다. 단, 연준이 기준금리를 다시 내려야 할 정도의 경제위기가 발발하기 전에는 기준금리 인상 후반부를 지나가더라도 경제성장률이 급격하게 하락하지는 않는다. 이런 모든 요인들을 반영하여 2024년 미국 경제성장률은 기준금리 후반부를 지나게 되면 2023년보다 약간 낮은 2.0% 수준이 되고, 기준금리 전반부에 머물면 2023년과 비슷한 수준인 3.0%에서 형성될 가능성이 높다.

그림 26은 필자가 예측하는 바이든 행정부 4년간 미국 경제

성장률 경로를 종합한 그래프다. 바이든 행정부 4년 중 전반부 2년의 미국 경제성장률은 코로나19 이전 평균성장률(2.2%)을 뛰어넘는 기록적 수치를 달성할 가능성이 높고, 후반부 2년은 평균 성장률과 비슷하거나 약간 높게 유지할 가능성이 충분하다.

바이든 행정부의 증세가
주식시장에 미치는 영향

바이든 행정부 들어 미국의 종합주가지수 미래 경로를 예측할 때 종종 등장하는 질문이 있다. 바로 다음과 같다.

> "바이든 행정부가 증세를 단행하면, 주식시장에
> 큰 위험 요소가 되는 게 아닌가요?"

필자의 예측을 먼저 말하면 "일시적으로는 영향을 주지만, 중장기적으로는 전혀 큰 위험 요소가 아니다."라는 것이다. 필자가 이런 예측을 하는 이유를 차근차근 설명해 보겠다. 코로나19가 발발하기 이전인 2017년에 미국 정부 부채는 20조 달러를 돌파했다. 도처에서 미국 정부의 재정 위험 우려가 쏟아져 나왔다. 미국 달러와 국채에 대한 의심의 목소리도 커졌다. 아무리 제1기축통화 국가이지만 재정 관리 압박이 커지는 상황이었다. 하지만 트럼프 행정부는 2017년에 시장 예상과 다른 행보를 보인다. 1조 5천억 달러 부자감세를 추진했고, 2018년에는 중국과 무역전쟁을 벌이면서 미국 정부의 재정 건전성을 더욱 위험하게 만들었다. 이런 와중에, 2020~2021년 코로나19 대재앙이 발발했다. (필자가 앞서 분석했듯이) 미국 경제는 천문학적인 경제 손실을 입는다.

2020년 트럼프 행정부는 경제 셧다운 위기를 탈출하기 위해 2조 3천억 달러 규모의 역사상 최대 경기부양안을 집행했다. GDP 대비 정부 지출 비중은 44%까지 증가했다. 1880년 이후 140년 동안, 미국 정부의 재정지출이 GDP 대비 40%를 넘은 사례는 제2차 세계대전(GDP 대비 45%), 2008년 금융위기(GDP 대비 43%)뿐이었다. 결국, 2020년 9월 30일로 끝난 트럼프 행정부 마지막 회계연도 정부 재정적자는 3조 1천억 달러를 기록했다. 전년 대비 3배다. 회계연도 기준으로 역대 최대 적자 규모였다. 이런 막대한 지출을 하면서도 트럼프 행정부는 급증하는 재정적자를 메울 재원에 관한 대책은 없었다.

2021년 바이든 행정부도 코로나19 위기 탈출을 위해 추가로 1조 9천억 달러를 쏟아부었다. 일단 급한 불을 꺼야 했다. 다른 방법이 없었다. 미국 정부의 부채는 더욱 증가했다. 미국 재무부 자료에 따르면, 코로나19가 미국 경제를 강타하기 시작한 2020년 3월부터 2021년 2월 말까지 단 1년 동안 미국 정부 부채는 무려 4.4조 달러가 증가했다. 미국이 제2차 세계대전을 치르면서 사용했던 전쟁 비용(현재 가치로 4조 8천억 달러)에 육박한 규모였다.[21]

그림 27에서 보듯이, 2021년 현재 미국 정부의 부채 비율은

GDP 대비 107.6%다. 코로나19 팬데믹 동안 정부의 재정지출 규모는 2008년 부동산 버블 붕괴로 금융 시스템 위기가 발발한 상황을 극복하기 위해 지출한 규모를 훌쩍 뛰어넘는다. 미국 정부 부채 규모는 2017년 20조 달러에서 코로나19 위기를 2년 거치면서 28조 달러까지 치솟았다. 2017년 대비 40% 증가다.

2018년 미국 예산관리국Office of Management and Budget, OMB은 미국 정부 부채 규모가 28조 달러를 넘어가는 시점을 2024년 정도로 예측했다. 28조 달러는 미국 정부의 재정 건전성이 심각한 위기에 직면했다고 판단하는 숫자다. 하지만 코로나19 팬데믹을 거치면서 28조 달러를 넘는 시점이 최소 3년 이상 앞당겨졌다. 늘어나는 정부 부채 문제를 해결하는 근본적인 방법은 재정 운영을 흑자로 돌리는 것이다. 이는 미국의 현재와 미래 상황을 예측해 보면 불가능에 가깝다. 1950년부터 현재까지 미국 정부의 수입은 느리게 증가하는 데 반해, 지출은 상대적으로 빨랐다. 경제위기가

그림 27. 미국 GDP 대비 정부 부채(왼쪽)와 지출(오른쪽), %

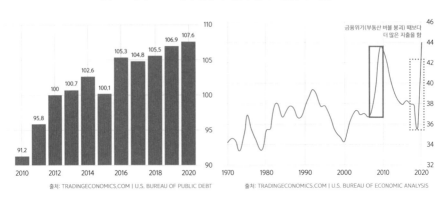

출처: TRADINGECONOMICS.COM | U.S. BUREAU OF PUBLIC DEBT

출처: TRADINGECONOMICS.COM | U.S. BUREAU OF ECONOMIC ANALYSIS

발생하는 시기에는 지출 증가 시 평균치를 능가했다. 그림 28에서
보듯이, 1950년부터 2020년까지 미국 정부 예산이 흑자였던 해는
11번에 불과했다.

　　이런 추세는 바이든 행정부 동안에도 달라질 가능성이 매
우 낮다. 바이든 행정부가 임기를 시작한 2021년 회계연도 상반
기에만 이미 1조 7천억 달러의 재정적자가 발생했다. 전년 동기
(7,435억 달러)보다 2.3배 증가했다. 상반기 기준으로 역사상 최대
규모다. 코로나19에 대응하기 위한 1조 9천억 달러 규모의 추가
부양책을 집행한 결과다.[22] 바이든 행정부는 신뉴딜이라는 기치
아래, 앞으로 8년 동안 4조 달러가 넘는 돈을 추가로 지출할 계획
도 가지고 있다. 트럼프 행정부와 바이든 행정부가 코로나19 극복
을 위해 구제, 부양, 인프라 투자로 지출하거나 지출 예정인 총금
액이 무려 10조 달러(각종 구제와 부양책으로 6조 달러, 인프라 투
자로 3조 4천억 달러)에 육박한다.

그림 28. 미국 정부 예산 추이

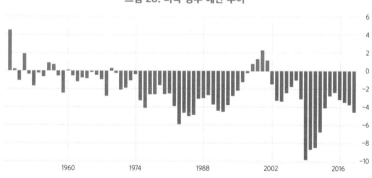

2021년 8월 30일, 바이든 대통령은 부시 대통령의 '테러와의 전쟁'으로 시작된 20년 아프가니스탄 전쟁을 끝내고 미군 전 병력을 철수시켰다. 말이 '철군'이지 베트남전쟁처럼 실패한 전쟁이었다. 아프간전쟁으로 미국의 인적 피해도 컸다. 미군 사망 2,448명, 미군 군무원 사망 3,846명, 동맹군 사망 1,144명, 구호단체 직원 사망 444명, 언론인 사망 77명, 아프간 군인과 경찰 사망 6만 6천 명, 아프간 민간인 사망 4만 7,245명이었다. 아프간전쟁은 미국 정부의 재정적자 폭증에 한몫했다. 미국 정부가 20년 동안 아프가니스탄 전쟁에 쏟아부은 돈은 2조 2,610억 달러였다. 현재 미국 정부 부채의 10%를 차지한다.

AP 여론조사를 보면, 미국 국민이나 참전용사 60%가 아프간 전쟁을 "싸울 가치가 없는 전쟁"이라고 생각했다. 2021년 8월 27~30일까지 로이터와 여론조사 전문기관인 입소스가 실시한 조사에서도 "오늘날 미국이 직면한 가장 큰 문제가 무엇이냐?"는 질문에 단 10%만이 아프간전쟁을 꼽았다. 미국의 국익으로 보나 미국 내 여론으로 보나, 아프간전쟁의 종결과 철군은 당연한 결과였고 국민 대부분이 원하는 일이었다. 하지만 정작 미국이 아프간에서 전면 철군을 단행하자 바이든 대통령의 지지율은 40%대 초반까지 떨어졌다. 대략 10%정도 지지율이 하락했다.

이런 뜻밖의 결과가 나타난 이유는 무엇일까? 로이터와 입소스가 실시한 여론조사를 보면 그 이유를 알 수 있다. 아프간전쟁을 끝내고 미군 철수에 대부분의 국민이 찬성했지만, 바이든 대통령의 철수 방식에 찬성한다는 응답은 38%에 불과했다. 직접 대놓고 반대하는 비율이 51%에 이르렀다. 미국의 여론은 아프간 전쟁 종식 자체가 문제가 아니라, 바이든 대통령이 카불이 무너지기 직전까지도 아프간 보안군(30만 명)의 수준이 최고라고 평가하는 식의 상황 오판, 철군 과정에서 발생한 혼돈과 피해, 아프간인의 안전 보장을 위한 후속 조치 미흡, 미국의 위상 실추 등에 대한 책임을 묻고 있었다. 한마디로 정치력과 실행력 미숙, 실수 등을 문제 삼았다.

2022년 중간선거와 2024년 대선을 앞둔 바이든 대통령과 백악관, 민주당은 크게 당황했다. 정치적 타격도 불가피해졌다. 공화당은 무장세력인 이슬람국가-호라산IS-K의 자살폭탄테러로 미군 13명과 아프간인 최소 170명이 사망하는 참사(2021년 8월 26일)를 비판하고 나섰다. 국회의사당 난입 폭동, 바이든 행정부의 코로나19 백신 대응 성공, 바이든 행정부의 대형 인프라 투자 등 여러 면으로 2022년 중간선거에서 불리했던 공화당에겐 호재다. 공화당은 정치적 공세를 2022년 중간선거까지 이어갈 것이다. 민주당 내 외교위원회, 군사위원회 소속 일부 의원도 비판적 목소리를 강하게 내고 있다. 만약 아프간이 다시 테러집단의 보호막이 되어 알카에다, IS 등이 부활하여 이슬람 근본주의자가 미국 시민이나 미국 본토 테러를 감행하면 정치적으로 최악의 상황이 된다. 이미 아프간을 장악한 탈레반은 수감된 IS 대원들을 풀어줬고, 아프간 내 강경 IS 대원도 2천 명 규모로 늘어났다.

난민 문제도 바이든 행정부에게 정치적 타격을 줄 수 있다. 공화당과 미국 내 보수세력은 반反이민 정서가 강하다. 2022년 중

그림 29. 바이든 대통령과 역대 미 대통령의 임기 첫해 지지율 비교

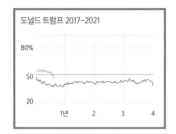

도널드 트럼프 2017-2021

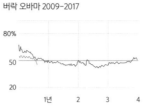

버락 오바마 2009-2017

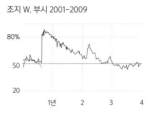

조지 W. 부시 2001-2009

빌 클린턴 1993-2001

조지 H.W. 부시 1989-1993

로널드 레이건 1981-1989

지미 카터 1977-1981

제럴드 포드 1974-1977

리처드 닉슨 1969-1974

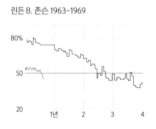

린든 B. 존슨 1963-1969

존 F. 케네디 1961-1963

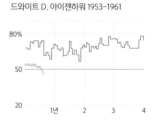

드와이트 D. 아이젠하워 1953-1961

간선거와 2024년 대선의 캐스팅보트를 쥐고 있는 미국 중산층에게도 난민 문제는 불편하다. 아프간에서 탈출한 대규모 난민이 유럽으로 몰려 들어가면, 바이든 행정부의 부담이 가중된다. 빌 클린턴 전 대통령도 아칸소 주지사 시절에 카터 대통령이 난민 수용 요청을 수락한 것이 선거 패배의 원인이라고 비판했고, 2015년 오바마 정부도 시리아 난민 10만 명 유입 계획 추진으로 트럼프 대통령에게 정권을 빼앗기는 빌미를 제공하게 됐다. 외교적 타격도 불가피하다. 미국이 '국익 없는 전쟁에서 발을 빼는 행동'은 미국의 '리더십 복원'을 기대하던 동맹국에게 바이든 행정부도 트럼프 행정부와 비슷하다는 불안감을 줄 수 있다. 이번 사건을 계기로 EU 내에서는 미국과 미국이 주도하는 집단안보체제인 북대서양조약기구NATO의 의존도를 줄이고 '전략적 자주성'을 강화하자는 주장에 힘이 실리고 있다. 중국에게는 미국의 안전보장은 신뢰할 수 없는 카드라고 주장할 수 있는 명분도 주었다.

　　트럼프 전 대통령은 바이든 대통령을 맹비난하면서 2024년 대선 재출마를 공공연하게 떠들고 다닌다. 바이든 행정부가 정치적 위기에서 빠르게 탈출하지 못하면, 2022년 중간선거는 물론 2024년 대선에서 공화당에게 정권을 빼앗길 수도 있다. 그림 29는 바이든 행정부의 임기 첫해 지지율을 역대 대통령(1953년 아이젠하워 대통령부터 트럼프 대통령까지)과 비교한 자료다. 바닥을 치고 있다. 트럼프와 포드 대통령을 제외하고 모두 뒤처진다. 즉, 바이든 대통령은 임기 첫해부터 심각한 위기를 맞고 있다(초록색은 바이든 대통령의 지지율이고, 검은색은 해당 임기 대통령의 지지율이다).

　이런 지지율로는 2022년 중간선거에서 대참패가 불을 보듯 뻔하다. 집권 후 첫 번째 맞게 되는 중간선거에서는 늘 여당 견제 심리가 작동하면서 집권 여당이 대부분 참패했다. 이런 상태로 가면 바이든 행정부는 2022년 중간선거에서 대참패를 할 가능성이 높다. 바이든 행정부가 중간선거 대참패와 2024년 재집권 실패라는 위기를 넘길 수 있는 길은 '경제'와 '대중 압박'이다. 특히 2022년에 실시되는 미국 중간선거는 민생 문제(위드 코로나19 정책, 서민과 중산층 지원, 일자리, 임금, 인프라 법안, 부동산정책 등)가 선거의 승패를 좌우한다. 바이든 행정부가 2022년 중간선거 전까지 민심을 수습하고 캐스팅보트를 쥐고 있는 중도층의 마음을 얻으려면 민생에 집중하는 모습을 보여야 한다.

　바이든 행정부의 민생 집중 핵심 전략은 두 가지다. 성공적인 위드 코로나 정책과 대규모 인프라 투자의 성공이다. 상하원을 모두 장악한 바이든 행정부가 공화당의 강한 반대에도 불구하고 인프라 투자안을 대부분 밀어붙인 이유다. 하지만 대규모 인프라 투자가 이뤄지면 바이든 행정부 4년 동안 미국 정부의 재정적자 증가는 역대급 규모가 된다. 바이든 행정부가 정부 수입을 늘리기 위해 다각도로 머리를 쓰고 있지만 뾰족한 수가 없다.

　미국 정부가 재정 운영을 흑자로 늘리는 데 실패하면, 예상되는 사태는 두 가지다. 첫째, 정부 부채가 계속 증가하면서 미국이 부도 위기에 몰리는 미래다. 미국과 중국 간에 패권전쟁이 심화되고 있는 시점에서 미국 정부의 부채 규모가 주체할 수 없을 정도

그림 30. 미국의 정부 투자 규모 변화 추세

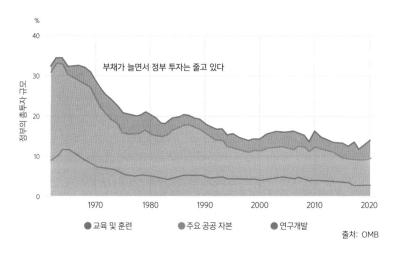

부채가 늘면서 정부 투자는 줄고 있다

●교육 및 훈련   ●주요 공공 자본   ●연구개발

출처: OMB

로 확대되면 달러와 미국 국채 가치가 폭락하면서 동맹국을 비롯
한 전 세계에 미국 경제의 신뢰도가 떨어진다. 이것은 미국 패권
의 종말을 초래한다. 미국 정부가 부도 위기에 몰리는 상황을 피
하더라도 문제는 여전하다. 그림 30은 미국 예산관리국이 분석한
미국 정부의 투자 규모 변화 추세다. 그래프에서 볼 수 있듯이 미
국의 잠재성장률, 미래 경쟁력을 강화하는 데 필수 항목인 정부
주도 연구개발R&D과 주요 공공 자본 투자가 지속적으로 감소 중
이다.

　이와 같은 상황이 지속되는 이유는 무엇일까? 미국 정부의
재정지출 항목을 분석해 보면 그 이유를 쉽게 발견할 수 있다. 그
림 31을 보면, 정부 지출에서 이자비용이 큰 규모를 차지한다.
1993년 14%를 차지했던 이자비용이 2018년에는 8%로 줄었다. 겉
으로 보기에는 긍정적인 숫자 변화다. 하지만 착시다. 그 기간 동

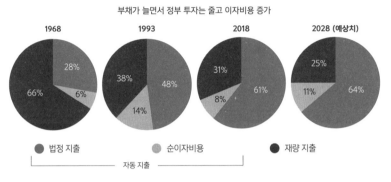

그림 31. 미국 정부 지출과 이자비용 규모

부채가 늘면서 정부 투자는 줄고 이자비용 증가

| 1968 | 1993 | 2018 | 2028 (예상치) |

1968: 28%, 6%, 66%
1993: 38%, 48%, 14%
2018: 31%, 61%, 8%
2028 (예상치): 25%, 64%, 11%

● 법정 지출　　　● 순이자비용　　　● 재량 지출

├── 자동 지출 ──┤

출처: Congressional Budget Office

안 미국의 기준금리는 역사상 가장 낮은 초저금리 국면이었다. 미국 의회예산처Congressional Budget Office는 앞으로 정부 부채가 계속 늘어나고 있기 때문에 2028년에는 이자비용이 11%를 차지할 것이라고 예측하고 있다. 앞으로 미국 연준이 기준금리를 인상하면 정부가 부담해야 할 이자비용은 더욱 늘어난다. 기준금리가 1%만 올라도 2030년이면 20~25%p 정도 추가 비용이 발생한다.

　미국 정부의 재정적자 구조 개선을 불가능하게 만드는 요소는 또 있다. 고령화 비용이다. 현재, 미국 정부가 사회보장과 건강 서비스에 지출하는 비용은 교육과 연구개발에 투자하는 비용의 8배다. 문제는 미래다. 시간이 갈수록 미국 정부가 사회보장과 건강 서비스에 지출하는 비용 규모가 빠르고 크게 증가할 가능성이 높다. 미국 인구조사국Census Bureau의 예측에 따르면, 65세 이상 고령자 숫자는 2060년경이면 1억 명에 근접하게 된다. 이미 초고령화 단계에 들어선 유럽과 일본 정부는 사회복지 관련 비용으로 매년 GDP 대비 25~30% 수준의 재정지출을 한다. 현재, 미국 정부가 매년 지출하는 사회복지 관련 비용은 GDP 대비 20% 정도다. 유럽이나 일본보다 고령화 속도가 느리기 때문이다. 하지만 앞으로 미국의 고령 인구는 더 증가할 가능성이 높기 때문에 사회보장 관련 비용 지출도 GDP 대비 5~10%p 정도 추가로 늘어날 수 있다. 갈수록 늘어나는 이자비용과 고령화 비용 부담이라는 두 가지 요인만으로도 미국 정부의 재정흑자 전환은 불가능하다. 이런 상황에서 코로나19 대응을 위한 지출과 바이든 행정부의 인프라 투자가 더해지면 미국 정부와 달러, 채권에 대한 불안감이 위험 수위에 오르는 것은 시간문제다.

미국 정부 부채와 재정적자 규모가 계속 커지는 상황에서 (연방정부의 GDP 대비 총수입 비율을 늘리지 않고) 미국 정부가 부도 위기와 미래 경쟁력 약화에서 벗어나는 방법은 무엇일까? 초저금리를 유지하는 것은 단기적 처방에 불과하다. 그렇다고 정부 지출을 계속 줄이는 것도 불가능하다. 궁여지책으로 미국의 미래 경쟁력을 좌우할 교육과 연구개발에 투자하는 비용을 줄이면 중국에게 패권을 넘겨줄 수 있다는 우려가 생긴다. 사회보장 비용을 줄이면, 미국 사회 전체가 혼란에 빠진다. 근본적 처방은 '증세'뿐이다. 이것이 예상되는 두 번째 미래이고 가장 그럴듯한 미래a plausible future이자 확률적으로 가능성이 가장 높은 미래a possible future다. 국가의 미래를 위해서는 피할 수 없는 상황이다.

바이든 행정부는 2022년 중간선거에서 대참패를 피하기 위해 대규모 인프라 투자를 성공시키고, 동시에 미국의 재정 위기

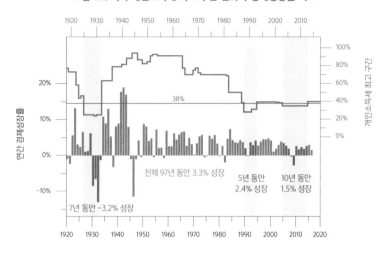

그림 32. 미국 개인소득세 최고 구간 변화와 경제성장률 비교

우려를 불식시키기 위해 증세를 할 수밖에 없다. 증세를 피할 수 없다면, 주식시장에 미치는 영향을 우려하는 것은 당연하다. 바이든 행정부의 증세가 주식시장에 찬물을 끼얹을까? 그림 32를 보자. 미국의 개인소득세 최고 구간의 변화와 경제성장률(GDP) 간의 관계 비교다. 그림에서 보듯이, 미국은 대공황이 발발하자 개인소득세 최고 구간을 빠르게 올렸다. 1945년에는 개인소득세 최고 구간이 94%까지 상승했다. 하지만 같은 기간에 경제성장률도 엄청난 규모로 상승했다. 1933~1936년 루스벨트 행정부의 대규모 인프라 투자(뉴딜) 실시와 증세를 통한 부의 재분배 효과 때문이었다. 증세가 경제성장에 부정적인 영향을 준다는 주장이 힘을 잃는 결과다. 바이든 행정부는 루스벨트 대통령 이후로 역사상 가장 큰 규모의 인프라 투자를 단행한다. 법인세 인상 등 증세를 실시하면 일정 부분 '부의 재분배 효과'도 나타난다. 미국은 제4차 산업

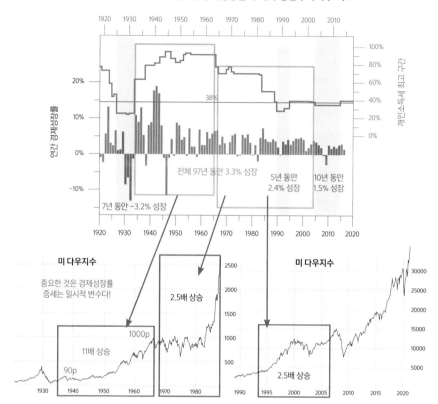

그림 33. 미국의 세금 및 경제성장률 추세와 종합주가지수 비교

혁명이 일어나는 중심 국가다. 앞으로도 생산성 혁명이 계속 일어
날 것이다.

　사실, 역사적 사실과 비교하면 증세 규모가 엄청난 것도 아니
다. 그림 33을 보자. 필자가 미국의 세금 및 경제성장률 추세를 종
합주가지수(다우)와 비교했다. 그림에서 보듯이, 시장의 우려와
다르게 주식시장 상승세가 가장 강력했던 때는 증세 시기였다. 이
유가 무엇일까? 간단하다. 주식시장에서 가장 중요하게 생각하는

그림 34. 1933~1936년 뉴딜 기간 미국 GDP와 종합주가지수

1932	$0.060	$0.828	-12.9%	후버 증세
1933	$0.057	$0.817	-1.2%	뉴딜
1934	$0.067	$0.906	10.8%	미국 부채 증가
1935	$0.074	$0.986	8.9%	사회보장
1936	$0.085	$1.113	12.9%	루스벨트 증세
1937	$0.093	$1.170	5.1%	경기침체 재개
1938	$0.087	$1.132	-3.3%	경기침체 종료

뉴딜 이전 연간 경제성장률보다 2~3배 높아짐

미 다우지수

뉴딜로 경제성장률이 높아지면서 종합주가지수도 동시에 상승

1934~1937

것은 증세가 아니다. 경제성장률이다. 경제성장률이 좋다는 것은 기업이익이 좋다는 것과 같다.

이런 역사적 사실을 알면 중요한 통찰력을 얻는다. 바이든 행정부가 증세 규모를 어느 정도 하느냐와 관계없이 경제성장률이 좋으면 주식시장은 증세 충격을 충분히 이긴다. 필자는 바이든 행정부 4년 동안 미국 경제성장률이 '상당히' 좋을 것으로 예측했다. 그렇기 때문에 필자는 "증세 이슈는 일시적으로는 주식시장에 '약간의 충격'을 줄 수 있지만, 중장기적으로는 큰 위험 요소가 절대 아니다."라고 예측한다. 예를 들어, 2021년 9월 14일, 골드만삭스의 주식 전략가 데이비드 코스틴은 "민주당의 증세안이 통과하면

S&P500지수에 속한 기업들의 수익이 5% 줄어들 것이다."라고 분석했다.[23] 틀린 분석은 아니다. 기업 수익이 줄면 주가는 하락한다. 그렇기 때문에 경제가 좋지 않을 때 증세를 하면 주식시장은 가중 충격을 받는다.

하지만 경제가 좋아지는 국면에서 증세는 일시적 충격만 준다. 증세로 줄어드는 이익을 경기 호황이 상쇄시키기 때문이다. 그림 34를 보자. 1933~1936년 루스벨트 행정부 시절 대규모 인프라 투자(뉴딜)와 증세를 동시에 시행했을 때 주식시장의 움직임이다. 1933년에 뉴딜을 시작하면서 증세도 병행했다. 그러자 주식시장은 일시적 조정기를 맞았다. 하지만 뉴딜 효과가 실물경제에 본격적으로 나타나면서 경제성장률이 강하게 상승하자 증세 압력을 상쇄하고 1934년 중반부터 종합주가지수가 거침없이 상승하는 것을 볼 수 있다. 다시 강조한다. 주식시장에서 중요한 것은 경제성장률이다. 증세는 일시적 변수에 불과하다.

미래학자가 사용하는 트렌드 분석법,
생태학적 사회구조분석기술

여기서 잠시 필자가 사용하는 트렌드 분석법을 소개한다. 물론 이 책에서 예측한 2022년 투자 트렌드도 이 방법을 기본으로 사용했다. 필자가 사용하는 대표적인 트렌드 분석기술은 '생태학적 사회구조분석법Ecological Social Structure Analysis, ESSA'이다[참고로, 필자는 트렌드 분석법을 비롯해 다양한 미래 연구에 사용되는 기술들을 《미래학자의 통찰의 기술》(김영사, 2019)이라는 책에서 자세히 다루었다. 특별히 미래 예측, 트렌드 분석, 시나리오 구축 등 다양한 미래 연구방법론에 관심이 있는 독자는 참고하길 바란다. 지금부터 소개하는 생태학적 사회구조분석법도 그 책에서 이미 다룬 내용을 토대로 지금의 논의에 맞게 약간 수정했음을 밝혀둔다].

필자는 눈에 보이는 현상을 관찰하거나 신문을 읽거나 환경 스캐닝을 사용해 수집한 사실을 '보이는 사실visible fact'이라고 부른다. 보이는 사실은 밝게 드러난 사실 혹은 이미 일어난 사실이다. 누구나 쉽게 접하고 찾아낼 수 있는 사실이다. 이것은 트렌드 분석에 사용되는 기본 재료다. 하지만 트렌드 분석과 예측을 위해서는 다른 사실들도 필요하다. 바로 '보이지 않은 사실invisible fact' 이다. 보이지 않는 사실은 보이는 사실과 연관되어 깊게 숨겨져 있는 사실이나, 발생할 수 있었으나 발생하지 않은 사실, 그리고 추가로 발생할 가능성이 있는 사실이다. 보이지 않는 사실은 현상 속에 실체를 드러내고 있는 보이는 사실과 연관되어 있다. 하지만 보이지 않는 사실은 애써 찾고 발견하려고 하지 않으면 쉽게 눈에 띄지 않는다. 그래서 보이지 않는 사실 혹은 숨겨진 실체라고 부른다. 필자는 트렌드 분석과 예측을 할 때, 보이는 사실도 중요한 재료로 사용하지만 보이지 않는 사실에 훨씬 더 집중한다.

　그렇다면 트렌드 분석과 예측에 아주 중요한 요소인 '보이지 않는 사실', '보이는 사실과 연관되어 있지만 깊게 숨겨져 있는 사실'을 추출하고 분류하는 전문 기술에 대해 잠시 살펴보자. 필자는 현상의 이면에 아주 깊은 심층에 숨겨진 사실을, 현상의 '미래 변화를 만드는 힘'의 숨겨진 실체substance에 접근하는 실마리라고 부른다. 혹은 숨겨져 있는 사실 그 자체가 숨겨진 실체인 경우도 있다. 필자가 눈에 보이는 현상으로부터 눈에 보이는 사실을 추출하고, 그것을 근거로 집요하리만큼 현상의 이면을 추적해 들어가는 이유도 현상 이면에 숨겨진 실체, 보이지 않는 사실에 접근하기 위함이다. 바로 이 부분이 트렌드 통찰의 근원이기 때문이다. 필자가 이 작업을 위해 직접 개발한 전문 기술이 바로 생태학적 사회구조분석법이다.

생태학적 사회구조분석은 데카르트가 참 지식을 얻는 데 필요하다고 강조했던 분석적 사고 영역에 속하며, 트렌드 통찰력을 날카롭게 하기 위해 팩트를 쪼개고 모아 검토하는 분류classifying 작업에 유용한 미래 예측 기술이기도 하다. 우리가 살고 있는 사회를 생태학적으로 상호 의존된 연결망으로 보는 관점과, 실체ousia를 형상eidos과 구별하여 근원적 변화의 흐름과 원리를 추적하는 철학적 관점을 결합하여 사회 변화의 층을 '분류'하기 위해 개발했다.

생태學ecology이라는 말은 1866년 독일 생물학자 에른스트 헤켈Ernst Haeckel이 처음 만들었다. 노르웨이 철학자 아르네 나에스Arne Naess가 이 개념을 사회 분야에 처음으로 접목시켰다. 나에스가 사회를 생태학적으로 접근했다는 것은 세계를 분리된 사물들의 집합체로 보지 않고 상호 연결된 의존적 연결망network으로 보았다는 의미다. 필자는 이런 관점에 사회 변화를 근원적 구조 개념으로 꿰뚫어 보는 철학적 접근을 덧붙였다. 고대 그리스 철학자들은 이런 질문들을 자주 던졌다.

우리 눈에 보이는 실제는 무엇으로 만들어지나?

겉으로 보이는 현상은 실제가 아닐 것이다.
진짜는 현상의 이면이나 심층 부분에 있을 텐데,
과연 그것은 무엇일까?

세상에 존재하는 물질의 궁극적인 구성 요소는 무엇인가?

이런 질문에 대해 고대 그리스 철학자 탈레스는 만물의 근원을 물로 보았다. 엠페도클레스는 흙, 공기, 불, 물의 4원소설로 설명하고자 했다. 엘레아 학파의 창시자 파르메니데스는 존재와 비존재의 개념으로 세상을 규정하려 시도했다. 이에 반해, 아리스토텔레스는 '실체'를 '형상'과 '질료hyle'와 구분하면서 처음으로 발생 과정을 통해 양자(실체와 형상·질료)를 '연결'시켰다.

아리스토텔레스가 실체와 형상·질료를 구분하지만, 필자는 동시에 양자를 연결시키는 접근법을 생태학적 접근법과 접목시켰다. 정리하자면, 생태학적 사회구조분석법은 사회구조를 분리된 현상들의 집합이 아니라 생태학적으로 상호 연관된 근본적인 연결망 개념으로 보며, 더불어 사회현상의 실체와 형상을 구별하여 근원적 변화의 흐름과 원리를 철학적으로 심층 추적하고 분석한다.

생태학적 사회구조분석법은 세로축으로는 현상층, 유행층, 트렌드층, 심층 원동력층, 심층 기반층으로 세상을 나누고, 가로축으로는 STEEPS, 즉 사회Social, 기술Technology, 경제Economy, 환경Ecology, 정치Politics, 영성Spirituality 영역으로 세상을 구분하는 방식을 사용한다. 아울러 현상, 유행, 트렌드, 심층 원동력, 심층 기반의 다섯 가지 층들과 STEEPS 영역들은 '서로 연결되어 상호 의존적인 관계'라고 전제한다. 세로축의 다섯 가지 층들을 좀 더 자세하게 설명한다면 다음과 같다(참고로, 이 책은 세 번째 트렌드층에서 2022년을 주도하는 각종 투자 트렌드를 집중적으로 설명하는 셈이다).

현상층: 신문에 나오는 갖가지 사회현상적 사건들이 잡다하게 나열된 상태로 눈에 보이는 세상의 겉모습 층이다.

유행층: 디자인, 패션, 음악, 춤, 색깔, 언어, 게임, 상품, 먹거리 등의 유행들로 재정리된, 눈에 보이는 세상의 중간층이다. 시간적으로는 대략 6개월~1년 미만의 생존 기간을 가지며, STEEPS 영역들 중에서 1개의 카테고리 내에서 힘을 발휘한다.

트렌드층: 세계화, 웰빙, 여성화, 고령화, 하이테크 하이터치 등 트렌드들로 재정리된, 눈에 보이는 세상의 하위층이다. 시간적으로는 대략 1-10년 미만의 생존 기간을 가지며, STEEPS 영역들 중에서 1개 이상 카테고리 내에서 힘을 발휘한다. 필자는 1~3년의 생존 기간을 갖는 트렌드는 단기 트렌드, 3~5년 정도의 트렌드는 중기 트렌드, 10년 미만의 트렌드는 장기 트렌드, 10년 이상의 트렌드는 메가 트렌드라고 부른다.

심층 원동력층(사회 변화를 밀고 가는 실제적 힘): 존재(있는 것), 힘(속도), 관계(연결), 이치·법칙, 가치 등 현상, 유행,

트렌드 이면에서 작동하는, 눈에 보이진 않지만 변화의 원동력들로 재정리된 겉으로 드러나지 않는 세상의 심층이다. 심층 원동력은 본래부터 존재하는 힘, 혹은 본래부터 존재하는 것과 비슷한 영향력을 가진 힘이다. 트렌드를 만드는 실체이며 동력이다.

심층 기반층(변화가 일어나는 실제적인 기반): 시간, 공간, 지식, 영성의 네 가지 세상을 떠받치는 가장 심층적인 기반들로 재정리된, 겉으로 드러나지 않는 세상의 기반base이다. 변화를 주도하는 실제 힘들의 토대다. 심층 원동력들은 이 네 가지 기반에 매달려 작동한다.

그림 35. 생태학적 사회구조분석법의 다섯 가지 층과 정보의 레벨 분류

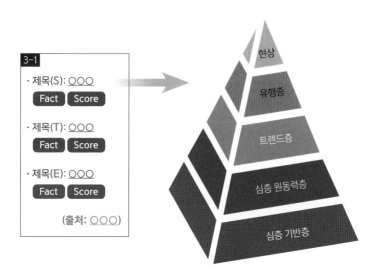

생태학적 사회구조분석법의 다섯 가지 층들은 사회에서 벌어지는 다양한 사건들의 경중이나 중량감을 구분하여 분석할 수 있음은 물론이고, 눈에 보이는 사건들 이면에서 사회 변화를 이끄는 실제적 힘(심층 원동력)이 무엇인지 생각해 보도록 한다. 현상 이면에 숨은 심층 원동력을 분석하고 움직임을 예측하는 것은 미래 연구의 필수다.

생태학적 사회구조분석을 통해 가장 주목해야 할 것, 혹은 트렌드 분석과 예측에서 핵심은 심층 원동력이다. 심층 원동력은 겉으로 잘 드러나지 않지만, 세상의 변화와 미래 형성을 주도하는 본질적인 힘이다. 심층 원동력은 몇 가지 특징이 있다. 이것은 인류가 존재하는 한 영속하거나 아주 오랫동안 세상에 영향을 미치는 본질이다. 이들의 특성은 '카오스적 진자운동'을 한다. 카오스적 진자운동이란 줄(심층 기반)에 매달린 진자pendulum의 추처럼 역사적으로 반복해 운동하지만 절대로 완전히 동일하지 않으며, 얼핏 보기에 무질서하게 움직이는 것 같지만 실제로는 아주 복잡하고 고도로 조직된 패턴을 형성하며 운동하는 진동이다. 이들의 운동 방향, 속도, 패턴 등에 따라 역사도 움직인다.

겉으로 드러난 세상은 심층 기반에 매달린 심층 원동력들의 카오스적 진자운동을 통해 만들어진 트렌드, 유행, 현상 들의 집합이다. 신문지상에 나타나는 현상적 사실, 유행, 트렌드는 실체가 만들어내는 이벤트나 흐름wave이다. 즉, 트렌드는 실체가 아니라 숨겨진 실체가 만들어낸 일종의 변화 흐름wave of transformation, wave of change에 불과하다. 예를 들어, 코로나19 바이러스는 2021년 변화 흐름(트렌드)을 만들어내는 심층 원동력층에 속하는 변수다. 코로나19 변수가 혼자 미래를 만들지 않는다. 오래전부터 심층 원동력층에 존재하면서 미래 변화를 이끌었던 다양한 심층 원동력들의 움직임에 영향을 주어서 2021년 트렌드, 혹은 그 이후 미래 변화의 흐름을 바꾸는 것이다.

　　코로나19 이전에도 이미 존재했던 심층 원동력은 무엇이 있을까? 과학 분야의 대표적 심층 원동력은 세상을 '부분'으로 나누어 연구하는 것과 '전체'로 통합하여 연구하는 것이 있다. 부분과 전체는 원리에 해당하는 심층 원동력이다. 과학은 이 두 가지의 심층 원동력이 카오스적 진자운동을 하며 발전한다. '부분'으로 나눠 연구하는 쪽으로 힘이 쏠리면서 뉴턴 물리학의 기계론이 형성되고, 일정한 시간이 지나면서 진자운동이 '전체'로 통합하여 연구하는 쪽으로 힘이 쏠리면서 양자역학 같은 전일론Holism적 과학 사조가 형성된다. 형태론과 구조론의 반복도 비슷한 현상이다. 국제 정세라는 영역에서 지구촌 전체의 경제사회 및 산업 등 다양한 분야에 영향을 미치는 초강대국a nation with super power도 심층 원동력이 된다. 시대에 따라 초강대국이 어느 나라인지는 바뀌지만, 초강대국 그 자체는 국제질서에서 아주 강력한 영향력을 미치는 심층 원동력으로 늘 존재했다.

　　인간의 정신이나 이념을 지배하는 심층 원동력도 있다. 이상주의와 현실주의다. 예를 들어, 트럼프 대통령이 꺼내 든 미국 우선주의는 이런저런 다른 모양으로 전 세계 국제질서에 새로운 흐름을 만들었다. 이를 생태학적 사회구조분석법으로 해석하면 '이상주의와 현실주의'라는 심층 원동력이 진자운동의 방향을 바꾸면서 미래의 커다란 흐름을 바꾸는 과정에 나타난 현상이다. 이상주의에서 현실주의로 진자운동 방향이 바뀌는 심층 원동력층의 흐름 변화를 세계에 큰 영향을 미치는 '미국'이라는 거대한 주체가 따라가면서, 경제와 외교 측면에서 '현실주의' 쪽으로 눈에 보이는 세상의 힘의 방향도 전환되고 예전과는 다른 새로운 사건들이 속속 발생하고 있다. 여기에 초강대국이라는 심층 원동력이 함께 움직였기 때문에 국제질서의 방향 전환에도 영향을 미쳤다.

이런 새로운 흐름에 동조하여 따라가는 나라들도 있고, 반대하여 저항하는 나라들도 있다. 전자는 트렌드 동조화이고, 후자는 역트렌드다. 하지만 이런 변화는 트럼프가 처음 만든 것이 아니다. 트럼프 이전에 이미 시작되었다. 다음 기사는 2009년 12월 파리드 자카리아 《뉴스위크Newsweek》 인터내셔널판 편집장과 피터 베이나트 뉴욕시립대 언론·정치학 조교수가 각각 《뉴스위크》(5일)와 《타임Time》(3일)에 실은 칼럼이다. 이 칼럼에서 이미 두 사람은 '아프가니스탄에서 철수하기 위해 증파한다'는 오바마의 정책에 대해 미국 외교정책의 진자가 닉슨의 베트남 정책처럼 현실주의로 돌아서고 있다(진자운동)는 놀라운 통찰력을 보여주었다. 트럼프의 미국 우선주의는 절대로 트럼프 혼자 만든 변화가 아니다.

40년 전, 닉슨 대통령은 전임자로부터 물려받은 베트남전으로 미국의 국력이 날로 쇠약해지고 있다고 판단했고, 첫 임기 시작 때 54만 3천 명이던 베트남 파병 병력을 임기 말엔 2만 명 이하로 줄였다. 파리드 자카리아《뉴스위크》인터내셔널판 편집장은 그 과정에서 미군이 철수할 수 있는 기회를 만들기 위해 (현재의 오바마처럼) 북베트남을 강하게 압박하는 공세적인 군사작전을 펴면서 '치고 빠지기' 전술을 구사했다고 주장했다. 참고로, 오바마 정부에선 이미 '테러와의 전쟁'이라는 말이 사라진 상태다.

또한 닉슨 대통령은 중국과 소련의 불편한 관계를 이용해서, 공산주의를 한 묶음으로 취급하지 않고 각각을 미국의 잠재적 협력자로 인정하고 두 나라를 경쟁시켰다. 현재 오바마 대통령도 알 카에다에 대한 이란의 혐오를 이용해서 이란과 시리아를 경쟁시키려 하고 있다고 베이나트는 주장했다. 이러한 오바마의 현실주의 대외정책은 외교정책의 목표와 대상을 현실적으로 가능한 범위로 좁혀 그 실현에 초점을 맞추는 것으로 분석된다. 즉 미국에 직접적이고 심각한 위협을 제기하는 알 카에다에 대해선 박멸을 추구하고, 대신 탈레반은 알 카에다와 구별하여 대미 테러를 가하려는 생각이 없는 민족주의나 부족주의 세력으로 간주해 중앙정부를 장악하는 일이 없을 정도로만 약화시켜 "궁극적으론 화해"(로버트 게이츠 국방장관)하는 것을 목표로 하고 있다는 분석이다. 이런 오바마의 정책들을 '포스트-제국주의적' 정책으로의 방향 전환이라고 보는 시각이 많다.

이처럼 심층 원동력은 피드백과 자동조절을 통해 새로운 트렌드, 유행, 현상 들을 자기조직화하면서 이 세 개 층을 지속적으로 변화시키거나 새롭게 만들어낸다. 심층 원동력의 카오스적 진자운동 방식은 자동조절 과정, 억제와 균형, 피드백루프, 자기균형적 피드백의 순환적인 논리 패턴을 가진다. 이런 이유들 때문에 철학자들은 일반 대중들과 달리 지속되는 것은 물질이 아니라 스스로 영속하는 패턴과 질서뿐이라고 인식한다.

필자는 현상, 유행, 트렌드의 상위 3층을 아리스토텔레스가 지적한 양量의 카테고리, 혹은 칸트가 지적한 '현상 세계'의 카테고리에 속한 것이라 본다. 하지만 일반 대중은 이러한 것들이 물질과 양의 개념으로 다가오기 때문에 실체라고 여긴다. 위의 세 가지 층은 실체가 아니며 독립적으로 존재하지도 않는다. 아래 두 가지 층인 심층 원동력층과 심층 기반층에 필연적으로 의존한다. 아래 두 가지 층은 아리스토텔레스가 지적한 질質의 카테고리, 혹은 칸트가 지적한 '물자체物自體'의 카테고리에 속한다. 어떤 철학자들은 패턴이나 질서를 구성하는 '형상'이라고도 부른다. 이처럼 위의 세 개 층이 '현상'이고, 아래 두 개 층이 '본질'이다. 본질(심층 원동력, 심층 기반)은 형태(위치, 속도, 운동량의 변화라는 형태)를 통해 눈에 보이는 현상(트렌드, 유행, 현상)이 된다. 아리스토텔레스는 실재적인 현상들 속에서 본질이 자기실현되는 과정을 '엔텔레케이아entelechy', 즉 자기완성이라고 불렀다. 이런 변화 과정을 통해 세계는 점진적으로 발전하고 형상화되는데, 생태학적 사회구조분석은 이런 변화를 추적하는 기법이다.

참고로, 필자는 변화의 주체와 원리 들을 파악하고 트렌드 분석과 예측의 깊이를 더하기 위해 생태학적 사회구조분석과 동시에 사회변동론social change과 아리스토텔레스의 '4원인과 10범주' 분류법을 사용한다. 다음은 아리스토텔레스가 세계를 설명하는 데 사용한 네 가지 근본 원인들과 두 개의 실체, 그리고 그 실체들이 갖는 열 가지 범주를 분류한 것이다. 아리스토텔레스는 변화도 일정한 순서와 법칙을 따른다고 생각했다. 필자는 이것을 현상 이면에 숨겨진 실체와 힘의 주체, 변화의 속성이나 방향, 속도, 순서를 이해하고 분석하며 예측하는 데 활용한다.

4원인

질료인, 형상인, 운동인, 목적인

실체

- 제1실체: 개별자
- 제2실체: 보편자

열 가지 범주

- 실체: 사람, 말
- 속성
  ◦ 양: 2미터, 3자
  ◦ 질: 희다, 차갑다
  ◦ 관계: 2배, 절반

- 장소: 집에, 시장에

- 시간: 어제, 작년에

- 자세: 세워져 있다. 앉아 있다. (위치)

- 소유: 신을 신고 있다, 무기를 가지고 있다.

- 능동: 자르다, 타다

- 수동: 잘리다, 태워지다

변화: 생성, 운동, 소멸

- A → B (운동) ⋯ 양, 질 (~의 상태로 있게 됨)

- A → ~A (소멸) ⋯ 실체

- ~A → A (생성) ⋯ 실체

- 운동: 가능태 → 실현태

  - 가능태: 능력은 있으나 아직 사용하지 않은 상태

  - 실현태: 능력을 발휘한 상태

  - 완성태: 이루고자 하는 성숙한 상태(=형상), 소년은 가능태,

    재료(나무, 가능태) → 만들고자 하는 조각(완성태)

How to do it
– 트렌드 분석과 예측을 위한 생태학적 사회구조분석법의 실제

1. 미디어(신문, 동영상, 잡지 등) 활용하기

1단계(관심을 끄는 키워드 찾기)

신문을 보고 사실들을 추출하여 분류한 후, 현 사회의 중요한 흐름이나 분위기라고 생각되는 것과 비교하여 대중이나 전문가의 '관심'을 끌 만한 것을 '키워드(그룹 제목)'로 묶는다. 재미있는 키워드, 주목해 볼 만한 키워드, 개인적으로 중요하다고 생각하는 키워드, 자주 반복되는 키워드, 서로 단어는 다르지만 비슷한 방향 혹은 의미로 변형되어 나타나는 키워드, 기사를 보다가 불현듯 머리에 떠오르는 키워드 등을 찾아낸다.

2단계(일반화하기)

관심을 기울일 필요가 있는 키워드를 넓게 찾아낸 후, 이 키워드로 다시 질문을 던져서 적용 범위를 확대하고 좀 더 '중요하고 전문적인' 키워드로 전환하여 묶는다. 일명 찾아낸 흐름들을 일반화하는 작업이다. 발견한 키워드가 STEEPS의 다른 영역으로 전이가 가능한가, 더 큰 범위는 무엇일까, 더 상위 단계는 무엇인가, 어떻게 하면 일반화가 가능할까 등을 질문하면서 일반화 작업을 한다.

3단계(개념 명확히 하기)

일반화한 키워드의 개념 규정을 사전이나 전문가의 해석을 참고하면서 정확하게 한다.

4단계(좀 더 근본적인 힘 찾기)

개념 규정이 명확하게 된 키워드들 속에서 현상은 걷어내고 유행과 트렌드, 메가 트렌드를 구별하며, 더 나아가 트렌드나 메가 트렌드를 만들어내는 심층 원동력이 무엇인지 논리적으로 유추해 본다. 이 단계에서는 '왜?'라는 질문을 계속 던지면서 좀 더 근본적인 힘(원동력, 원인)을 찾아보려고 노력해야 한다.

5단계(피라미드와 나무 모형으로 시각화하기)

잘 정의되고 분류된 키워드를 피라미드 모형과 나무 모형을 사용해서 STEEPS별로 유행, 트렌드, 심층 원동력, 확실성 요소, 불확실성 요소로 정리하여 시각화한다.

그림 36. 미디어 활용하기 4단계 예

	A	B	C	D	E	F	G
1	Layer	S(사회)	T(기술)	E(경제)	E(환경)	P(정치)	S (영성)
2	현상층						
3							
4	유행층						
5							
6							
7	트렌드층	기업체 문화 마케팅	3D 기술 진화				
8		봉사 통한 기업가치 향상					
9		노동운동 (횟수,빈도, 강도)					
10							
11							
12	메가 트렌드층	감성화	디지털 가상 기술 발달				
13		여성지위 향상	(디지털 가상 의 현실화)				
14							
15	심층 원동력층	사회 양극화	가상과 현실				
16							
17							
18	심층 기반층	시간, 공간, 지식, 영성					
19							
20							
21			디지털 정보량 증가	남북경협	신종플루 확산	녹색성장	존엄사 이슈화
22			CPU 속도 증가	금융위기	대체에너지 개발	사법부 신뢰 저하	자살 증가
23			걸음걸이 CCTV	EU 환경 규제 심화	한반도 온난화	남북관계 경색	웰빙, 웰다잉

그림 37. 미디어 활용하기 5단계 피라미드와 나무 모형

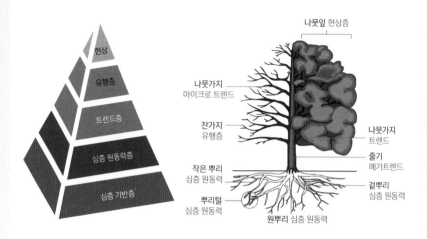

6단계(시스템 지도 만들기)

최초에 추출한 사실들과 심층 원동력, 트렌드, 떠오르는 이슈, 잠재적 사건들을 서로 연관 지어 1차로 다층적 시스템 지도 multi-leveled system map을 만들어 저장한다.

그림 37. 미디어 활용하기 6단계 시스템 지도의 예

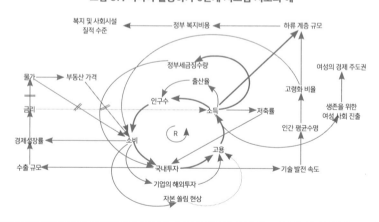

2. 인터넷 집단지성 활용하기

네이버, 구글 검색을 통해 추가 정보나 패턴(추세)을 발견하고, 1차 다층적 시스템 지도를 검증하며, 그 힘과 정도를 표시하는 추가 작업을 다음처럼 실시할 수 있다.

성격 파악

앞에서 찾아낸 키워드들이 각각 어떤 성격pattern을 가지고 있는지 추가로 파악한다.

내용 파악

앞에서 찾아낸 키워드들이 세부적으로 현재 각각 어떤 내용들로 구성되어 있고, 무엇과 연결되어 있는가를 추가로 파악한다.

원인 파악

앞에서 찾아낸 키워드들이 각각 어떤 원인들에 의해 움직이고 있는가를 추가로 파악한다.

확장성 파악

앞에서 찾아낸 키워드가 다른 영역들에서 계속 확장되고 있는가를 추가로 파악한다.

진화 패턴, 속도, 방향성 파악

확장되고 있다면, 어떻게 움직이고 있는가를 추가로 파악한다. 어떻게 진화하고 있는가(독특한 진화 패턴이 있는가)? 혹은 얼마나 빠른 속도로 성장하며 진행되고 있는가? 혹은 사라지고 있지는 않는가(인터넷 검색 시 기사 게재 날짜를 보면 그 속도 변화를 짐작할 수 있다)? 혹은 여러 개의 힘들이 비슷한 방향으로 합쳐져서 움직이고(추동) 있지는 않는가? 등을 상세하게 살펴본다.

파급효과 파악

앞에서 찾아낸 키워드가 다른 영역들에서 좀 더 크고 멀리 확장된다면 미래에 나타날 파급효과는 무엇일까에 대한 다양한 의견과 예측 들이 있는지 추가로 파악한다. 개별적으로 그 힘과 영향력이 성장하면서 나타날 미래의 추가적인 트렌드, 유행, 현상은 무엇일까에 대해 인터넷 검색을 통해 발견한 과거의 비슷한 사례를 참고해서 유추해 본다.

3. 인간 집단지성 활용하기

미디어와 인터넷 집단지성을 활용하여 업데이트한 다층적 시스템 지도 안의 요소들을 심화시키고 분석하여 통찰력의 수준을 높인다.

1) 변하는 것에 '상상력'을 부여해 본다. 발견한 유행, 트렌드, 심층 원동력

정보들을 이리저리 맞추면서 (상상력을 활용하여) 미래에 변할 가능성이 있는 것들을 하나씩 상상해 보고 미래 그림을 (퍼즐 맞추듯) 만들어 본다.

2) 자신이 만든 미래 그림을 들여다보면서, 이것들(핵심 변수들, 변화의 힘, 변화 추세-위치 변화, 운동량 변화, 속도 변화 등)이 계속 진행된다면 어떻게 될지 자신의 영역과 직간접적으로 연관된 각 분야에 적용시켜 본다.

3) 미래 그림을 역으로 추적하면서backcasting 이런 미래가 실제로 일어난다면 '이러저러한' 미래 징후들이 먼저 일어날 것이라는 상상을 해보고 미래 징후 체크 리스트를 만든다. 내가 상상한 '미래 징후'와 비슷한 정보가 나오고 있는지 신문이나 방송, 전문가의 주장이나 논문, 일반인과의 인터뷰 등을 통해 찾아보면서 미래에 대한 긴장감을 높인다.

Part
2

긴축의 시대,
채권부터 부동산까지
투자시장의 미래

긴축의 시대, 투자시장 트렌드를 바꾸는 힘과 신호

위드 코로나 시대에 투자시장 트렌드를 바꾸는 두 번째 핵심 원동력은 '긴축'이다. 긴축은 인플레이션을 다스리는 것을 핵심 목표로 한다. 인플레이션은 돈 가치는 하락하고 상품 가치가 상승하는 상태다. 긴축은 상품 가치의 과도한 상승 억제를 목표로 하는 셈이다. 단, 그 방식이 돈의 유통량을 줄여서, 즉 돈 가치를 높여서 상대적으로 상품 가치의 상승을 상쇄시키거나 억제하는 것이다.

바이든 정부 시기 내내, 미국 연준과 각국 중앙은행은 양적완화에서 긴축으로 방향을 전환한다. 그림 39는 긴축이라는 심층 원동력이 투자시장에 어떤 경로로 영향을 미치는지 간략하게 정리한 시스템 지도다(초록색 선은 같은 방향으로 영향을 주는 관계를 표시한다. 예를 들어, 인프라 투자 규모가 커지면 경제성장률도 높아진다. 회색 선은 반대 방향으로 영향을 주는 관계를 표시한다. 달러 가치가 하락하면, 금 가격은 상승한다). 경제성장률이 투자시장 전

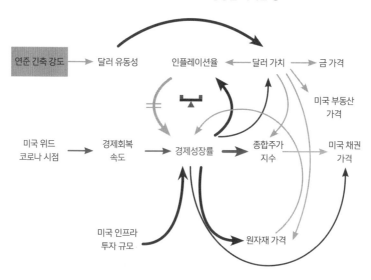

그림 39. 긴축이 투자시장에 영향을 미치는 경로

반에 순기능을 담당한다면, 긴축은 역기능을 담당한다.

긴축이 역기능을 담당한다고 해서 투자시장에 부정적 영향을 미친다는 말은 아니다. 경제성장률은 종합주가지수 상승 속도에 불을 붙이는 역할을 한다. 하지만 경제성장률 지표가 좋을수록 인플레이션 상승률도 높아진다. 만약 인플레이션이 생산자(기업)나 소비자가 감당할 수 없을 정도로 치솟으면, 경기는 한순간에 얼어붙을 수 있다. 생산자 측에서는 비용이 크게 증가하여 이익이 감소하고, 소비자 측에서는 상품 가격이 크게 증가하여 소비 위축이 일어나기 때문이다. 이럴 경우, 종합주가지수 상승 추세도 갑자기 멈추고 공포감이 커지면서 주가가 곤두박질친다.

긴축정책은 인플레이션이 과도하게 상승해 경기에 이런 역효과를 내는 위험을 조절balancing하는 것이 목적이다. 간접적으로 긴

그림 40. 연준의 통화정책과 자산 가격의 시스템적 연관관계

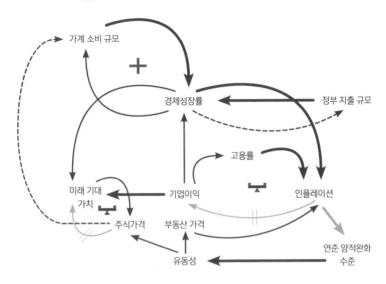

축정책은 유동성 과다로 인해 주식과 부동산 가격이 과도하게 상승하는 것을 조절하는 역할도 한다. 그림 40은 연준의 통화정책(양적완화 혹은 긴축)이 인플레이션과 맞물려 작동하면서 미국의 주식과 부동산 가격에 어떻게 영향을 주는지 표시한 시스템 지도다.

　이러한 긴축의 역할들 때문에 긴축의 속도와 규모는 미국과 신흥국 주식시장의 행보에 차이를 만들어낸다. 주식시장은 위험선호 시장이고, 채권시장은 위험회피 시장이다. 연준이 돈을 풀어 시장에 공급하는 양적완화는 위험선호를 강하게 만든다. 연준이 시장에서 돈줄을 조이는 긴축정책은 위험회피 선호를 강하게 만든다. 이런 특성 때문에 긴축은 주식과 채권 간의 투자 리밸런싱rebalancing 행보에도 영향을 준다. 긴축정책은 글로벌 투자시장에서 금과 환율에도 영향을 준다. 투자시장이 긴축정책으로 위험

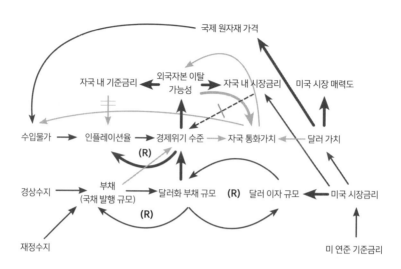

그림 41. 연준의 긴축정책에 따른 신흥국 주식시장 영향

회피 성향이 커지면 위험회피 자산인 금 가격이 상승한다. 연준이 긴축을 실시하면 신흥국 주식시장에서 미국으로 돈이 이동한다. 자연스럽게 신흥국 종합주가지수는 하락한다. 신흥국에서 글로벌 투자금이 이탈하여 미국으로 이동하면, 해당 신흥국의 통화가치 는 하락한다.

긴축 속도가 빨라지고 규모가 커질수록 기술주, 암호화폐, 부동산 가격에 주는 영향력도 커진다. 중앙은행의 긴축정책으로 시중에 유동성이 줄어들면 돈의 가치가 올라가면서 이자비용이 높아진다. 막대한 돈을 빌려서 투자를 한 기술 기업에게는 이자비용이 상승하며 순이익이 줄어든다. 순이익이 줄어든 만큼 주가는 하락한다. 암호화폐와 부동산도 마찬가지다. 또한 이 책의 초반부에서 잠깐 언급했듯이, 긴축 과정에서 실물시장이 갑자기 얼어붙으

117　　　Part 2 · 긴축의 시대, 채권부터 부동산까지 투자시장의 미래

면 '스태그플레이션'이 올 수도 있다. 경제불황과 물가상승이 동시에 발생하는 것이다. 만약 향후 긴축 과정에서 이런 상황이 갑작스럽게 찾아오면 전 세계 주식시장의 대폭락이 앞당겨질 수도 있다. 이렇게 긴축이라는 심층 원동력은 투자시장 전반에 영향을 미치는 강력한 힘을 가지고 있다. 단, 긴축의 시간은 길다. 여러 단계를 거치며 강도가 서서히 상승한다. 그렇기 때문에 투자자는 긴축의 단계별 전환을 알려주는 미래 신호들이 무엇인지 반드시 알고 있어야 한다.

2022~2025년까지
연준의 긴축 경로 예측

연준의 긴축정책은 일정한 순서(단계)가 있고, 각 단계마다 개시initiation 조건이 있다. 연준이 구사하는 긴축정책의 단계들과 각 단계별 개시 조건을 알면 몇 가지 유익한 점이 있다. 첫째, 연준 의장과 위원들의 말과 행동의 행간을 이해하는 통찰력을 갖게 된다. 둘째, 연준이 언제 말과 행동을 바꿀지도 추론할 수 있다. 그림 42를 보자. 이것은 연준에서 발표하는 기준금리 기대 목표치(점도표dot chart)와 실제 진행된 기준금리 행보를 비교한 그래프다. 연준이 기준금리를 인상하거나 인하하는 과정에서 시점과 환경에 따라 시시각각 '기대 궤적(점도표)'이 달라진 것을 볼 수 있다.[24]

필자가 분석한 바에 따르면, 연준 의장이나 위원들이 미국과 세계경제에 대해 평가하고 예측하는 말과 행동은 '그 당시에 나온 지표'에만 충실하다는 것이다. 다음 달이라도 미국과 세계경제 상황이 바뀌면 '그 바뀐 상황에 충실하게' 말을 바꾸고 행동을 달리

그림 42. 미래 변화의 기대 궤적을 반영한 기준금리 목표와 시점에 따른 실제 변화

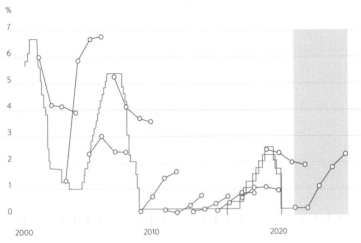

출처: The Wall Street Journal, April 26, 2021

한다. 그렇기 때문에 시간이 지나고 보면 연준이 발표한 기준금리 기대 목표치와 실제 진행된 기준금리 행보 간에 큰 차이가 생긴다.

그림 42를 보면, 연준의 기준금리 기대 목표 궤적(3년 이상)은 평균 1~2년 단위로 재조정되었다. 심지어 불과 1~2개월 전과 완전히 다른 반대 기조로 돌아서는 일도 있었다. 예를 들어, 2018년 초에 연준은 미국과 세계경제의 '견고한rebust' 회복과 성장을 예측하며 강한 매파 기조로 말했다. 하지만 불과 1년 만에 트럼프 대통령이 미중 무역전쟁을 강력하게 밀어붙이자 '한순간'에 비둘기 기조로 급선회하며 기준금리 인하를 단행했다. 시장 상황이 급변하면 연준도 급변한다. 그래서 필자는 연준의 점도표는 후행적 단기 예측 정도에만 유용하다고 조언한다. 연준이 매번 발표하는 점그래프 형식의 '기준금리 목표 점도표'는 중장기 예측에는 사용하

지 않는 게 좋다.

연준이 경제 상황을 판단하는 말과 행동, 점도표, 긴축정책 시작 시점 등을 종종 바꾸지만, 바꾸지 않는 것이 있다. 긴축의 순서다. 순서는 일정한 단계다. 각 단계를 넘어가는 것은 다음 단계가 개시되는 조건을 충족해야 한다. 그 조건들을 미리 알고 있으면 연준이 지금 하는 말이나 행동에 상관없이 다음 행보를 예측할 수 있다. 즉 지금 하는 말대로 행동할 것인가, 아니면 지금 한 말과 다르게 행동할 것인가를 한 발 먼저 포착할 수 있다. 참고로 순서는 한 방향으로 일정하게 정해져 있지만, 연준이 긴축을 시행할 때는 정해진 단계를 순진행만 하거나 혹은 순진행과 역진행 사이를 반복할 수도 있다. 상황에 따라 특정 단계마다 속도도 다르게 진행할 수 있다.

셋째, 따라서 연준이 구사하는 긴축정책의 단계들과 각 단계별 개시 조건을 미리 알고 있으면 투자전략을 수립하는 데 큰 도움이 된다. 자, 이제부터는 2022~2025년까지 연준이 구사할 긴축의 순서와 각 단계별 개시 조건들을 알아보자. 다음 표는 필자가 연준이 양적완화와 긴축정책을 번갈아 구사하는 큰 그림을 정리한 것이다. 표에서 후반부가 연준이 구사하는 긴축 5단계의 순서다. 연준이 긴축에 일정한 순서를 두는 데는 이유가 있다. 긴축은 시장에서 유동성을 줄이는 행위다. 사람도 갑자기 몸속의 피가 줄어들면 빈혈이 생기고 뇌에 산소 공급이 줄어드는 등 여러 문제가 발생한다. 실물시장이든 투자시장이든 유동성이 한순간에 대폭 줄어들면 큰 발작이 일어나고 경기가 혼란에 빠진다. 이것을 테이

연준의 양적완화와 긴축 순서

금융 시스템 위기(GDP 대폭락)를 부르는 충격(오일쇼크, 전쟁, 팬데믹, 채권시장 붕괴 위기 등으로 실물경제 위기나 금융위기 발발) → (주식시장 대폭락, 실업률 상승, 물가 침체 조짐) →

연준 완화 1단계(기준금리 대폭 인하) → (주식시장 추가 하락) →

연준 완화 2단계(자산매입 확대) → (주식시장 기술적 반등) → 유동성 증가 → 달러 가치 하락 → 체감물가 상승 → 기업이익 증가 → 경제성장률 증가 → (주식시장 추가 상승: 실적 장세) → 실업률 6% 도달 → 지표 상 물가상승(delay) → 장기채권금리 상승(연준 Operation Twist) →

연준 긴축 1단계(양적완화 축소) → (주식시장 조정, 추가 상승) →

연준 긴축 2단계(양적완화 중지) → (주식시장 조정, 추가 상승) →

연준 긴축 3단계(기준금리 인상 시작) → (주식시장 조정, 추가 상승) →

연준 긴축 4단계(기준금리 인상 지속) → (주식시장 조정, 추가 상승) → 실업률 4%(완전고용) →

연준 긴축 5단계(기준금리 인상 멈춤, 상방 유지) → (주식시장 조정) → 기업이익 감소 → 경제성장률 하락 → 실업률 상승 전환 → (주식시장 대조정 혹은 대폭락)

퍼 텐트럼taper tantrum, 즉 '긴축발작'이라고 부른다. 연준은 긴축발작과 다양한 경제 부작용을 최소화하기 위해 유동성 회수(긴축)를 단계적으로 서서히 실시한다.

각 긴축 단계의 개시 조건도 살펴보자. 독자들의 이해를 돕기 위해 2008년 글로벌 금융위기 이후에 실시했던 연준의 긴축 과정을 예로 들어 설명해 보자. 긴축 1단계는 연준이 미국 장기국채, 주택저당증권MBS 등 다양한 자산들을 시장에서 직접 매입하여 유동성을 공급하는 규모를 매달 줄여가는 작업이다. 이른바 '양적완화 축소'다. 2008년 글로벌 금융위기 이후 연준의 긴축 1단계 시작 시점은 생각보다 늦었다. 양적완화와 긴축 실행 사이에 2011~2013년까지 유럽발 금융위기가 발발했기 때문이다. 만약 이번 코로나19 위기 극복 이후에도 당시처럼 또 다른 경제위기가 발생하면 연준의 긴축정책 1단계도 늦어질 것이다. 하지만 2021년 9월 현재 그런 조짐은 없다(만약 긴축정책이 시작된 이후라도 새로운 경제위기가 발발하면 연준의 긴축정책은 중단되고 다시 양적완화로 선회할 수 있다). 유럽의 금융위기가 절정을 벗어나자, 연준은 2014년 1분기에 긴축 1단계(양적완화 축소)를 시작했다. 그림 43에서 보듯이, 이 단계의 개시 조건은 '주 요소인 실업률과 근원인플레이션율CPI 추세'에 달려 있다.

연준이 긴축 1단계를 시작하는 조건은 주 요소(주 지표)와 부요소(부지표)로 나뉜다. 주 요소는 6% 수준으로 실업률 하락이다. 부요소는 근원인플레이션율과 경제성장률 추세 등이다. 연준의 긴축 1단계 시점이 가까워지면 시장에서는 엄청난 유동성이 만든 장기국채금리 상승 현상이 먼저 시작된다. 주식시장도 유동성 파티를 신나게 즐기고 있는 중이다. 이런 상황에서 연준이 유동성 파티를 끝낼 준비(긴축정책으로 전환)를 한다는 낌새를 보이면, 유동성으로 먹고사는 주식시장이 공포에 빠지면서 이른바 '긴축 발작'을 일으킨다. 신흥국 외환시장에서는 달러가 빠져나가면서 통화가치가 하락한다. 곧이어 각국의 경제성장률도 주춤한다. 그림 43를 보면, 연준이 긴축 1단계를 시작하기 직전에 근원인플레이션율과 경제성장률이 '일시적으로' 하락하는 모습을 보인다. 긴축발작 현상이다. 연준은 이런 발작이 진정되기를 잠시 기다린 후, 긴축 1단계를 시작한다.

긴축 1단계를 개시하는 주 요소(주 지표)는 실업률이지만 '6%'라는 수치가 절대적 기준은 아니다. 상황에 따라 약간의 융통성

그림 43. 연준의 자산매입 축소 시작과 개시 조건(실업률과 CPI 추세)

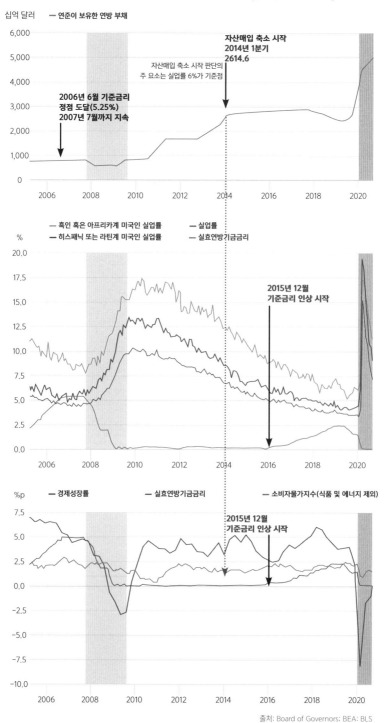

십억 달러 　— 연준이 보유한 연방 부채

자산매입 축소 시작
2014년 1분기
2614.6

자산매입 축소 시작 판단의
주 요소는 실업률 6%가 기준점

2006년 6월 기준금리
정점 도달(5.25%)
2007년 7월까지 지속

— 흑인 혹은 아프리카계 미국인 실업률　　— 실업률
— 히스패닉 또는 라틴계 미국인 실업률　　— 실효연방기금금리

%

2015년 12월
기준금리 인상 시작

%p　　— 경제성장률　　　　— 실효연방기금금리　　　　— 소비자물가지수(식품 및 에너지 제외)

2015년 12월
기준금리 인상 시작

출처: Board of Governors; BEA: BLS

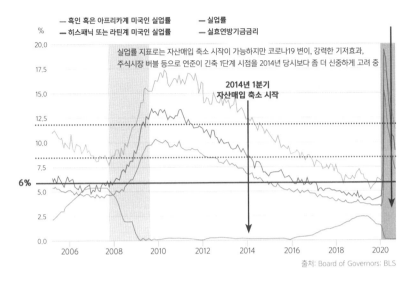

그림 44. 2021년 5월 미국의 실업률 상황

이 있다. 예를 들어, 2014년에 실시했던 긴축 1단계는 실업률 6%
부근에서 단행했다. 하지만 코로나19 이후 시작된 긴축 1단계는
실업률이 6%(2021년 5월에 충족)에 도달했어도 시작하지 않았다.
2008년과 2020년 위기가 근본적으로 달랐기 때문이다. 2008년 글
로벌 금융위기는 금융시장에 큰 타격을 주었고 미국에서는 수많
은 은행과 기업들이 파산했다. 실업률이 6% 수준까지 하락하는
데도 4년 이상 소요되었다.

반면에 2020년 코로나19 대재앙은 실물경제에는 큰 충격을
주었지만, 정부와 연준이 빠르고 강력한 구제책과 부양책을 실행
한 결과 은행과 기업의 대규모 파산을 막았다. 백신 보급으로 방
어선 구축에 성공하자 경제가 빠르고 전면적으로 재개되었다. 위
기 구조가 전혀 달랐기 때문에 실업률도 역사상 가장 빠른 속도로

그림 45. 시작에서 완전 종료(중지)까지 평균 1년이 걸리는 자산매입 축소

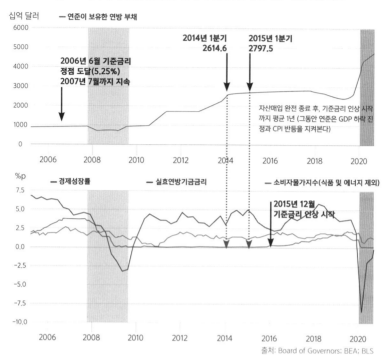

십억 달러 — 연준이 보유한 연방 부채

2006년 6월 기준금리
정점 도달(5.25%)
2007년 7월까지 지속

2014년 1분기
2614.6

2015년 1분기
2797.5

자산매입 완전 종료 후, 기준금리 인상 시작
까지 평균 1년 (그동안 연준은 GDP 하락 진
정과 CPI 반등을 지켜본다)

%p — 경제성장률　　　— 실효연방기금금리　　　— 소비자물가지수(식품 및 에너지 제외)

2015년 12월
기준금리 인상 시작

출처: Board of Governors; BEA; BLS

6%대까지 하락했다. 하지만 코로나19 델타 변이의 위험성, 갑작스
럽게 치솟은 인플레이션율, 주식시장 버블 같은 다양한 잠재적 위
험이 남아 있기 때문에 연준은 약간의 융통성을 발휘하면서 긴축
1단계 시작 시점 선택에 신중을 기하고 있다.

　연준의 긴축 2단계는 '양적완화 중지 단행'이다. 자산매입을
완전 종료하는 단계다. 필자의 분석으로는, 연준이 자산매입 축소
(양적완화 축소)를 시작해서 완전 종료(중지)까지 걸리는 평균 기
간은 6개월~1년이다. 긴축 속도를 높이고 싶을 때에는 자산매입
중지 시점을 6개월로 단축할 수 있지만, 대체적으로 1년이 많다.

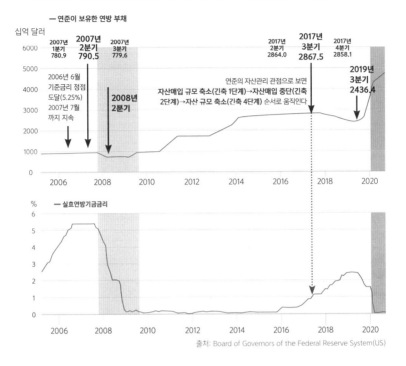

그림 46. 기준금리 인상 중반에 제2차 자산 축소로 유동성 흡수 속도를 높이는 연준

— 연준이 보유한 연방 부채

십억 달러

2007년 1분기 780.9 / **2007년 2분기 790.5** / 2007년 3분기 779.6

2006년 6월 기준금리 정점 도달(5.25%) / 2007년 7월까지 지속

2008년 2분기

2017년 2분기 2864.0 / **2017년 3분기 2867.5** / 2017년 4분기 2858.1

연준의 자산관리 관점으로 보면
자산매입 규모 축소(긴축 1단계)→자산매입 중단(긴축 2단계)→자산 규모 축소(긴축 4단계) 순서로 움직인다

2019년 3분기 2436.4

% — 실효연방기금금리

출처: Board of Governors of the Federal Reserve System(US)

이번에도 6개월~1년 사이가 될 가능성이 높다. 그리고 연준은 긴축 3단계(기준금리 인상 시작)를 시작하기 전까지 다시 6개월~1년 정도의 휴지 기간을 갖는다. 이것도 대체적으로 1년이 많다. 이 기간 동안 연준은 자산매입 중지로 인해 발생하는 경기 하락(GDP 등)의 충격 진정과 근원인플레이션율 반등을 지켜본다.

긴축 3단계인 '기준금리 인상 시작' 조건은 한 가지다. 긴축 1~2단계를 통해 유동성 공급을 완전히 중단하여 나타나는 '후유증 회복'이다. 긴축 2단계인 자산매입 완전 종료 후, 긴축 3단계인 기준금리 인상 시작까지 평균 6개월~1년을 기다리면서 시장의

그림 47. 완전고용(실업률 4%)과 기준금리의 정점

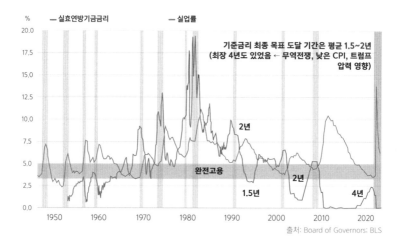

긴축 1~2단계 후유증 회복을 기다린다. 후유증 회복을 알리는 지표는 경제성장률 하락 진정과 근원인플레이션율의 재반등이다. 긴축 3단계에서 4단계로 넘어가는 조건은 별다른 것이 없다. 기계적으로 평균 1~2%p 기준금리 인상 후 평균 1년 정도가 지나면 '기준금리 인상 중반'에 진입한다.

긴축 4단계인 '기준금리 인상 중반부'가 되면, 연준은 자산 규모 축소를 병행하면서 유동성 흡수 속도를 높인다. 참고로 연준의 자산 관점으로 보면 자산 추가 매입 규모 축소(긴축 1단계) → 자산 추가 매입 종료(긴축 2단계) → 자산 총규모 축소(긴축 4단계) 순서로 움직인다.

긴축의 마지막 수순인 '기준금리 인상 멈춤과 일정 기간 상방 유지' 단계 진입 신호는 실업률 4% 미만 하락(완전고용 상태)이다. 그림 47를 보면, 실업률이 완전고용 상태에 이르면 대체적으로 기

그림 48. 완전고용 도달 이후에도 정점에서 상당 시간 유지되는 기준금리

출처: Board of Governors; BLS

준금리가 정점 부근에 도달한다. 실업률이 6%(긴축 1단계 시작)에 서 4% 미만으로 하락하는 데는 평균 2~3년 정도의 기간이 소요된 다. 즉, 긴축이 시작되어 기준금리가 정점 부근에 도달하는 긴축 1~4단계 마무리까지 총 기간은 대략 2~3년이 소요된다. 이 기간 중에서 기준금리 연속 인상과 관련된 순수 기간(긴축 3~4단계)은 평균 1.5~2년이다. 그림 47를 보면, 긴축 3~4단계 기간이 최장 4년 정도 걸린 시기도 있었다. 이 기간이 평균치보다 늘어난 이유는 트럼프 행정부의 무역전쟁, 기대보다 낮은 근원인플레이션율, 트 럼프 대통령이 연준에 각종 협박(?)으로 압력을 가한 것 등의 영 향으로 추정된다.

참고로 이번 긴축정책 기간에는 2022년경이면 완전고용 상 태인 실업률 4%에 도달한다. 코로나19 경제봉쇄로 인해 일시적으 로 치솟은 실업률이 경제봉쇄 해제 조치만으로 코로나19 이전 실업률로 빠르게 회귀하는 '매우 예외적'인 상황이기 때문이다. 따라서 이번 기준금리 인상에는 실업률 4% 미만이 긴축 4단계 후반부를 알리는 신호로는 사용되지 않을 것이다. 대신, 이번에는 실업률 4% 미만이라는 기준이 이미 달성된 상태로 긴축 4단계를 맞이할 것이기 때문에 연준은 긴축 4단계 진입 이후 긴축 5단계로 넘어가는 속도를 예전보다는 높일 가능성이 있다고 생각하면 된다.

완전고용(실업률 4%) 도달 이후, 기준금리 상승은 멈추지만 정점에서 일정 기간 높은 기준금리를 유지하는 이유가 있다. 기준금리 상승을 멈추어도 경제성장률이나 인플레이션율은 좀 더 긴 시간 강세를 보이기 때문이다. 심지어 근원인플레이션율은 경기가 하방 추세로 전환되어 연준이 기준금리 인하를 단행해도 상승을 계속하는 경우도 있다. 그 이유는 무엇일까? (종합)실업률과 흑인이나 히스패닉계 저소득층 실업률 사이의 괴리 때문이다. 그림 48은 1975년부터 최근까지 실업률의 변화 추이다. (종합)실업률은 완전고용 수준에 도달했어도 흑인이나 히스패닉계 저소득층의 일자리 개선(실업률 하락)과 임금 개선이 계속 진행되기 때문에 경기와 인플레이션율 고공 행진이 이어진다. 이런 이유로 연준은 기준금리 인상을 종결해도 한동안 상방에서 유지하는 경향이 많다. 연준의 입장에서는 이 계층의 실업률이 추가로 하락하는 것을 기다리는 셈이다. 참고로 (종합)실업률은 완전고용 수준에 도달했어도 흑인이나 히스패닉계 저소득층 실업률이 완전고용 수준에 도달하는 경우는 거의 없다. 저소득층 실업률은 (종합)실업률보다 1~3%p 더 높았다.

지금까지 필자가 분석했던 연준의 긴축 1~5단계에서 나타나는 개시 조건들을 참고해서 바이든 행정부 4년 동안 연준이 시행할 긴축의 각 단계별 시점을 예상해 보자. 참고로 이번 긴축은 지난 긴축 기간들보다는 속도가 더 빠르다. 그 이유는 기존 긴축 기간들에서는 일어나지 않았던 일들이 개입되었기 때문이다. 코로나19 기간 막대하게 풀린 유동성과 공급망 병목 현상, 일시적 소비 급증으로 수요공급 균형이 무너지면서 인플레이션율이 급증하는 사건이 발생했다. 그렇기 때문에 긴축의 각 단계별 소요 기간이 짧아지면서 전체 단계들의 총 소요 기간도 줄어들 가능성이 높다. 필자가 지금부터 추정하는 연도는 예언이 아니다. 대략 어림셈으로 추정하는 시점이다.

긴축 1단계 시작(양적완화 축소 및 중지, 연준의 자산매입 축소 및 중지): 2021년 연말~2022년 1분기

긴축 2단계 시작(양적완화 중지 이후 휴지기, 연준의 자산매입 중지 이후 휴지기): 과거 속도라면 2022년 연말~2023년 1분기. 이번에는 2022년 1분기(이번에는 휴지기를 거의 두지 않을 가능성이 높다)

긴축 3단계 시작(기준금리 인상 시작): 과거 속도라면 2023년 연말~2024년 1분기. 하지만 이번에는 근원인플레이션율이 2% 초중반대로 오랫동안 유지되는 상황이 벌어

질 우려가 높아져서 연준이 긴축 3단계 시작을 앞당길 수 있다. 즉, 평균 12개월 정도 소요되었던 긴축 2단계(양적완화 중지 이후 휴지기) 기간을 생략하고 진행할 가능성도 충분하다. 이럴 경우, 긴축 3단계 시작 시점은 2022년 1분기경이 된다(참고로, 제롬 파월 연준 의장이 긴축 1단계를 기존보다 단축하겠다는 의사를 내비친 상태다).

긴축 4단계 시작(기준금리 인상 중반부, 연준의 자산축소 병행으로 유동성 흡수 속도 가속): 과거 속도라면 2024년 하반기~2025년 상반기. 이번에는 긴축 속도가 1단계부터 빨라질 경우에는 2022년 후반~2023년 중반이 된다.

긴축 5단계 시작(기준금리 인상 완료, 일정 기간 상방 유지): 과거 속도라면 2025년 하반기~2026년 상반기. 이번에는 긴축 속도가 1단계부터 빨라졌기 때문에 2024년 중반~2025년 중반기가 된다.

긴축 구간별
종합주가지수 움직임 패턴 분석

   긴축 단계별로 미국 종합주가지수는 어떤 움직임을 보였는
지 분석해 보자. 그림 49는 2008년 글로벌 금융위기 이후 미국 연
준이 긴축 5단계를 진행했던 시점에서 기준금리, 경제성장률, 근
원인플레이션율의 변화다.

   이 지표들의 움직임을 생각하면서 긴축 단계마다 주식시장
이 어떻게 반응했는지 살펴보자. 그림 50은 긴축 1~4단계까지 다
우지수 움직임을 나타낸 것이다. 눈여겨볼 만한 특징이 몇 가지
있다. 첫째, 긴축 단계들 중에서 가장 큰 조정폭을 보인 것은 3단
계(기준금리 인상 시작)다. 조정폭이 큰 만큼 조정 기간도 가장 길
었다. 둘째, 긴축의 각 단계 전환 때마다 한 번의 선반영 조정장이
발생한 후에 본격적인 조정장이 발생했다. 셋째, 선반영 조정장
과 본 조정장에서 조정폭이 가장 적은 때는 제1단계다. 넷째, 긴축
4단계와 5단계 진입 때에는 별다른 조정장이 발생하지 않았다. 다

그림 49. 긴축 단계별 연준 자산, 기준금리, 경제성장률, 근원인플레이션율 변화 추이

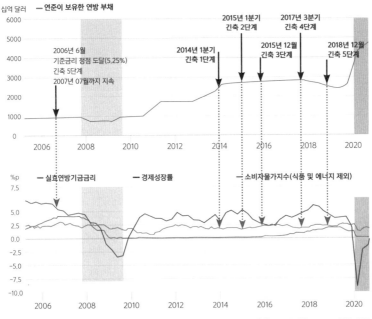

출처: Board of Governors; BEA; BLS

그림 50. 긴축 1~4단계 미국 다우지수 움직임

출처: TRANDINGECONMICS.COM

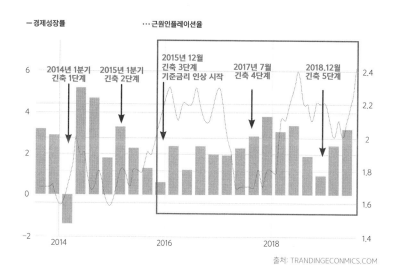

그림 51. 긴축 단계별 경제성장률과 근원인플레이션율

출처: TRANDINGECONMICS.COM

섯째, 본격적으로 기준금리 인상을 시작하자 주식시장 상승폭은
더욱 커졌다.

기준금리 인상을 시작하면 조정장은 길지만 그 이후의 주가
상승률은 긴축 단계들 중에서 가장 높았던 이유가 무엇일까? 그
림 51은 긴축 단계별 경제성장률과 근원인플레이션율을 나타낸
것이다. 긴축 2단계에서는 경제성장률과 근원인플레이션율이 동
시에 하락하는 패턴을 보였다. 연준이 통화 긴축정책을 단행하는
이유는 실물과 투자시장에 발생한 과도한 열기를 다스려서 시장
의 안정을 유도하기 위함이다. 실제로 연준이 긴축 1~2단계를 실
시해서 양적완화 축소 및 중지를 단행하자 시장의 열기가 식는 모
습이 나타난다. 그리고 연준이 긴축 1~2단계 '후유증'이 어느 정도
회복되었다고 판단한 시점에서 긴축 3단계(기준금리 인상 시작)를

시작할 무렵이 되자 거짓말처럼 경제성장률과 근원인플레이션율이 재반등했다. 실물과 투자시장이 긴축정책에 완전히 적응했다는 의미다. 동시에 경제위기 이전의 정상적인 경제성장률과 근원인플레이션율 평균치로 안전하게 수렴했다는 의미다.

경제위기가 큰 질병으로 인해 병원에 입원한 것이라고 가정해 보자. 이때, 종합주가지수는 대폭락한다. 경제위기 발발 이후 대충격 극복을 위해 중앙은행과 정부가 양적완화를 하고 재정 확대정책을 펼치는 것은 대수술을 하고 중환자실에 입원한 상황과 같다. 종합주가지수는 바닥에서 기술적 반등을 시작한다. 연준과 정부의 엄청난 재정지출 덕택으로 경제성장률이 급반등(111 리바운드)하고 근원인플레이션율이 치솟는 상황은 중환자실에서 상태가 급격하게 좋아져서 일반 병실로 옮긴 것과 같다. 종합주가지수는 대폭락 이전 전고점을 돌파하고 새로운 고점을 만들면서 상승한다. 주식시장 열기가 매우 뜨겁고, 실물시장에서는 인플레이션율 상승 추세가 가팔라지면서 경기 과열 우려가 나온다. 이때, 연준은 긴축으로 전환을 시작한다.

연준이 긴축 1~2단계를 지나면서 시장에 돈 푸는 것을 완전히 중단하면 시장 열기도 꺾이면서 진정 국면이 만들어진다. 환자로 비유하자면, 건강 상태가 정상적인 생활로 복귀가 가능할 만큼 안정 단계로 진입한 셈이다. 환자의 다양한 건강 지표들이 일상생활로 복귀할 수 있다는 신호가 나오면, 연준은 긴축 3단계(기준금리 인상 시작)로 진입할 준비를 한다. 각종 경제지표들이 경제위기 발발 이전의 평균 수치로 수렴하여 안정화되는 것은 환자의

그림 52. 긴축 1~4단계 미국 S&P500지수(위)와 나스닥지수(아래) 움직임

출처: TRANDINGECONMICS.COM

건강 지표가 정상적인 일상생활로 복귀해도 된다는 수치가 나오
는 것과 같다. 연준은 이런 신호를 완전히 확인한 후에 기준금리
인상을 시작한다(긴축 3단계). 그렇기 때문에 기준금리 인상은 부

정적 신호가 아니다. 모든 것이 경제위기 이전의 정상치로 완전히 복귀했다는 긍정적 신호다. 당연히 주식시장은 강한 재상승을 시작한다.

참고로 그림 52는 긴축 1~4단계까지 S&P500지수와 나스닥지수의 움직임을 나타낸 것이다. 다우지수 움직임과 큰 흐름은 동일하다. 하지만 긴축 3단계가 시작될 때 발생하는 조정폭은 나스닥지수(15% 조정)가 다우지수(12% 조정)보다 컸고, 조정기를 빠져나오는 시간도 좀 더 길었다. 기술주 중심으로 구성된 나스닥이 금리인상으로 인한 금융비용 부담을 더 크게 반영한 것으로 보인다.

코로나19 이후 기준금리 인상의 최고 정점 예측

긴축이라는 핵심 원동력과 관련해서 한 가지만 더 예측해 보자. 코로나19 이후, 연준의 기준금리 최종 인상 지점 혹은 최종 목표치는 어떻게 결정될까? 기준금리가 얼마까지 상승할 것인가에 대한 질문에 답을 하려면 두 가지를 이해해야 한다.

첫째, '놀랍게도' 기준금리 인상폭을 결정하는 연준 자신도 '언제나' 기준금리 인상 최종 수치를 정확하게 예측하지 못한다는 것이다. 이번 코로나19 이후 기준금리 인상 때도 마찬가지일 것이다. 연준 스스로도 그 수치를 정확하게 예측하지 못하는 이유는 무엇일까? 하나는 연준이 기준금리를 인상할 때 정해진 목표 숫자를 향해 무조건 돌진하지 않는다는 의미다. 다른 하나는 연준의 기준금리 인상폭 결정은 (가상의 목표 수치는 있지만) 해당 시점의 경제 상황에 따라 매우 유동적이라는 의미다. 그래서 연준의 점도표와 마찬가지로 연준이 제시하는 기준금리 인상폭의 최종 수치

는 참고 사항으로만 고려해야 한다.

둘째, 필자는 연준의 과거 기준금리 인상 사례들을 분석하여 중요한 기준 하나를 발견했다. 연준 스스로도 정확한 수치를 예측할 수 없지만, 어느 정도에 이르면 더 이상 기준금리 인상을 할 수 없다는 것을 알아차리는 신호들이 있다. 즉, 연준은 해당 신호들이 나타나면 기준금리 수치가 얼마인가 상관없이 기준금리 인상을 멈춘다(긴축 5단계 진입). 필자가 연준의 과거 기준금리 인상 사례들을 분석하여 발견한 기준(신호)은 다음과 같다.

연준의 최종 기준금리는 근원인플레이션율보다 높고,
연간 경제성장률보다 낮거나 비슷하게 종결된다.

그림 53은 1950년부터 최근까지 연준의 기준금리 움직임을 근원인플레이션율 및 경제성장률 움직임과 비교한 그래프다. 연준이 기준금리를 인상하는 것은 인플레이션을 다스려 시장의 안정을 도모하기 위한 것이므로 기준금리는 인플레이션율보다 높게 책정된다. 하지만 인플레이션율을 다스리는 행동이 경제성장률을 심각하게 꺾으면 안된다. 그래서 연준의 기준금리는 가능하면 경제성장률보다는 낮게 책정해야 한다. 즉, 기업이나 가계가 추가 지출해야 하는 금융비용(이자비용)이 경제성장으로 얻어지는 이익보다 높으면 안 된다는 암묵적인 기준이 작동하는 것이다. 가계나 기업의 소비심리와 투자심리를 얼어붙게 만드는 과도한 인플레이션은 막고, 가계나 기업이 금융비용을 감당할 수 있는 수준의 이익을 유지시켜 주는 지점이 연준이 의도하는 '시장의 안정'이며 최종 기준금리 인상 지점이다.

이번 긴축 국면에서 연준이 기준금리 인상을 멈출 가능성이 높은 지점은 어디일까? 필자는 이 책의 Part 1에서 바이든 행정부 4년의 미국 경제성장률 경로를 예측한 바 있다(74쪽 그림 26 참조). 바이든 행정부 4년 중 전반부 2년의 미국 경제성장률은 코로나19 이전 평균성장률(2.2%)을 훨씬 뛰어넘는 기록적 수치를 달성할 가능성이 높고, 후반부 2년은 평균 성장률과 비슷하거나 약간 높게 유지할 가능성이 충분하다고 예측했다. 즉, 연준이 기준금리 인상을 멈추는 지점을 판단하는 하나의 기준인 경제성장률 예측치로 볼 때, 코로나19 이후 긴축 국면에서 최고 기준금리 수치는 3.0% 전후가 될 것이다.

이제 연준이 기준금리 인상을 멈출 가능성이 높은 지점을 예측하는 데 필요한 2022~2024년까지 근원인플레이션율 변화만 알아보면 된다. 근원인플레이션율을 기준으로 2022~2024년까지 미국 인플레이션 시나리오는 세 가지로 분류할 수 있다. 코로나19 이전 나타났던 1%대의 낮은 근원인플레이션, 2%대의 안정적 근원인플레이션, 3%를 넘는 매우 높고 위험한 근원인플레이션이다. 미국의 경제성장률 경로를 감안할 때, '1%대의 낮은 근원인플레이션' 시나리오는 확률적 가능성이 가장 낮다.

역사적으로도 근원인플레이션이 1%대의 낮은 수준을 장기간 기록한 사례는 드물다. 2008년 서브프라임 모기지 사태가 발발하면서 수많은 미국 기업과 은행이 파산하고, 실물경제와 실업률이 긴 회복 기간을 필요로 했으며, 유럽의 금융위기까지 겹치면서 이중 악재로 시달렸던 시기뿐이다. 2022~2024년에 이런 수준의 위기나 악재가 반복될 가능성은 낮다. 더군다나 2022~2024년에는 인플레이션을 자극할 대형 요인들이 많다. 예를 들어, 바이든 행정부의 부양책 효과(2022년까지 지속), 정부의 대규모 인프라 투자(2022~2025년까지 지속), 연준 유동성(M1) 공급(2022년까지 지속), 자산시장 호황으로 시중 유동성(M2, M3) 유지, 고용시장 호황(실업률 하락), 축적된 소비력(코로나19 기간 저축률 증가), 글로벌 공급망 시스템 변화에 따른 수입물가 상승 압력 지속 등이다.

필자는 세 가지 시나리오 중에서 '2%대 안정적 근원인플레이션 시나리오'가 가장 확률적으로 가능성이 높다고 예측한다. 하지만 세상일은 아무도 모른다. 변화 가능성은 언제나 열려 있다. 그

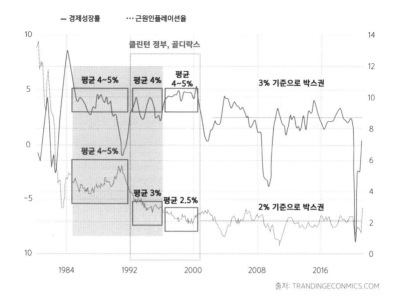

그림 54. 1980년 이후 미국의 경제성장률과 근원인플레이션율 추세

― 경제성장률   ···· 근원인플레이션율

클린턴 정부, 골디락스

평균 4~5%   평균 4%   평균 4~5%

평균 4~5%

평균 3%   평균 2.5%

3% 기준으로 박스권

2% 기준으로 박스권

출처: TRANDINGECONMICS.COM

래서 미래를 100% 확률로 맞추는 예언적 행위로 미래 예측을 이해하거나 사용해서는 안 된다. 미래 예측은 변화무쌍한 미래 가능성을 다양한 각도에서 미리 생각해 보는 합리적 행위다. 그렇기 때문에 '또 다른 미래들alternative futures'에 대해서도 늘 함께 생각해야 한다.

2022~2024년 장기간 '3%를 넘는 매우 높고 위험한 근원인플레이션'도 불가능한 시나리오가 절대 아니다. 바이든 행정부 4년의 미국 경제 상황은 매우 특별한 사례가 될 수 있다. 스페인독감 대재앙 이후 100년 만에 만난 재앙적 팬데믹 상황도 특별했지만, 1년이라는 짧은 기간에 미국 정부와 연준이 시장에 퍼부은 돈의 규모도 천문학적이다. 1933~1936년 뉴딜 이후 거의 90년 만에 역

사상 최고 규모의 인프라 투자도 시행된다. 2022년 바이든 행정부의 예산안도 제2차 세계대전 이후 최대 규모다. 이런 변수들이 서로 시너지를 이루면, 2022~2024년 미국의 경제성장률이 앞의 예상치보다 0.5~1.0%p 추가 상승할 가능성도 있다. 그럴 경우, 인플레이션 예상치도 추가 상승할 수 있다.

이런 특별한 시기에 가장 조심해야 할 것은 지난 수십 년간 경제성장률과 인플레이션 추세만 분석하여 2021~2024년까지 미국 경제 상황을 예측하는 오류다. 특별한 시기에는 이런 접근이 절반만 유효하다. 나머지 절반은 새롭게 나타난 변수들을 집어넣어 다양한 가능성을 추론해 보아야 한다. 그림 54에서 클린턴 행정부 시절, 미국 경제가 골디락스 국면에 안착한 때를 살펴보자. 클린턴 행정부 1기에는 경제성장률이 평균 4%였다. 이 시기 근원인플레이션율은 평균 3%였다. 클린턴 행정부 2기에는 경제성장률이 약간 더 올랐다. 평균 4.5~5%였다. 같은 시기에 근원인플레이션율은 평균 2.5%를 유지했다. 클린턴 행정부 직전, 미국 경제성장률이 평균 4~5% 수준에 있을 때를 보라. 같은 시기에 근원인플레이션율은 평균 4~5%였다. 필자가 설명한 1984~2000년 구간 이후에는 미국 경제성장률이 평균 3%를 중심으로 박스권 움직임을 보였다. 같은 시기에 미국 근원인플레이션율은 평균 2%를 중심으로 박스권 움직임을 보였다.

이런 움직임은 무엇을 의미하는가? 만약 연준이 기준금리 인상을 시작하고 1.5~2년 정도가 지난 시점에서 미국의 근원인플레이션율이 2%대 초반을 유지한다면, '최종 기준금리는 근원인플

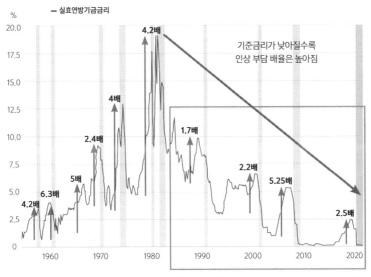

그림 55. 1950년~현재까지 미국 기준금리 인상 부담 배율

출처: Board of Governors; of the Federal Reserve System(US)

레이션율보다 높다'는 조건을 적용할 경우 2.5~3.0% 사이가 된다. 또한 미국 경제가 지난 몇십 년 동안 없었던 '새로운 성장 동력'을 확보해 경제성장률이 평균 1% 이상 더 높아진다면, 근원인플레이션율 평균치도 0.5~1%p 높아지고 기준금리 최고치도 3.5% 전후가 되는 게 불가능하지 않다는 의미다.

　여기에 연준의 기준금리 인상을 멈출 수밖에 없게 하는 부수적인 조건을 하나 더 살펴보자. 부채를 짊어진 경제 주체들이 기준금리 인상에 부담을 느끼는 수치다. 그림 55는 1950년부터 현재까지 기준금리 인상 부담 배율의 변화 추이다. 각 전 저점을 기준으로 다음 최고점까지 인상 배율을 계산했다. 기준금리 수치가 낮더라도 상승 배율이 높으면 기업이나 가계 파산 확률이 높아진다.

그림 56. 2025년 중반~2026년 초까지 미국 기준금리 최종 종결 시나리오

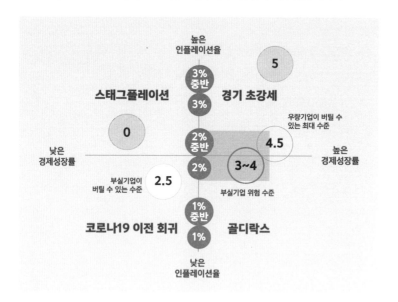

부채의 절대적 규모가 클 때는 명목 수치보다 배율 부담이 더 중요하다. 명목 수치가 낮더라도 부담 배율이 높으면 파산 가능성이 높아지고, 이를 의식할 수밖에 없는 연준 입장에서는 기준금리 인상을 멈춰야 한다. 역사적 자료를 분석하면, 1980년 이후부터 채무자들이 감당할 수 있는 최대치 평균은 2.5배 정도다. 극단적인 비이성적 버블기라면 5배 정도까지 가능하다.

지금까지 분석했던 명목 수치와 부담 배율, 초저금리 상황에서 기준금리 인상 위험, 바이든 행정부 4년 동안의 근원인플레이션율, 경제성장률, 실업률 등을 종합하고, '연준의 최종 기준금리는 근원인플레이션율보다 높고, 연간 경제성장률보다 낮거나 비슷하게 종결된다'는 조건을 반영할 때, 필자가 예측하는 확률적으

로 가장 높은 미국 기준금리 최종 종결 지점은 3~4% 사이다.

　경기 초강세 시나리오라면 연준이 기준금리를 최대 5%까지 상승시킬 수 있을 것이다. 하지만 확률적으로 가능성은 낮다. 그 이전에 금융시장에 문제가 발생할 가능성이 높기 때문이다. 부실 기업이 근근이 버틸 수 있는 수준은 2.5% 정도가 될 것이다. 오랫동안 제로금리가 유지되면서 기업들의 부채 규모가 커졌다는 것을 고려하면, 우량기업이 버틸 수 있는 수준도 최대 4.5% 정도일 것으로 추정한다. 결국 기준금리가 3~4% 사이에 도달하면 금융시장 여기저기서 위험신호가 발생하면서 연준에 기준금리 인상 중단을 압박하게 될 가능성이 매우 높다.

긴축 트렌드가 투자 상품에 미치는 영향들

긴축 트렌드가 주식시장 이외에 다른 투자 상품에 어떤 영향을 주는지 살펴보자. 긴축은 인플레이션을 다스리는 것이 핵심 목표다. 중앙은행이 양적완화정책을 실시하여 시중에 돈이 넘쳐나면 돈 가치는 하락하고 상품 가격은 상승한다. 이런 상황을 인플레이션이라 한다. 약간 어렵게 정의하면(경제학적 정의), 인플레이션inflation은 통화 공급money supply과 신용팽창credit expansion의 합이 총생산production보다 많은 경우다. 디플레이션deflation은 반대다.

비정상적인 초인플레이션을 제외하고 평상시에 발생하는 장기 인플레이션의 실질적 원인은 신기술 개발 이후 곧바로 이어지는 과다한 자본 투자, 베이비부머 세대의 시장 진입으로 많은 신생 기업들이 탄생하고 여기에 막대한 자본이 유입되는 것, 베이비부머 세대로 인한 갑작스런 수요 폭발이라고 보는 견해가 있다.

이외에도 인플레이션이 발생하는 일반적인 원인들은 지나친 통화 확대, 자연재해, 전쟁, 천연자원의 부족, 임금 상승, 인플레이션 기대심리로 인한 상품 사재기 등이 있다.

하지만 고전학파는 인플레이션 상승의 궁극적인 원인을 통화량 증가에서 찾고, 케인스학파 등이 주장하는 유효수요 이론 theory of effective demand 입장에서는 투자 증가나 정부지출 증가와 같은 실물 부문의 수요 증가로 인해 사회적 총수요(소비수요+투자수요)가 사회적 총공급을 초과하는 데서 그 원인을 찾는다. 2021년부터 시작된 인플레이션은 고전학파의 주장과 케인스학파의 주장이 모두 섞여서 나타나고 있다.

경기가 살아난다는 신호 정도로 받아들일 수 있는 '약간의 인플레이션'은 기업 투자와 소비심리를 개선시켜서 경제 전반에 도움이 된다. 하지만 기업 수익이나 가계소득보다 빠르게 상승하는 인플레이션이라면 상황이 달라진다. 과도한 인플레이션은 투자와 소비를 위축시켜서 경제 전반에 악영향을 준다. 중앙은행이 돈줄을 조이는 긴축정책을 구사하는 것은 과도한 인플레이션을 막기 위한 조치다. 즉 인플레이션이 선행하고, 긴축정책이 뒤따라 시행된다. 그러나 중앙은행이 긴축을 시작한다고 해서 인플레이션 상승률이 즉각 안정적인 상태로 잡히지 않는다. 한동안은 인플레이션과 긴축정책이 서로 싸우면서 투자시장 전반에 각기 다른 영향을 준다.

그림 57은 필자가 연준의 긴축정책과 인플레이션율 상승이 각종 투자상품에 각기 다른 영향을 주는 복잡한 관계를 정리한 시

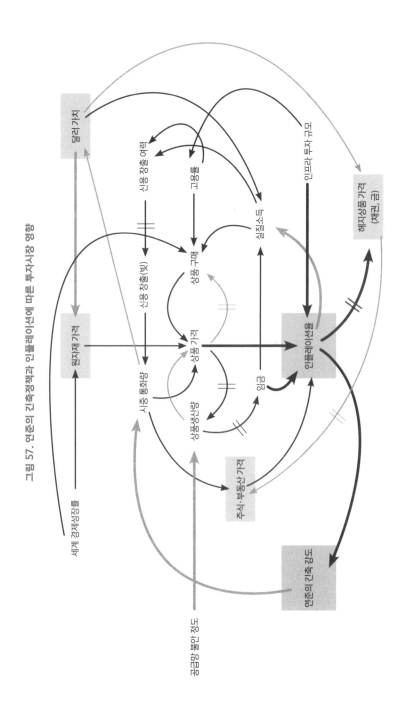

그림 57. 연준의 긴축정책과 인플레이션에 따른 투자시장 영향

달러 가치

신용 창출 여력

고용률

인프라 투자 규모

해외상품 가격 (채권, 금)

실질소득

신용 창출(빚)

상품 구매

세계 경제성장률

원자재 가격

시중 통화량

상품 가격

인플레이션

임금

상품생산량

주식·부동산 가격

연준의 긴축 강도

공급망 불안 정도

스템 지도다(초록색 선은 같은 방향으로 영향을 주는 관계를 표시한다. 예를 들어, 인프라 투자 규모가 커지면 인플레이션율도 높아진다. 회색 선은 반대 방향으로 영향을 주는 관계를 표시한다. 달러 가치가 하락하면, 금 가격은 상승한다. 금 가격과 종합주가지수를 연결한 회색 신에 그어진 두 줄은 '지연'을 의미한다. 안전사산인 금 가격이 상승해도 즉각적으로 종합주가지수 하락에 반영되지 않는다. '생각보다 늦게' 효과가 나타난다).

주식, 원자재, 부동산은 상품이다. 연준이 경제위기 극복을 위해 막대한 돈을 시장에 풀면 인플레이션(돈 가치 하락, 상품 가치 상승)은 주식가격 → 원자재 가격 → 실물 상품(식료품, 자동차, 각종 소비재 등) 가격 → 부동산 가격 순으로 일어난다. 연준의 돈 풀기에 주식이 가장 빨리 반응하고, 부동산이 가장 늦게 반응한다. 원자재는 공급망과 계절 요인이라는 추가 변수에도 영향을 많이 받기에 가격 상승 속도가 상황에 따라 달라진다.

연준은 실물 상품 가격이 오르는 시점이 되어서야 긴축 카드를 꺼낸다. 연준이 긴축정책을 시작하면서 시장에서 돈을 흡수하기 시작하면 주식 가격 → 원자재 가격 → 실물 상품 가격 → 부동산 가격 순으로 인플레이션 안정(가격 조정)이 진행된다. 긴축이 시작되어 이들 상품 가격이 조정을 받기 시작하거나 추가 상승 여력이 약해지면, 투자금은 이런 조정 국면을 피할(위험회피) 수 있는 곳으로 이동한다. 바로 채권과 금이다. 채권과 금은 인플레이션 위험을 방어하기 위한 헤지용 투자상품이기 때문에 긴축 국면이 시작되면 가격이 상승한다.

하지만 주식, 원자재, 부동산 가격의 조정이 긴축 기간 내내 지속되지 않는다. 투자시장이 긴축 충격에 적응하고 인플레이션율도 안정권에 접어들어 경기가 다시 활기를 되찾으면 투자 열기도 다시 고조된다. 원자재 가격도 반등으로 돌아선다. 부동산은 투자시장에서 가장 느리게 반응하는 상품이라는 속성 때문에 긴축 초반에 약한 조정만 받고 곧바로 가격 상승 추세로 전환된다. 참고로, 부동산 가격 안정(인플레이션 안정)이 가장 늦게 되는 것은 부동산이라는 상품이 주식이나 원자재보다 현금 유동화 속도가 느리고 가장 많은 투자자가 모여 있는 시장이기 때문이다.

이렇게 투자상품의 가격 상승이 다시 시작되면 인플레이션율도 재차 상승한다. 그러면 연준은 긴축 강도를 한 단계 더 높인다. 투자시장에서는 조정이 다시 발생한다. 조정기를 거치면서 투자시장이 한 단계 더 높은 긴축 충격에도 적응에 성공하면 잠시 주춤했던 투자 열기가 다시 살아난다. 이런 식의 '조정 – 상승 – 재조정 – 재상승'의 패턴이 긴축 구간 내내 복잡하게 반복된다.

채권의
미래 트렌드

    필자가 방금 앞서 설명했던 큰 흐름을 기억하면서 채권, 달러, 금, 원유, 원자재, 부동산 등 세부 투자상품들의 미래를 각각 예측해 보자. 그림 58은 미국 연준을 비롯해 각국 중앙은행이 긴축정책을 구사할 때 투자시장에 어떤 영향을 미치는지 좀 더 자세하게 보여주는 세부 시스템 지도다. 한눈에 봐도 매우 복잡하고, 투자상품들 간에도 서로 영향을 주고받으면서 가격변동이 일어난다는 것을 알 수 있다.

    먼저, 미국 채권의 미래 트렌드부터 예측해 보자. 우리가 채권시장의 트렌드 변화를 눈여겨봐야 하는 이유가 있다. 지난 40여 년간 채권시장은 역사상 유례없는 강세장을 이어왔다. 하지만 여기저기에서 40년간의 채권시장 강세장의 종말을 우려하는 목소리가 커지고 있다. 2021년 3월 16일, 나스닥 홈페이지에는 "1981~2021년까지 채권시장 강세장, 이제는 고이 잠들기를"이라

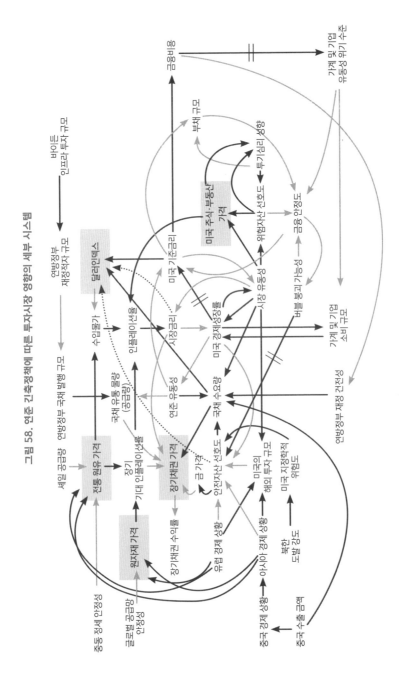

그림 58. 연준 긴축정책에 따른 투자시장 영향의 세부 시스템

는 제목의 기사가 실렸고,[25] 채권 운용사 핌코PIMCO의 빌 그로스 회장은 바이든 시대 4년 동안 연 3~4%의 인플레이션 시대가 열리면 채권투자는 위험이 크다고 전망했다. 헤지펀드 브리지워터 어소시에이츠Bridgewater Associates의 레이 달리오 회장도 막대한 미국 정부 부채, 인플레이션, 바이든 행정부의 엄청난 인프라 투자 등을 고려한다면 채권이나 현금을 가지고 있는 것은 '정말 미친 짓pretty crazy'이라고 경고했다. 미 국채 가격의 '역사적' 하락을 경고하는 목소리들이다. 그림 59를 보자. 1982년부터 미국 10년물 국채금리는 계속 하락했지만, 국채 수익률은 계속 상승하는 강세를 유지 중이다.

채권bond은 정부나 기업이 자본을 마련하기 위해 발행한 '이자부증권Interest-bearing Security'이다. 채권은 만기일까지 빌린 돈을 갚을 것이며, 만기상환 전까지는 고정된 이자fixed coupon ('표면이자'라고 한다)를 지급하겠다는 약속을 써놓은 일종의 대출증서 혹은 차용증서다. 채권시장은 이를 증권화securitization해 시장에서 거래하게 해준다. 채권은 액면가와 이자가 고정되어 있어서 '고정수익증권fixed income security'이라고도 불린다.

채권은 발행하는 주체에 따라서 국채, 지방채, 금융채, 회사채 등 종류가 다양하다. 일반적으로 만기가 1~12개월 사이인 채권은 T-빌Treasury Bill, 1~12년 사이는 T-노트Treasury Note, 12년 이상은 T-본드Treasury Bond라고 부른다. 단, 국채시장에서는 만기가 10년 이상이면 T-본드로 취급한다. 또한 만기가 12개월 미만이면 머니마켓(초단기 상품)으로 간주하고, 1~5년이면 단기 상품, 5~12년

그림 59. 미 10년물 국채금리와 국채 수익률

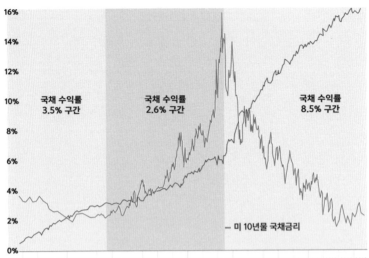

출처: TheAtlasInvestor.com

이면 중기 상품, 12년 이상이면 장기 상품으로 간주한다. 전 세계 채권 유통시장 규모는 100조 달러를 넘을 정도로 크고 활발하다.

발행 주체의 신용이 확실한 경우 채권은 원금을 잃을 가능성이 아주 낮으며 만기까지 투자할 때에는 고정 수익을 보장받는다. 그래서 안전자산으로 분류된다. 글로벌 채권시장에서 가장 큰 영향력을 미치는 것은 미국 국채다. 미국 채권시장의 규모는 세계 최고이며 그 크기는 미국 경제 규모의 2배를 넘고, 2위인 일본 채권시장(11~12조 달러)보다 3배 이상 크다. 투자자들이 미국 국채를 선호하는 이유는 안전성 때문이다. 미국 국채는 미 정부의 채무보증 능력이 세계 최고이기 때문에 무위험채권으로 간주된다. 그 결과 지난 40년 동안 미국 채권은 강세장을 지속했다.

그림 60. 2017~2021년까지 블룸버그-바클레이스 미 국채 총수익 지수 추세

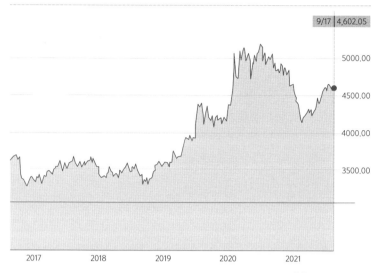

출처: BloombergMarkets

최근 상황은 어떨까? 그림 60은 만기 10년 이상 미국 장기국채 가격을 추적하는 블룸버그-바클레이스 미 국채 총수익 지수 Bloomberg-Barclays U.S. Long Treasury Total Return Index의 2017~2021년까지 추세다. 2021년 9월 22일 기준으로는 2020년 3월 대비 22%나 하락한 상태다. 하지만 이 지수는 1981년 9월부터 2020년 3월까지는 4,562% 올랐다. 그 이후 20% 정도 하락한 후에 약간 반등한 상황이다.

채권 가격과 수익률은 역관계다. 채권 매입자의 입장에서 채권시장에서 증권화되어 거래되는 채권은 (미래에 받을 돈이 이미 정해져 있으므로) 지금 얼마나 싼값에 사느냐가 중요해진다. '지금 싸게 살수록' 수익률이 높아지기 때문이다. 하지만 채권 수요가

그림 61. 미국 기준금리와 1~3년물 국채금리 관계

출처: Board of Governors of the Federal Reserve System(US)

증가하여 채권 가격이 상승하면 그만큼 채권 수익률은 하락한다. 이미 확정되어 있는 이자와 상환액이 정해져 있는 채권을 발행가보다 높은 가격에 매입하는 것이기 때문이다.

채권 수익률에 영향을 미치는 요소가 하나 더 있다. 연준이 긴축을 시작하면서 시장금리가 오르거나 기준금리 인상이 본격화되면 채권의 실질 수익률(채권에 적힌 액면가 금리에서 시장 실질금리를 뺀 이율)은 줄어든다. 예를 들어, 시장금리가 1%일 때 1.5%의 이자율로 발행한 채권은 1년 뒤에 시장금리가 2%로 올랐다면 매력을 잃을 것이다. 채권을 보유한 사람 입장에서는 시장금리가 더 올라서 손해가 커지기 전에 채권을 내다 팔려고 할 것이다. 만기가 남은 구舊채권을 구매하려는 수요자 입장에서는 채권에 적힌 약속 이자율만큼의 수익을 보장받기 위한 조치를 원하게

그림 62. 미국 기준금리와 10년물 장기국채 금리 관계

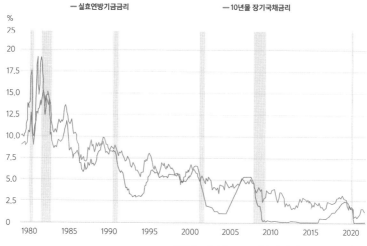

출처: Board of Governors of the Federal Reserve System(US)

된다. 액면 이자율을 고칠 수는 없으니 채권 가격을 깎아준다. 신규로 발행하는 채권은 시장 이자율이 상승한 것을 반영하여 액면가 이자율을 높여서 발행한다.

　1~3년 단기물 채권금리의 미래 트렌드를 예측하는 것은 어렵지 않다. 그림 61처럼, 연준의 긴축정책과 1~3년 단기물 채권금리는 동일한 움직임을 갖기 때문이다. 이에 반해, 장기물 채권금리의 미래 예측은 조금 복잡하다. 10년물 이상 장기채권금리는 기준금리 움직임과 큰 방향은 비슷하지만, 세부 움직임에서는 1~3년 단기물 채권금리 움직임보다 복잡하다. 장기채권금리는 기준금리뿐만 아니라 다양한 변수들의 영향을 받기 때문이다.

　채권을 발행하는 입장에서는 단기물보다는 장기물을 선호한다. 단기적인 채권 상환의 부담을 줄일 수 있고, 단기채를 발행할 때마다 투자자를 찾아야 하는 위험을 줄일 수 있기 때문이다. 하지만 채권을 구매하는 투자자는 정반대로 장기물보다는 단기물을 선호한다. 장기채권일수록 상대적으로 위험에 노출될 가능성이 크고, 돈이 오래 묶이기 때문이다. 발행자와 투자자의 이런 생각의 차이가 장기채권 시장가격의 큰 변동성을 만들어낸다. 수익률이 동일하고 장기채권과 단기채권의 공급량도 같은 규모로 증가하는 경우라면, 만기가 긴 채권의 가격 변동성이 더 크다. 장기물은 시장에서 소화되는 데 시간이 더 걸리는 한계가 있다. 결국 장기물을 소화하려면 단기물보다 큰 위험을 감수하면서 장기물을 매수하는 투자자에게 (금리는 고정되어 있기에 채권가격을 떨어뜨려서) 더 높은 수익률을 보장해 주어야 한다. 그래서 만기가 긴 채권의 가격 변화가 더 클 수밖에 없다. 다음은 필자가 장기채권에 영향을 미치는 주요 변수들과 작동 방식을 요약한 것이다.

- 미국 장기채권 가격에 직접적 영향을 주는 핵심 변수는 장기채권의 수요와 공급, 장기적 경제 전망이다.

- 장기국채의 수요와 공급에 영향을 주는 1차 변수는 시장 유동성과 안전자산 선호도다. 연준의 긴축 1~2단계(양적완화 축소 및 중지)는 연준이 시장에 추가 유동성 공급을 축소하는 행위다. 즉 연준의 국채 수요는 직접 줄고, 시장 유동성 축소는 시장에서 국채의 수요 감소 가능성을 만든다.

• 연준이 국채 구매 수요를 줄이더라도, 세 가지를 염두에 둔다. 첫째, 연준은 양적완화 축소 및 중지를 하는 과정에서 단기채권부터 매입 규모를 줄여간다. 장기채권 매입 규모 축소는 속도 조절을 한다. 장기채권 매입 규모를 빠르게 줄이면, 시장에서 장기채권금리가 급등한다. 장기채권금리가 급등하면 실물경제에도 부담이 커지고, 대규모 장기채권을 발행하고자 하는 정부에게도 높은 이자 부담을 줄 수 있기 때문이다.

둘째, 연준은 국채시장에서 공급과 수요 물량이 서로 균형을 유지하도록 하는 데 신경 쓴다. 그림 63은 2004년 이후 연간 미국의 국채 발행 규모와 분야별 수요자 규모의 변화 추이를 나타낸 것이다. 코로나19 발발로 2020년 한 해 국채 공급량이 폭발적으로 증가했다. 수요자 변화를 보면, 연준이 가장 큰 수요자(구매자)로 나섰다. 그 다음은 머니마켓 펀드와 은행, 연금 순이다. 코로나19 이전에 큰 수요자 중 한 그룹이었던 외국인과 가계 수요는 2020년에는 이전보다 마이너스였고, 2021년으로 접어들어야 플러스로 돌아선다. 이런 패턴은 2008년 금융위기가 발발한 이후에도 있었다. 위기 때에는 연준이 채권시장에서 가장 큰손(구매자)이 되어주고, 연준이 긴축을 시작하여 채권 구매량을 줄이면 그 빈 공간(공급 물량)을 시장의 여러 참여자들이 소화하는 패턴이다. 2022~2024년에도 이런 패턴이 작동할 가능성이 높다.

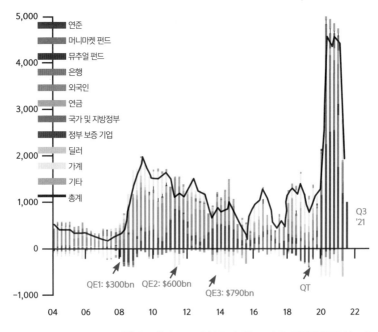

그림 63. 2004년 이후 연간 미 국채 발행 규모와 분야별 수요자 규모 변화

범례:
연준
머니마켓 펀드
뮤추얼 펀드
은행
외국인
연금
국가 및 지방정부
정부 보증 기업
딜러
가계
기타
총계

QE1: $300bn   QE2: $600bn   QE3: $790bn   QT   Q3 '21

　　셋째, 연준이 긴축 1~2단계를 실시하면서 국채 매수 물량을 줄이지만, 이미 풀어놓은 시장 유동성은 빠르게 흡수하지 않는다. 즉, 연준의 긴축 1~2단계 실행은 시장 유동성 추가 증가를 줄이는 것일 뿐이다. 연준이 국채를 매각하여 시장 유동성을 흡수하는 것은 기준금리 인상 중후반부에나 했다. 그림 63을 보면, 연준이 국채 순매도로 돌아선 것은 2008년 금융위기 이전과 2018~2019년이었다. 이 두 시기 모두 기준금리 인상 후반부였다.

• 물가(인플레이션율)는 연준의 긴축정책 시작에 직접 영향을 주는 변수다. 물가가 오르면 시장금리도 자연스럽게 상승한다. 시장금리가 상승하면 연준의 긴축 속도를 빠르게 한다. 물가에 영향을 미치는 변수는 경제 상황, 유가, 수입 가격, 부동산 가격, 식료품과 생필품 가격 하락을 유발하는 파괴적 기술, 근로자 임금, 화폐 유동성 등이다.

• 연준이 긴축을 시작하면 안전자산 선호도가 늘어난다. 안전자산 선호도가 늘어나면 새로운 국채 수요가 만들어질 수도 있다. 예를 들어, 연준이 긴축 단계를 높일 때마다 신흥국 투자시장에서 긴축발작이 반복적으로 발생하고, 미국 주식시장이 예상보다 크고 긴 충격을 받으면 글로벌 투자자들이 주식이나 회사채 매도를 늘린다. 그때마다 미국 달러와 국채 수요 증가가 촉발될 가능성이 생긴다. 2010년의 유럽발 금융위기, 2011-2012년 남유럽 재정위기의 재점화, 2014년 미국의 양적완화 축소 및 중지로 인해 남유럽 국가와 일부 신흥국에서 일어난 긴축발작, 2015년 1차 석유전쟁 등의 위기가 생길 때마다 미국채 수요가 증가했다.

• 연준의 기준금리 인상은 장기채권 가격에 부수적 영향을 주는 변수다. 장기채권금리도 기준금리 인상을 반영하지 않을 수 없다. 그래서 기준금리가 오르면 장기채권

금리도 상승한다. 하지만 10~30년물 장기채권은 기준금리가 높아질수록 인기가 줄어드는 속성이 있다.[26] 채권 발행자는 기준금리가 낮을 때 자신의 단기 부채를 장기 부채로 바꾸어 낮은 금리에서 오랫동안 부채를 묶어 두려고 시도한다. 하지만 기준금리가 높아질수록 그런 마음에 변화가 생긴다. 기준금리가 일정 수준 이상으로 높아지면, 장기적으로는 경제 전반에 부담이 되면서 경제성장률 둔화 혹은 하락을 유발시킨다는 우려가 시장을 지배하게 된다. 그러면 (다시 기준금리가 하락할지도 모르는데) 높은 금리를 물어가면서 장기채권을 보유할 이유가 없어진다.

• 바이든 행정부가 실시하는 대규모 인프라 투자는 장기국채 공급에 직접 영향을 준다. 시장에서는 국채 공급량이 늘어나더라도, 연준이 긴축을 하면 신흥국 등 해외 주식시장이나 금융시장으로 흘러 나갔던 달러와 해외 투자금들이 상대적으로 금리 매력도와 금융 안전도가 높은 미국 채권시장으로 유입되면서 새로운 수요가 창출된다.

• 연준이 긴축의 단계를 높일 때마다 채권금리도 서서히 상승한다. 그럴 경우, 주식시장으로 쏠렸던 투자금 일부가 채권시장으로 되돌아온다. 일명, 주식과 채권의 리밸런싱 현상이다. 예를 들어, 미국 증시의 주가수익비율P/E이 22배일 경우 10년물 국채 수익률이 연 2.1%에 도달

하면, 주가와의 수익률 차이가 역사적 중앙값인 250bp(1b-p=0.01%p)가 된다. 그러면 주식과 채권의 리밸런싱 현상이 본격화되면서 국채 수요가 증가하여 추가 공급 물량을 소화할 수 있게 된다.

- 단, 미국 밖의 위기가 진정세로 돌아서고, 미국 증시의 주가수익비율이 22배보다 높아지면 미 국채 수요 증가분의 대부분 혹은 상당분을 다시 반환할 수도 있다.

- 정치적 이슈, 지정학적 군사 불안도 장기국채의 수요와 공급에 간접 영향을 주는 변수들이다.

- 장기채권금리의 상승과 하락에 영향을 미치는 시스템은 똑같다. 문제는 상황에 따라 10~30년 장기채권 수요와 공급에 영향을 주는 핵심 변수가 달라진다는 것이다.

필자가 채권 가격과 금리에 영향을 미치는 주요 변수들과 작동 방식을 요약해서 설명했지만, 이 글을 읽는 독자들은 이 정도 설명도 복잡하다고 느낄 것이다. 그러면 좀 더 간단하고 직관적인 설명은 없을까? 그림 64는 앞의 원리와 작동 방식을 5단계 움직임으로 분류한 것이다. 필자의 분석에 따르면, 연준의 기준금리 대인하(양적완화)에서 기준금리 대인상(긴축)까지 큰 사이클에서 10~30년물 장기채권금리 움직임은 다음과 같은 5단계로 구분된다.

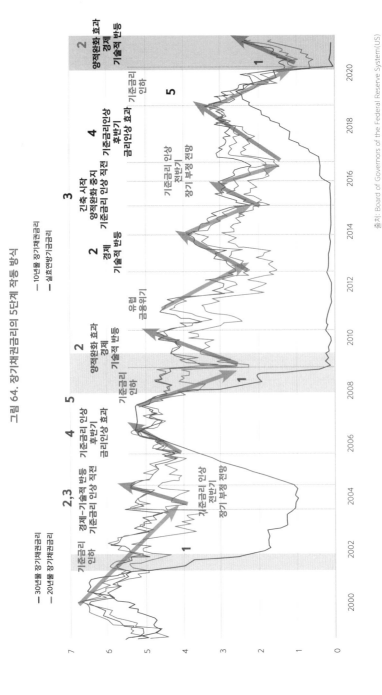

그림 64. 장기채권금리의 5단계 작동 방식

— 30년물 장기채권금리
— 20년물 장기채권금리
— 10년물 장기채권금리
— 실효연방기금금리

2,3 경제-기술적 반등 기준금리 인상 직전
4 기준금리 인상 후반기
5 금리인상 효과

기준금리 인하

기준금리 인상 전반기 장기 부정 전망
1

2 양적완화 효과 경제 기술적 반등

기준금리 인하

유럽 금융위기
1

2 경제 기술적 반등
3 긴축 시작 양적완화 종지 기준금리 인상 직전
4 기준금리인상 후반기 금리인상 효과

기준금리 인상 전반기 장기 부정 전망
5 기준금리 인하

2 양적완화 효과 경제적 반등
1

출처: Board of Governors of the Federal Reserve System(US)

166   2025 미래 투자 시나리오

• 1단계: 경기 대침체 발발(기준금리 대인하), 10~30년물 장기채권금리도 하락한다.

• 2단계: 경기 대침체 후 경제의 기술적 반등기(양적완화 효과 초기), 10~30년물 장기채권금리는 상승한다. 경제가 바닥을 찍고 본격적인 반등을 시작한 이후에는 인플레이션과 수년 동안 새로운 경제 호황기가 올 것이라는 기대가 반영되기 때문이다. 10~30년물 장기채권금리 움직임 5단계 중에서 금리 상승률은 2단계가 가장 높다.

• 3단계: 기준금리 인상 직전(긴축 시작기), 10~30년물 장기채권금리는 다시 하락한다. 기준금리가 인상되면 기업의 이익이 줄어들고 가계소비가 위축되면서 장기 경제성장률이 낮아질 것이라는 우려가 제기되기 때문이다.

• 4단계: 기준금리 인상 중후반기, 10~30년물 장기채권금리가 다시 상승한다. 기준금리 인상이 기술적으로 반영되기 때문이다.

• 5단계: 기준금리 인상 최고점 부근 도달, 10~30년물 장기채권금리는 하락 추세로 크게 전환한다. 다가오는 경기 대침체를 예견하는 미래 신호로 작동한다.

그림 65. 1980년부터 현재까지 10년물 장기채권금리의 변화 추이

— 실효연방기금금리   — 10년물 장기채권금리   — 경제성장률

10~30년물 장기채권금리 움직임 패턴에 또 다른 특징이 두 가지 더 있다. 그림 65는 1980년부터 현재까지 10년물 장기채권금리의 움직임이다. 첫째, 연준의 기준금리 인하와 인상 사이클이 반복될 때마다 10년물 장기채권금리의 최고점은 계속 낮아졌다. 연준의 기준금리 전고점이 계속 낮아지기 때문이다. 둘째, 1998년 이후부터는 10년물 장기채권금리 최고점이 경제성장률보다 낮았다. 정리해 보자. 2022~2024년까지 미국 단기채권 금리 트렌드는 기준금리 인상 움직임과 동일할 것이다. 장기채권금리 트렌드는 필자가 분석한 5단계 움직임을 따르고, 금리 최고치도 경제성장률보다 낮은 수준에 머무를 가능성이 높다.

참고로, 소비와 지출의 최상위에 있는 주택과 자동차 판매, 기업의 자본 지출은 금리에 직접적 영향을 받기 때문에 채권시장의 변화에 민감하다. 따라서 채권시장의 금리 변동은 산업과 일자리에도 직간접적으로 영향을 주는 승수효과multiplier effect를 발생시킨다. 이런 이유로 채권시장에서 나비가 날갯짓을 하면 주식시장에서는 태풍이 일어날 수도 있다.[27] 채권시장의 영향력이 미치지 않는 곳이 거의 없다고 할 때, 개인도 재정 문제나 투자에 대해 더 나은 결정을 하려면 채권시장의 흐름을 잘 알고 있어야 한다.

만약 개인 투자자가 채권에 직접 투자하고 싶다면 증권회사에서 채권을 매입한 후 계좌에 넣어서 보유하면 된다. 한국의 경우, 채권 거래는 증권거래소의 장내거래소시장Exchange market, 증권사 영업 창구 등의 장외시장Over The Counter, OTC market, 기관투자자들이 거래하는 국채전문유통시장KTS에서 이루어진다. 투자자가 매수한 채권은 만기 전에 언제든지 자유롭게 매도할 수 있다. 채권 가격은 액면가의 백분율로 호가되는데, 채권의 시장가격이 액면가 이하일 때는 디스카운트discount(할인)되었다고 부르고, 액면가 이상으로 거래될 때는 프리미엄premium(할증)이 붙었다고 말한다.

달러와
원달러환율의 미래

　환율은 돈 가치다. 전 세계 돈 가치의 기준은 미국 달러화다. 미국 돈 가치가 가장 높다는 의미다. 그림 66은 1970년부터 현재까지 기준금리와 달러인덱스dollar index의 변화 추세를 나타낸 것이다. 달러화 가치는 2008년 이후부터 강세를 보이고 있다. 하지만 코로나19 팬데믹을 거치면서 엄청난 규모의 구제금융과 대규모 인프라 투자가 연달아 진행되면서 달러 가치 하락 우려가 고개를 들고 있다. 달러화 위기는 제2차 세계대전 이후 달러가 제1기축 통화 지위를 확보한 후부터 현재까지 네 번 정도 있었다. 1970년대 초반, 1980년대 초반, 1990년대 중반, 2008년 금융위기 기간이었다.

　1931년 영국이 금본위제를 폐지하면서 제1기축통화 지위국의 위상을 상실했다. 제2차 세계대전으로 유럽은 황폐화되었지만, 미국은 자본주의 최강 국가로 올라섰다. 1944년 연합군이 노르망

그림 66. 1970년~현재까지 기준금리와 달러인덱스 변화 추세

출처: TRANDINGECONMICS.COM

디 상륙작전을 성공시키던 해에 미국의 루스벨트 대통령은 뉴햄프셔주 브레턴우즈에 44개 연합국 대표들을 모아 제2차 세계대전 이후 세계경제 질서의 원칙, 규칙, 제도적 장치에 대한 합의를 이끌어냈다. 브레턴우즈 체제의 기본은 1930년대 초 전 세계를 강타한 대공황에 대한 반성을 기본으로 하지만, 미국 중심의 새로운 경제질서 확립이 목적이었다. 대공황이 발발하고 영국이 금본위제를 폐지하자 전 세계 각국 정부는 자국의 화폐가치를 떨어뜨리고 관세장벽을 높게 쌓는 경쟁을 시작했다. 이렇게 시작된 무역전쟁, 관세전쟁과 환율전쟁은 국제무역을 마비시켰고 제2차 세계대전을 불러왔다.

　브레턴우즈에 모인 각국 대표들은 이런 문제가 재발하지 않도록 하는 방법을 모색했다. 그들이 찾은 해법은 미국 달러를 기준으로 하는 국제통화와 금융의 안정성 확보, 그리고 자유무역정책이었다. 미국의 루스벨트 대통령은 국제금융 체제의 안정이라는 명분을 앞세워 미국 달러만 금에 고정시키고 다른 모든 통화는 미국 달러에 고정시키는 '금태환제'를 선언했다. 미국은 자국에 보관된 8천 톤의 금과 달러를 연계시켰다.[28] 각국 화폐들은 달러를 기준으로 상대적 가치(환율)가 정해지면 다른 국가들의 동의가 없을 경우에는 바꿀 수 없도록 했다. 대공황 시대에 벌어졌던 환율전쟁의 재발을 막기 위한 조치였다.[29] 동시에 지급불능 위기에 빠진 나라를 돕는 세계은행World Bank과 IMFInternational Monetary Fund를 창설했다. 이때부터 미국 달러는 제1기축통화의 지위를 얻었다.

하지만 달러화의 독보적이고 견고한 위상은 오래가지 못했다. 1968년 3월, 국제사회에서 강력한 위상 회복을 천명한 프랑스는 유럽 국가들을 선동하여 달러를 금으로 교환해줄 것을 일제히 요구했다. 명분은 불안한 미국 경제였다. 당시 미국은 오랜 베트남전쟁 여파와 무역적자로 부채와 재정적자가 빠르게 늘어나고 있었고, 미국 경제마저 침체기로 접어들었다. 한 달 동안 미국이 금태환으로 입은 손실은 14억 달러였다. 미국의 금 보유량이 줄어들수록 미국의 통화 발행력이 떨어졌다. 금태환의 위기, 달러 위기는 곧 미국의 위기였다. 1971년 8월 15일, 닉슨 대통령은 금 1온스당 35달러를 주기로 약속했던 금태환 제도를 폐지했다. 이것이 첫 번째 달러화 위기 발생이다. 일명 '닉슨 쇼크'였다.

달러 신뢰도는 땅에 떨어졌지만, 달러를 대체할 화폐가 없었

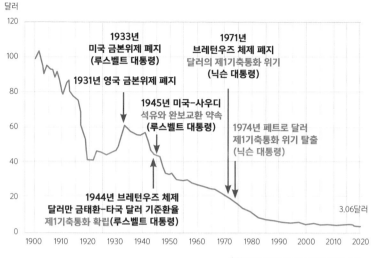

그림 67. 달러 가치 변화와 페트로 달러

달러

1933년
미국 금본위제 폐지
(루스벨트 대통령)

1931년 영국 금본위제 폐지

1945년 미국-사우디
석유와 완보교환 약속
(루스벨트 대통령)

1971년
브레턴우즈 체제 폐지
달러의 제1기축통화 위기
(닉슨 대통령)

1974년 페트로 달러
제1기축통화 위기 탈출
(닉슨 대통령)

3.06달러

1944년 브레턴우즈 체제
달러만 금태환-타국 달러 기준환율
제1기축통화 확립(루스벨트 대통령)

출처: ObervationsAndNotes.blogspot.com

다. 혼란을 용인하기에는 소련의 위협도 유럽을 힘들게 했다. 미국에게 천행도 따랐다. 1973년 제4차 중동전쟁이 발발한 것이다. 1년 동안 국제유가는 3배 폭등했다. 제1차 오일쇼크 발생이었다. 원유 가격이 치솟자 세계경제는 대침체에 빠졌다. 달러화 위기를 겪던 닉슨 행정부는 1974년 6월에 사우디아라비아와 '석유 대금 결제는 달러, 사우디는 석유 판매 대금으로 미국 무기를 구매'하는 비밀 협정을 맺고 '페트로 달러' 시대를 열면서 달러화 위기를 극복했다. 이제부터 달러는 금이 아닌 석유라는 강력한 에너지에 묶인 화폐가 되었다. 1, 2차 오일쇼크로 유럽 국가는 달러가 다시 필요했다. 오히려 전보다 더 많이 필요했다. 이때부터 석유 가격 폭등은 달러 가치의 회복 수단이 되었다. 1978년 IMF는 금을 화폐 가치 기준으로 삼는 것마저 포기한다는 선언을 했다. 이제 미국은 아무런 제약없이 국제통화 수단인 달러를 전 세계가 사용하고 남을 만큼 발행할 수 있는 발권력을 갖게 되었다.

하지만 달러 위기는 여기서 끝나지 않았다. 1980년대 초반, 1990년대 후반, 2008년 금융위기 기간에 각각 달러 위기는 반복되었다. 1965~1973년까지 베트남전쟁이 발발하고, 1974년 미국 정부가 가격통제를 폐지하자 억눌려 있던 물가가 폭발적으로 상승했다. 1980년, 미국의 인플레이션율은 15%까지 급등했다. 상품 가격이 올라가면 달러 가치는 하락한다. 1980년 초반, 달러 가치는 계속 하락했다. 그 당시 달러 가치 폭락은 미국이 무역적자를 핑계로 유럽 국가의 화폐가치 절상 압력을 넣은 것도 한 이유였다. 전통적인 화폐가치 개념에서 벗어나지 못한 유럽 국가들은 자국 화폐가치가 높은 것이 나쁘지 않다는 생각을 했다. 실제로 헬무트 슈미트가 서독의 재무장관이었던 시절 미국의 압력으로 마르크화 절상을 했을 때, 서독 언론과 국민들은 서독 경제 외교의 쾌거라고 찬사를 보낼 정도였다.

1969~1979년 대부분의 서유럽 국가의 통화가치는 달러 대비 2배 상승했다.[30] 달러 가치가 약세로 돌아서자 각국은 달러를 내다 팔았다. 1979년 국제 준비통화에서 달러 비중은 53%까지 하락했다. 달러화의 위기가 다시 찾아왔다. 그림 68을 보면 한눈에 알수 있듯이, 반복되는 달러화 위기의 원인은 미국 정부의 막대한 재정적자로 만들어진 엄청난 국가 부채와 미국 경제성장률 하락이었다. 여기에 2008년 위기 때부터는 연준의 막대한 돈 풀기 정책도 한몫했다. 같은 이유로 코로나19 팬데믹 이후 미국 달러화의

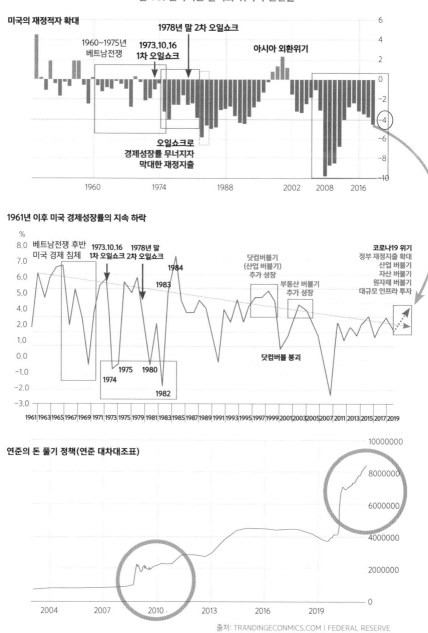

그림 68. 반복되는 달러화 위기의 원인들

미국의 재정적자 확대

1960~1975년
베트남전쟁

1973.10.16
1차 오일쇼크

1978년 말 2차 오일쇼크

아시아 외환위기

오일쇼크로
경제성장률 무너지자
막대한 재정지출

1960   1974   1988   2002   2008   2016

1961년 이후 미국 경제성장률의 지속 하락

%

베트남전쟁 후반
미국 경제 침체

1973.10.16
1차 오일쇼크

1978년 말
2차 오일쇼크

1984

1983

닷컴버블기
(산업 버블기)
추가 성장

부동산 버블기
추가 성장

코로나19 위기
정부 재정지출 확대
산업 버블기
자산 버블기
원자재 버블기
대규모 인프라 투자

1975   1980

1974

1982

닷컴버블 붕괴

1961 1963 1965 1967 1969 1971 1973 1975 1977 1979 1981 1983 1985 1987 1989 1991 1993 1995 1997 1999 2001 2003 2005 2007 2009 2011 2013 2015 2017 2019

연준의 돈 풀기 정책(연준 대차대조표)

10000000

8000000

6000000

4000000

2000000

0

2004   2007   2010   2013   2016   2019

출처: TRANDINGECONMICS.COM | FEDERAL RESERVE

다섯 번째 위기론이 거론된다.

과연 코로나19 이후 달러화의 몰락이라는 위기론이 현실이 될까? 필자의 대답은 그럴 일은 거의 없다는 것이다. 앞에서 언급했던 네 번의 달러화 위기에도 미국 달러화는 미국 경제의 극적인 반등과 연준의 강력한 긴축정책에 힘입어 위기 탈출에 성공했다. 1, 2차 오일쇼크로 유가가 폭등하자 산유국이었던 구소련은 최고의 경제 전성기를 구가하며 미국 GDP의 67%까지 추격했다. 경제적으로 자신감이 충만해지자 소련은 1979년 12월 27일 아프가니스탄을 전격 침공했다. 소련의 8개 사단과 특공대는 일주일 만에 아프가니스탄 전역을 장악하고 페르시아만 접경까지 진격했다. 소련이 경제는 물론이고 중동과 동아시아에서 군사적 세력 확장을 시도하자 미국은 큰 위기감을 느낀다. 미국 입장에서는 중동과 동아시아에서 군사적으로 구소련을 견제하는 것뿐만 아니라, 미국 경제와 금융의 국제적 위상 회복이 절실했다. 이에 미국은 전격적으로 기준금리를 인상하고 강달러 정책으로 선회한다.

1979년 8월, 하버드대 출신으로 2미터가 넘는 키를 자랑하는 폴 볼커Paul Volcker가 12대 연준 의장으로 취임했다. 그는 8일 만에 기준금리를 0.5% 인상했다. 이틀 뒤에 다시 0.05%를 인상했다. 그리고 한 달 동안 무려 총 4%p를 올린다. 1980년 3월 미국 연준의 기준금리는 폴 볼커 취임 8개월 만에 11.38%에서 20%까지 상승했다. 고금리로 기업들이 도산하고, 농민들이 빚더미에 올랐다. 그러나 1980년 15%에 이르던 물가상승률은 1983년 3.2%까지 급락했다. 미국 역사상 최고의 인플레 파이터였다.

폴 볼커의 강력한 기준금리 인상정책으로 1981~1985년 레이건 정부 시절 달러 자본의 해외 수출이 큰 폭으로 줄면서 강달러 현상이 나타났다. 각국의 자본은 달러 자산으로 이동했다. 1982년 OECD 회원국의 해외 직접투자액에서 미국의 비중은 4%까지 하락했다. 사상 최저였다. 대신, 1984년 OECD 회원국 해외 자본 유입량의 70%가 미국으로 이동했다. 사상 최대였다. 미국 경제도 제2의 전성기를 20년 동안 이어갔다. 1981~1984년까지 미국의 기준금리는 10~20% 사이를 움직이는 살인적인 초고금리였지만, GDP에서 그 비중이 30%에 육박할 정도로 대출이 증가했다. 강달러로 대규모 해외 자본이 미국 내로 유입되면서 초고금리 부작용이 상쇄되었기 때문이다.

레이건 대통령은 세출 삭감, 대규모 감세, 기업에 대한 규제 완화정책을 실시했다. 일명 '레이거노믹스Reaganomics'였다. 경제 부흥정책과 대규모 해외 자본 유입의 양 날갯짓에 힘입어 미국 내 유동성 증가, 인플레이션 억제, 고용 창출 등으로 1982~1984년 미국의 경제성장률이 치솟았다. 1980~1985년까지 미국 GDP도 44% 증가했다.[31] 반대로 강달러 영향으로 서유럽과 개발도상국 대부분은 1980~1985년에 계속 마이너스 성장을 했다. 경제위기로 새로 집권한 유럽 각국의 정권들은 강달러 압력에 굴복하고 사회주의 경제정책을 잇달아 포기했다. 금리를 인상하고 긴축통화정책을 펼쳤다. 부채 디레버리징과 대대적 민영화를 실시했다.

미국은 1990년대 중반, 2008년 금융위기 기간에 발생한 달러화 위기도 비슷한 방식으로 극복했다. 필자는 앞에서 바이든 행정

그림 69. 지난 25년간 달러화 가치 vs. 다우지수 추세

출처: TRANDINGECONMICS.COM

부 4년 동안(위드 코로나 시대) 미국 경제와 세계경제의 미래에 대해 예측했다. 앞으로도 미국 경제는 선진국 중에서 가장 강력할 가능성이 높다. 당분간 연준은 긴축 5단계를 차근차근 밟아가면서 통화량 조절과 달러 가치를 수호할 것이다. 연준의 긴축이 끝나고 세계경제에 대침체기가 오기라도 한다면 미국 달러화의 가치는 다시 단단해질 것이다. 최소 10~20년 동안 미국 달러화의 몰락은 없다. 일부에서는 바이든 행정부가 대규모 인프라 투자를 강행하면 미국의 국가 부채가 더욱 증가하고 달러 가치는 휴지 조각이 될 것이라고 주장한다. 아니다. 바이든 행정부가 인프라 투자를 위해 만든 신규 부채는 매몰비용이나 낭비성 지출이 아니다. 앞으로 4~5년, 길게는 8~10년 정도 미국의 경제성장률 평균치 상승에 기여하는 투자 비용이다.

그림 70. 달러 인덱스와 원달러환율의 관계

달러인덱스 93.282(+0.07%)   원달러환율 1175.433(+0.05%)

2014년 1분기
긴축 1단계

2015년 12월
긴축 3단계
기준금리 인상 시점

2015년 1분기
긴축 2단계

미국 경제가 단단해질수록 달러화 가치도 단단해진다. 이런 시스템 작동을 고려하면, 지난 20년 동안 달러 강세 추세가 지속되었던 시나리오가 미래에도 유력하다. 그림 69는 지난 25년 동안 달러화 가치와 다우지수 추세를 비교한 것이다. 연준이 긴축을 시작하면 달러화 가치는 강세로 전환되었고, 주식시장은 약세에 빠진 것을 알 수 있다.

한국 투자자들이 달러 가치 변화에 대한 통찰력을 갖춰야 할 이유가 있다. 달러 가치 변화는 원달러환율 변화에 영향을 미치는 가장 강력한 변수다(더불어 원자재 가격이나 한국 주식시장의 외국인 투자자금 유입량에도 영향을 미친다). 그림 70을 보면, 달러 가치와 원화 가치의 동기화 강도가 상당히 세다. 달러인덱스 자체가 원달러환율에 가장 큰 영향 변수라는 의미다. 한국의 무역수지 흑자는 부수적 요소로 작용할 뿐이다.

예를 하나 들어보자. 중국 삼국지에서 위, 촉, 오 세 나라가 대치할 때, 형주荊州는 다른 나라들을 견제하거나 방어하는 데 있어 아주 중요한 요충지였다. 형주는 중국의 중앙부에 위치한 양쯔강 유역의 평야 지역으로 호수와 강이 밀집되어 있고, 동쪽의 익주, 서쪽의 양주, 북쪽의 사주를 모두 바라볼 수 있는 곳이다. 북쪽 위나라보다 열세였던 촉나라와 오나라에게 형주는 사활을 걸고 차지해야 하는 요충지였다. 오나라는 형주를 차지하면 북쪽으로는 낙양과 허창까지 바라볼 수 있었다. 조조의 위나라는 촉과 오가 형주를 차지하게 되면 도읍을 옮겨야 할 정도로 위협을 받게 된다. 삼국지 초반에 촉의 유비는 제갈공명의 지략으로 형주를 얻고 천하삼분지계天下三分之計를 이루었다. 하지만 나중에 형주를 잃은 촉나라는 제갈공명이 여섯 차례의 정벌 전쟁을 벌였음에도 불구하고 위나라 외각만 맴돌다가 멸망하고 말았다. 경제와 금융에서도 형주처럼 각 나라마다 전략적으로 아주 중요한 요충지가 있다.

수출 주도 경제성장 구조에 대외의존도가 높은 한국에게는 '환율'이 바로 그런 포인트다. 환율foreign exchange Rate이란 두 나라 돈의 교환 비율이다. 환율은 한국 경제의 대외적인 위상과 가치를 보여주는 가장 확실한 척도다. 수출경쟁력, 물가, 환차익과 환차손을 극대화하는 환헤지, 주식 및 부동산, 채권 가격의 변화들이 환율과 아주 밀접하게 연결되어 있고, 한국은 환율 상승이 유가 상승보다 물가에 미치는 영향이 4배나 높다.[32] 한국의 경우 환율이 경기의 향방을 가른 경우가 허다했다. 특히 2008년 이후 이명박 정부

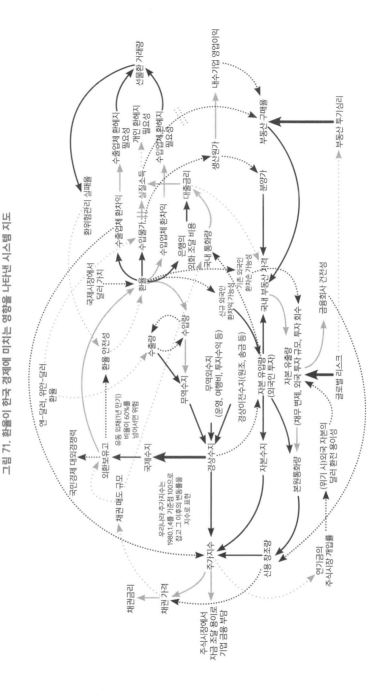

그림 71. 환율이 한국 경제에 미치는 영향을 나타낸 시스템 지도

Part 2 · 긴축의 시대, 채권부터 부동산까지 투자시장의 미래

에서 환율, 수출 증가율, 경제성장률이 아주 밀접하게 움직였다.[33] 지금처럼 한국의 수출 품목들이 원가 경쟁 상황에 접어든 상황에서는 환율 움직임이 더욱 중요하다. 내수시장 역시 환율과 기업들의 수출경쟁력, 그리고 물가와 경제 분위기에 큰 영향을 받는다.

이 외에도 환율은 때로는 금융시장에서 급격한 신용경색, 주식시장의 폭락, 경기의 급상승이나 급강하를 불러온다. 또한 통화량, 무역과 자본 이동, 기업 수익률, 실물자산 등에도 영향을 준다. 대외의존도가 높은 한국은 외환시장의 변동성이 커지면 커질수록 주가, 채권, 부동산 등의 자산시장에도 커다란 변동성과 불확실성을 보인다. 이러니 환율을 한국 경제의 요충지라고 말할 수밖에 없다.

자, 이렇게 중요한 원달러환율의 미래 트렌드를 예측해 보자. 필자는 원달러환율 움직임이 달러인덱스 움직임과 높은 동기화를 보인다고 했다. 그러면 우리에게 중요한 질문은 이것이다.

2022~2025년까지 연준의 긴축정책 기간에
달러인덱스는 어떤 움직임을 보일까?

긴축 기간에 달러인덱스의 움직임을 예측하면 같은 기간에 원달러환율 움직임도 자연스럽게 예측할 수 있다. 그림 72는 1980년대부터 최근까지 달러인덱스와 원달러환율 움직임을 연준의 양적완화기 및 긴축기와 비교한 것이다. 연준이 양적완화(돈 풀기)를 실시하면 달러 가치는 최소 15%에서 최대 35% 정도 하락

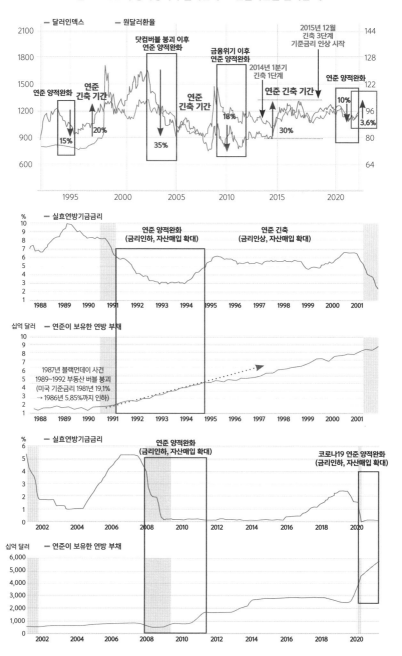

그림 72. 연준의 통화정책과 달러인덱스-원달러환율 움직임 비교

Part 2 · 긴축의 시대, 채권부터 부동산까지 투자시장의 미래

했다. 반대로, 연준이 긴축정책을 실시하면 달러 가치는 최소 20%에서 최대 30% 정도 상승했다. 하지만 양적완화나 긴축 강도와 달러 가치 하락이 정비례하지는 않는다. 연준의 통화정책이 달러 가치의 방향에는 영향을 미치지만, 변화의 폭은 상황에 따라 영향을 미치는 다른 변수들과 복합적으로 작용하기 때문이다.

이런 역사적 자료를 바탕으로 달러 가치 변화 트렌드에 영향을 미치는 가장 중요한 세 가지 조건을 발견할 수 있다.

첫째, 연준이 양적완화를 실시하면 달러 가치는 하락하고, 긴축정책으로 돌아서면 달러 가치는 상승한다.

둘째, 연준의 양적완화와 긴축 규모는 달러 가치 변동폭 규모와 비례하지 않는다.

셋째, 미국 달러는 제1기축통화이기 때문에 유로화, 엔화, 위안화가 약세를 보이는 상황이 전개되면 상대적으로 강세를 보인다. 이런 효과 때문에 연준이 양적완화 규모를 늘린 효과(달러 약세 효과)가 지연되어 발생할 수 있다.

이 세 가지 요인을 코로나19 이후 달러 가치 변화에 적용해보자. 첫 번째 조건을 감안하면, 연준이 긴축을 시작했기 때문에 달러 가치는 상승 추세를 바꾸기 힘들다. 2022년 상반기에 유럽과 신흥국이 코로나19 국면을 벗어나 경제가 회복되어 통화 가치를 회복해도 연준이 긴축 단계별 진행 속도를 높이면 유럽과 신흥국 통화 강세 유지 기간이 짧아진다. 연준이 긴축 속도를 높일수록 신흥국에서 달러 자본이 이탈하여 미국으로 추가 이전되는 속도도 빨라지기 때문이다. 바이든 행정부가 대규모 인프라 투자를 위해 막대한 양의 국채를 발행해서 달러 유동성이 늘어나도 이는 미국 내 투자이기 때문에 글로벌 시장에서 달러 가치 하락에 큰 영향을 주지 않을 것이다.

두 번째 조건도 반영해 보자. 코로나19 발발 이후, 미국은 위기 극복을 위해 역사상 가장 많은 돈을 풀었다. 2008년 글로벌 금융위기 이후 푼 돈보다도 많다. 바이든 행정부가 대규모 인프라 투자를 위해 방출하게 될 돈 규모까지 합하면 그 규모는 더욱 커진다. 이런 사실만 보면, 달러 가치 하락폭이 역사상 가장 크게 일어나야 한다. 하지만 세 번째 조건을 반영하면 코로나19 이후 달러 가치 하락 규모가 이전보다 클 것이라고 단언할 수 없다. 실제로, 2020년 이후 달러 가치는 겨우 10% 정도 하락하고 반등했다.

세 번째 조건도 계산에 넣어보자. 미국이 긴축을 시작하면, 달러가 미국으로 유입되면서 유로나 신흥국 통화는 약세로 전환되고 달러는 상대적 강세로 전환된다고 했다. 여기에 2020년 코로나 경제위기 이후 미국의 경제성장률 회복이 매우 강력했다. 명목 경제성장률로도 중국을 제외하고 OECD 국가들 중에서 최상위다. 이것도 달러 강세 요인이다. 2022년은 어떻게 될까? 2022년 전반기에도 유럽과 신흥국들은 코로나19 후유증에서 빠져나오더라도 최고 안전자산으로 분류되는 '달러'를 위협할 후보군이 되기에는 역부족일 가능성이 크다. 유로화나 엔화도 과잉유동성에 시달리기는 마찬가지이기 때문이다. 중국은 코로나19 위기에서 가장 빨리 벗어났지만, 위안화 국제화는 지지부진하고 3연임을 노리는 시진핑 주석이 '공동부유'를 앞세워 빅테크 규제, 부동산 영역 구조조정 등을 지속하는 정책을 계속 유지할 가능성이 높다. 미국의 긴축이 가져다줄 신흥국 위기에 선제적 대응을 하기 위해 긴축정책도 유지할 것이다. 2022년에도 중국 투자시장의 매력도가 높지 않다는 말이다.

반면, 2022년 상반기에 미국은 인프라 투자 효과가 시작된다. 미국 경제와 매력도가 상대적으로 좋다는 말이다. 2022년 상반기에 미국 내 인플레이션율이 예상보다 높은 수준을 오래 유지하면, 금융시장의 투자심리는 위축되고 안전자산인 달러에 돈이 몰리면서, 코로나19 이후 풀린 엄청난 달러 유동성에 따른 달러 약세 흐름이 작동하지 못하도록 하는 요인이 된다. 양적완화 규모를 늘린 효과(달러 약세 효과)의 '지연' 상태가 길어질 가능성이 높다. 그러면 완전하게 반영되지 못한 달러 가치 하락분은 언제 반영될까? 필자의 예측으로는 다음 대폭락 이후로 이전되어 반영될 가능성이 높다.

이와 같은 시나리오가 현실이 된다면, 원달러환율은 어떤 트렌드를 보일까? 필자가 앞에서 소개했던 달러인덱스와 원달러환율 움직임 그래프를 다시 보자. 경세위기가 발생하면 연준이 양적완화를 실시한다. 연준이 양적완화를 실시하여 달러를 풀어도, 글로벌 경제위기 충격이 더 크기 때문에 원달러환율은 상승한다. 또한 연준이 긴축정책을 실시하여 달러 강세가 되면 원화는 약세가 된다. 단, 연준이 긴축을 한다는 것은 미국 경제가 위기 국면을 벗어나고 물가는 높아지며 경제성장률이 회복되는 시기라는 뜻이다. 미국 경제가 호황기에 접어들면, 한국은 수출 규모가 증가한다. 수출 중심 경세구조를 가진 한국은 수출이 증가하면 딜러 획득이 늘어난다. 외국자본 탈출도 어느 정도 막을 수 있다. 그 결과 연준의 긴축 기간이라도 원화 약세 폭이 급격하게 늘어날 가능성은 낮아진다. 하지만 이전과 다르게 수출경쟁력에 문제가 생겨서 무역수지 흑자 규모가 줄어든다면 원화 약세 폭이 생각보다 커질 수도 있다.

금 가격의
트렌드 패턴

주식은 위험자산을 대표한다. 채권과 달러는 안전자산을 대표한다. 채권과 달러 이외에, 역사적으로 가장 오랫동안 안전자산을 대표했던 투자상품이 있다. 금이다. 코로나19 이후에 금 가격은 어떻게 움직일까? 금 가격 움직임에도 원칙이 있다. 그림 73은 인플레이션율과 금 가격의 변동률(%)을 비교한 그래프다. 금 가격 움직임을 일간 변동률로 전환해서 분석해 보면 큰 움직임이 인플레이션율 변화와 비슷하게 움직인다. 금은 인플레이션 헤지용 투자자산이라는 견해가 지배적이기 때문이다.

다음 그림 74는 미국 경제성장률, 금 가격, 달러 가치 변화를 비교했다. 글로벌 위기가 발생하면 미국 경제성장률은 폭락하고, 안전자산으로 분류되는 금 가격은 강세로 전환된다. 또 다른 안전자산인 달러도 강세로 전환된다. 하지만 안전자산인 달러와 금의 움직임에는 미세한 차이가 있다. 2001년 닷컴버블 붕괴 직후와

그림 73. 인플레이션율과 금 가격 변동률 비교

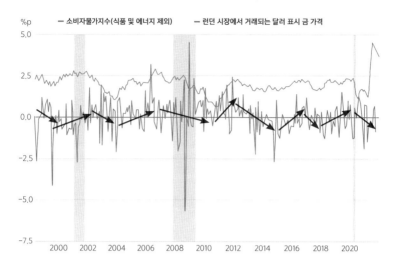

그림 74. 미국 경제성장률, 금 가격, 달러 가치 변화 비교

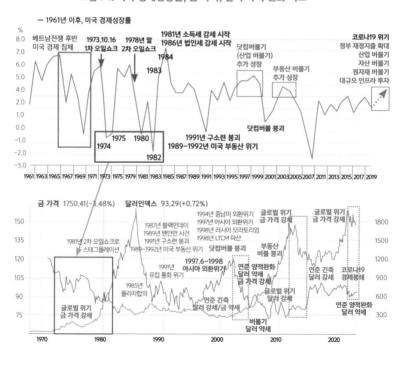

그림 75. 금 가격과 채권금리 움직임 비교

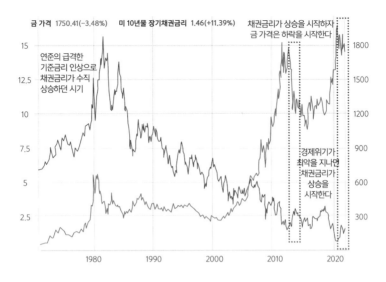

2008년 금융위기 직후를 보자. 연준이 경제위기 극복을 위해 양적완화를 실시하여 막대한 달러를 풀자 달러 가치는 하락으로 전환하지만, 금 가격은 계속 상승한다. 연준이 위기 극복을 위해 막대한 돈을 풀자 '일시적으로' 달러도 믿을 수 없다는 투자심리가 발동했기 때문이다. 하지만 연준이 양적완화를 실시해서 미국 내 경제위기 상황을 극복했다는 신호가 나오면 달러 가치가 상승으로 돌아선다. 그때 금 가격은 본격적으로 하락 추세로 전환된다. 2010~2013년 유럽발 금융위기, 2020~2021년 코로나19 경제위기 국면에서도 이런 현상이 뚜렷했다.

금 가격 움직임을 또 다른 안전자산인 채권금리 움직임과 비교해 보자. 그림 75를 보면, 2010년 이후부터 채권금리 상승과 금 가격 하락 시작이 거의 일치했다는 것을 알 수 있다. 2008년 글로

그림 76. 기준금리와 금 가격 변화

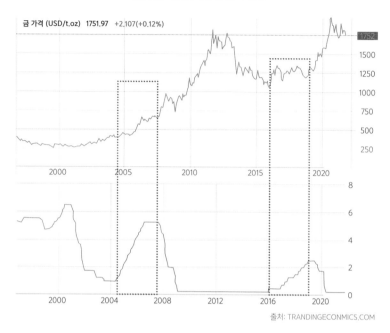

출처: TRANDINGECONMICS.COM

벌 금융위기 이후부터 채권금리 상승은 경제위기가 최악의 지점을 지났고 곧 기술적 반등이 시작될 것이라는 신호 지표로 작동하고 있었다. 금 가격도 비슷한 역할을 하고 있는 듯이 보인다. 그렇다면 금 가격은 언제 다시 상승할까? 혹은 언제가 금 가격 하락이 멈추는 시기일까? 그림 76은 기준금리와 금 가격 변화를 비교한 그래프다. 그림에서 보듯이, 연준이 기준금리 인상을 시작하면(긴축 3단계) 금 가격 하락이 멈추고 재상승 추세로 전환되었다. 기준금리 인상이 시작되면 안전자산 선호도가 서서히 살아나기 때문이다. 그러다가 경제위기가 발발하면 금 가격은 다시 치솟기 시작한다.

정리하면, 코로나19 이후 금 가격의 큰 방향은 인플레이션율 움직임과 비슷하게 움직일 것이다. 금 가격 트렌드는 채권금리 트렌드와 거의 비슷하다. 달러 가치가 상승하면 금 가격은 하락하는 추세로 전환될 것이다. 그리고 연준이 기준금리 인상을 시작하면 (긴축 3단계) 하락 추세가 멈추고 재상승 추세로 전환된다. 그러다가 경제위기가 발발하면 금 가격은 치솟기 시작한다.

원유 가격의
트렌드 패턴

그림 77은 전 세계 원유시장 시스템이 어떻게 작동되는지 한 눈에 보여주는 지도다. 원유 생산(공급)과 수요(소비)에 영향을 미치는 변수들(미국, 중국, 유럽 등의 원유 수요와 재고량, 석유수출국기구OEPC의 공급량, 미국 정부의 원유정책, 중동의 지정학적 위험 수준 등), 원유 가격에 영향을 미치는 달러 가치, 달러 가치에 영향을 미치는 연준의 기준금리, 미국과 중동 국가들의 석유전쟁 변수 등이 복잡하게 연결되어 있다. 주식시장에서는 '주가는 신도 모른다'는 격언이 있다. 글로벌 정유업계에서는 '신은 주가는 예측해도 유가는 모른다'는 격언이 있다고 한다. 원유 가격 예측이 주식가격 예측보다 어렵다는 말이다.

2008년 글로벌 금융위기 발발 직전에 원유 가격은 배럴당 140달러(브렌트유)를 돌파했다. 이제 곧 200달러까지 치솟을 수 있다는 전망이 나왔다. 하지만 그런 전망이 나오기가 무섭게 글로

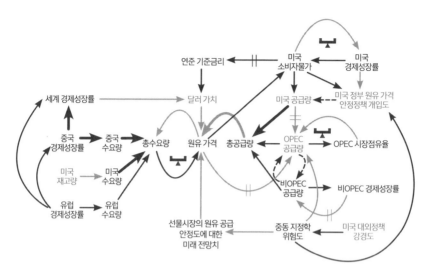

그림 77. 세계 원유시장 시스템 지도

벌 금융위기가 터지면서 원유 가격은 배럴당 40달러(브렌트유)까지 폭락했다. 코로나19가 발발하자 원유 가격이 0달러를 넘어 마이너스 가격이 되었다. 사상 초유의 일이었다. 코로나19 위기를 벗어나 경제가 빠르게 회복되기 시작하자 원유 가격은 무섭게 상승했다. 2021년 9월 말 기준으로 배럴당 75달러(브렌트)를 돌파했고, 2021년 겨울과 2022년 봄에 혹한이 강타하면 배럴당 100달러(서부 텍사스산 중질유WTI)를 쉽게 넘을 것이라는 전망까지 나왔다. 하지만 그런 전망을 그대로 받아들이기도 쉽지 않다. 그림 78에서 보듯이, 원유 가격이 워낙 도깨비처럼 움직이기 때문이다.

글로벌 원유시장을 움직이는 변수는 너무 많고, 원유는 국가 차원에서는 전략적 자산이기 때문에 수요공급의 법칙만을 따르지 않는다. 중요한 시점에는 정치적 영향력을 매우 크게 받는다.

그림 78. 원유 가격 변화 추이

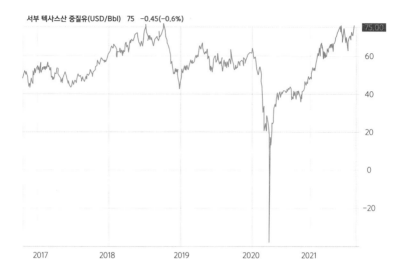

특히 기후 위기가 심각해지면서 바이든 행정부를 비롯해 유럽과 주요 선진국에서 '탈탄소 트렌드'가 거세게 일어나고 있다. 언뜻 보기에는 원유 가격 하락을 촉발하는 변수처럼 보인다. 하지만 실제로는 그렇지 않다. 선진국에서 탈탄소를 외치면서 신규 원유 시추를 중단했지만, 기존에 원유에 의존하던 시설이나 제품 등의 수요가 탈탄소 에너지를 사용할 준비를 마치는 시간 차이 때문에 원유 가격은 오히려 상승한다.

위드 코로나 국면이 확대되면서 전 세계 실물 수요가 강하게 회복되는 것도 국제유가 상승을 자극할 수 있다. 미국과 이란의 핵 협상, 미국 연준의 긴축정책 시행, 탈레반과 이란의 연합도 국제유가를 좌우할 변수가 될 수 있다. 전통 원유와 셰일 간의 석유 전쟁은 상수가 되었다. 이렇게 복잡하고 예측하기가 어렵다고 해

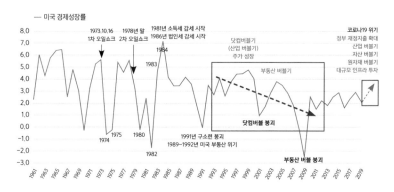

그림 79. 미국의 경제성장률과 원유 가격

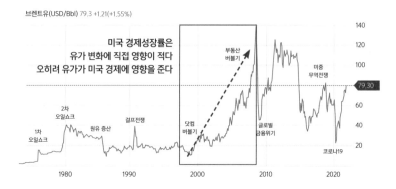

서 그냥 앉아서 하늘만 쳐다볼 수는 없는 일이다. 복잡하고 예측하기 어려운 원유 가격 변화에도 몇 가지 패턴이 존재한다. 필자는 이것들이 무엇인지 설명하면서 원유 가격의 큰 흐름(트렌드) 변화를 통찰할 수 있는 단초를 제시하려고 한다.

먼저, 생각보다 원유 가격에 영향을 미치지 않는 변수다. 필자가 소개하는 것은 두 가지다. 하나는 미국 경제성장률이다. 그림 79는 미국의 경제성장률과 원유 가격을 비교한 것이다. 특히 1993~2009년까지를 집중해서 보자. 해당 시기에 미국의 경제성장률은 꾸준히 하락했다. 하지만 원유 가격은 가장 높이 상승했다. 미국의 경제성장률과 원유 가격은 큰 상관관계가 없다. 미국 경제가 호황이 되어 원유 소비가 늘어나도 그런 상황이 원유 가격 상승에 큰 영향을 주지도 않는다.

생각보다 원유 가격에 영향을 미치지 않는 다른 하나는 달러 가치다. 달러 가치는 원유 가격에 큰 영향을 줄 것처럼 보인다. 하지만 실제는 부수적 변수에 불과하다. 달러 가치가 하락하면, (원유를 달러로 결제하기 때문에) 상품인 원유 가격은 상승한다. 달러 가치가 상승하면, 반대로 원유 가격은 하락한다. 이런 작동 원리 때문에 달러 가치 변화가 원유 가격 변화에 큰 영향을 주는 것처럼 이해된다. 하지만 달러 가치와 원유 가격이 반대로 움직이지만은 않는다. 1985년 이후에는 달러 가치가 크게 하락하지만 원유 가격도 하락했다. 2000년경에는 달러 가치가 상승하자 원유 가격도 상승했다. 더군다나 달러 가치와 원유 가격이 반대로 움직이는 시점에도 변동폭이 너무 차이가 난다. 2002~2003년부터 달러 가치가 크게 하락했는데, 원유 가격 상승은 미미했다. 2008년 글로벌 금융위기 당시에는 달러 가치 변동폭과 비교되지 않는 변동성을 보였다. 필자의 분석으로는 달러 가치 변화는 유가 변화에 영향을 주지만, 핵심 변수는 아니다.

그렇다면 원유 가격에 영향을 주는 핵심 변수는 무엇일까? 원유도 상품이다. 수요공급 법칙이 가격 변화에 가장 큰 영향을 준다. 필자의 분석으로는 정치, 중동 정세, 중국 수요가 수요공급에 가장 큰 영향을 주는 세 가지 핵심 변수다. 그림 80을 보자.

Part 2 · 긴축의 시대, 채권부터 부동산까지 투자시장의 미래

그림 80. 1970년대부터 지금까지 원유 가격의 주요 흐름

브렌트유(USD/Bbl) 79.3 +1.21(+1.55%)

공급 영역에 영향을 주는 사건과
중국의 과잉 성장이
유가 변화의 핵심 변수였다

중국
공급과잉기
시작

2011년 중동 민주화 시위
2012년 미국 이란 핵 갈등

2006년
OPEC 감산

유럽
금융위기

미중
무역전쟁

79.30

부동산
버블기

2차
오일쇼크

걸프전쟁

닷컴
버블기

2008년
OPEC 감산

원유 증산

1차
오일쇼크

글로벌
금융위기

2016년
OPEC 감산

OPEC 공급과잉

아시아 외환위기

9·11테러

셰일 혁명
시작

셰일 전쟁

코로나19

1980   1990   2000   2010   2020

1970년부터 최근까지 원유 가격 전체 흐름을 보면, 공급 부족을 만드는 사건이 발생하면 원유 가격은 상승했다. 반대로 수요 부족을 만들 사건이 발생하면 원유 가격은 하락했다. 원유의 수요공급에 영향을 주었던 세 가지 변수를 차례로 살펴보자.

첫째, 정치적 판단이다. OPEC의 정치적 판단(전통 원유의 감산 혹은 증산)과 미국의 정치적 판단(셰일의 감산 혹은 증산, 미국에서 시추하는 전통 원유의 수출량 판단, 탈탄소 에너지 지원 속도 판단)이 핵심 요인이다. 그림 80을 보자. 2015년부터 미국에서 셰일오일 생산량이 급증하면서 OPEC의 전통 원유와 미국의 셰일오일 간에 공급 전쟁이 벌어졌다. 그러면서 원유 가격이 순식간에 폭락했다. 참고로, 원유 가격 역사를 보면 공급과잉이 발생할 때마다 가격이 폭락했다.

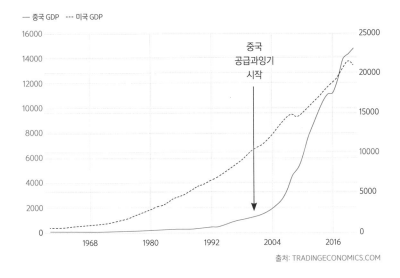

그림 81. 미국과 중국의 GDP 성장 추세 비교

— 중국 GDP   ··· 미국 GDP

중국
공급과잉기
시작

출처: TRADINGECONOMICS.COM

둘째, 중동 정세다. 중동 정세가 불안하면 유가는 상승한
다. 1, 2차 오일쇼크는 이스라엘과 중동 국가들의 전쟁이 원인이
었다. 걸프전이 벌어질 때도 원유 가격이 일시적으로 폭등했다.
2011~2012년, 유럽 금융위기로 세계경제가 침체에 빠져 있었지
만, 중동에서 민주화 시위가 일어나고 미국과 이란이 핵 갈등을
빚자 원유 가격은 고공 행진을 했다.

셋째, 중국의 과잉생산이다. 중국이 갖는 엄청난 수요 규모는
단일 수요로 원유 가격을 움직일 수 있는 변수다. 중국 GDP 성장
추세와 미국 GDP 성장 추세를 비교한 그림 81을 보자. 미국 GDP
는 선형에 가깝게 늘어난다. 하지만 중국은 아시아 외환위기와 닷
컴버블 붕괴가 끝난 이후부터 비선형 곡선을 그리면서 폭발적으
로 늘어났다. 같은 시기에 원유 가격도 이 시점부터 비선형 곡선

을 그리면서 폭발적으로 상승한다.

이와 같은 패턴은 무엇을 의미할까? 2022~2024년 원유 가격 예측은 일상적인 수요공급 법칙에 따라 움직이는 것을 기본적인 기준으로 삼아야 한다. 미국 경제가 호황기를 달리면서 발생하는 추가 수요 증가는 약간의 추가 가격 상승을 유도하는 변수 정도로 생각해야 한다. 미국 경제회복이라는 변수는 원유 가격에 이미 대부분 반영되었기 때문이다. 오히려 미국 경제 상황보다 기후변화로 인한 선진국의 겨울철 기온 급강하를 더 큰 요인으로 반영하는 것이 낫다. 2022년 상반기에 신흥국에 백신 보급이 확대되면, 세계경제도 회복 속도가 빨라진다. 이것은 '잠시 동안' 원유 가격 상승 요인으로 비춰지고 투자심리를 자극할 것이다. 하지만 이런 심리는 긴축과 달러 강세로 곧바로 상쇄될 수 있다. 달러 가치 강세는 원유 가격 하락에 지속적인 영향을 미칠 수 있다. 그러나 달러 가치 변화도 원유 가격 변화에 부수적인 변수라는 것을 기억해야 한다. 가장 큰 변수는 OPEC과 미국의 정치적 판단이다. 이들이 어떤 정치적 판단으로 공급량에 변화를 줄 것인가를 가장 우선적으로 예측해야 한다.

그다음으로는 중국의 수요 회복이다. 중국은 당분간 구조조정을 계속 시도할 가능성이 높다. 아시아 외환위기와 닷컴버블 붕괴 이후 중국이 보여주었던 과잉생산 추세로의 복귀는 당분간 기대하지 않는 것이 좋다. 코로나19 이전부터 중국의 가계, 기업, 정부 부채는 GDP 대비 비율과 총규모에서 모두 매우 빠른 증가세를 기록 중이다. 2020년 기준으로 중국의 가계, 기업, 정부 부채를 모

두 합한 총부채 규모는 GDP 대비 276.8%다(인민은행 자료).**34** 중
국 국가금융발전연구실NIFD에 따르면, 2019년 6월 중국 총부채
비율은 249.5%로 10년 만에(2009년 6월 166.4%) 83%p가량 증가했
다. 매년 10%p씩 증가하는 속도다. 중국 정부의 고강도 부채 절감
노력으로 총부채 비율은 2017년 말 244%에서 2018년 말 243.7%로
약간 감소했지만, 코로나19 기간 동안 다시 상승했다.

　　하지만 중국 정부의 이런 발표 자료조차도 그대로 믿는 해
외 전문가들은 많지 않다. 중국 부채 규모가 더 심각하다는 의미
다. 국제금융협회IIF는 중국 총부채 비율을 2019년 3월 말 기준으
로 303%로 추정했고, 글로벌 투자은행 맥쿼리Macquarie는 최소
350%를 넘었을 것으로 추정했다. 중국의 숨겨진 부채인 그림자금
융 규모도 만만치 않다. 글로벌 신용평가사 스탠더드앤드푸어스
S&P는 중국 지방정부의 숨겨진 부채가 2017년에 중국 GDP의 60%
규모일 것으로 추정했다. 2021년 9월, 중국 2위 부동산개발 기업
인 헝다가 엄청난 부채를 견디지 못하고 파산 위기에 빠졌다. 중
국 정부는 헝다를 제외한 다른 부동산개발 기업들은 건전하다고
강조한다. 하지만 믿을 수 있는 말이 아니다. 중국의 부동산 시장
에 유입된 그림자금융 규모는 제도권 은행 총대출 규모의 20%에
달할 것으로 추정된다.**35** 그림자금융은 부실 발생 가능률이 대략
20~25% 사이로 추정되어 위험성이 매우 높다. 중국 정부가 그림
자금융 단속을 강화해서 2018년에는 일시적으로 감소세로 전환되
었지만, 2019년부터는 다시 상승하고 있다.

　　중국 정부의 재정적자 규모도 2015년부터 빠르게 증가하기

시작했다. 2018년, 미중 무역전쟁이 시작되자 중국 정부의 재정적 자는 4.2%까지 증가했다. 기업이익이 감소하고 소비시장 성장이 기대보다 늦어지자, 중국 정부가 신규 일자리를 계속 창출해내기 위해 정부 재정을 풀어 방어에 나서야 했기 때문이다. 이런 모든 상황들을 몇 년 더 방치하면 중국 경제는 외부의 작은 충격에도 금융 시스템 전체가 흔들리는 심각한 위기에 빠질 수 있다. 결국, 중국 정부가 선택할 수 있는 카드는 '선제적 구조조정'이다[중국의 긴축과 선제적 구조조정에 따른 미래 변화에 대해서는 필자의 다른 책《바이든 시대 4년, 세계경제 시나리오》(2021, 김영사)를 참고하라].

　필자의 예측으로는 바이든 행정부 4년 동안 중국 정부의 재정정책은 '확장' 유지, 통화정책은 '긴축', 산업정책은 '구조조정'이 기본이 될 것이다. 바이든 행정부 4년 동안에 중국 정부가 선제적 구조조정을 지속할 이유가 더 있다. 미국의 기준금리 인상이다. 연준이 긴축정책으로 전환하면, 신흥국에서는 자본 이탈이 일어난다. 중국도 예외가 아니다. 중국은 미래 기대감과 경제 규모가 커서 연준이 기준금리 인상을 시작해도 한순간에 자산시장과 금융시장이 붕괴될 가능성은 낮다. 하지만 일정 수준의 충격은 받는다. 중국의 기업과 가계 부채 문제는 안전한 상황이 아니다. 중국 경제의 펀더멘털도 예전 같지 않다. 부동산 가격 버블은 중국 인민의 분노와 좌절감을 극에 달하도록 만들고 있다. 이런 상황에서 금융과 자산시장, 실물경제에서 충격이 발생하면 중국 정부의 정책 선택 폭이 제한될 수밖에 없다. 미중 패권전쟁 수행에도 불리해진다.

중국 기업 부채도 심각하다. 세계 최고 수준이다. 2019년 3분기 기준, 중국 기업 부채는 GDP 대비 150%가 넘는다. 70% 수준인 미국과 비교하면 2배가 넘는다. 코로나19 이후, 중국 비금융 기업 부채 비율은 GDP 대비 160.3%까지 증가했다.[36] 중국 기업 부채는 GDP 대비 비율과 총금액 모두 미국을 앞선다. 총금액만으로는 전 세계 최고다. 고차용채무highly leveraged debt 비율도 전 세계에서 가장 높다. 2020년 한 해에도 중국 중앙은행이 시중은행에 있는 부실채권을 매입하여(자산매입 방식) 3.1조 위안(540조 원)의 부실을 뒤처리했다. 중국 정부도 기업 부채에 대한 우려가 높다. 미국이 기준금리를 인상하면, 중국 기업 부채 위기가 도마 위에 오를 가능성이 높다. 2021년 9월, 헝다 파산 가능성이 대두되자 중국 정부가 '대마불사'는 없다고 선언하면서 질서 있는 파산을 유도하겠다고 한 것도 선제적으로 위기에 대응하려는 고육지책이다.

사실, 중국 정부는 2016년부터 경제성장률 하락을 감내하면서 기업 구조조정을 시작했다. 은행 대출을 조정하고 부실기업의 돈줄을 묶어서 파산시키거나 정부가 직접 개입하여 기업 간 인수합병을 유도했다. 중국 상장기업 중 70~80%는 국영기업이다. 상해증권거래소는 80% 이상 국영기업이다. 중국 정부는 국가가 최대 지분을 보유한 국영기업들을 강제로 합병한 후, 국영은행 대출을 통해 숨통을 터줬다. 중국 정부는 베이징 북대방정그룹, 융청석탄, 칭화유니그룹 등 신용등급이 'AAA'를 받을 정도로 우량한 국영기업들도 강제로 합병시키고 있다. 중국 정부는 개인과 민간기업의 대출 부문에서도 지속적으로 '긴축' 정책을 고수 중이다.

필자의 분석으로는 앞으로 2~3년 동안 중국 정부가 구조조정 속도를 더 높이고 긴축을 강화하지 않으면, 미국이 기준금리를 인상한 이후 금융 시스템에 심각한 균열이 일어나고 최악의 경우 외환위기에 빠질 수도 있다. 2021년 9월 기준으로 중국 외환보유고는 3조 2,320억 달러 정도다. 2015~2016년처럼 단기간에 8,500억 달러 정도 외환보유고 감소가 다시 발생하면 곧바로 외환위기 상황에 빠지게 된다. 헝다 사태 이전부터 중국 경제에 대한 외국자본의 기대감이 추락하고 있다. 필자의 분석으로 중국 외환보유고의 마지노선은 2조 5천억 달러 선이다. 현재 기준으로 7천억 달러 정도 여유밖에 없다(일부에서는 1조 8천억 달러를 마지노선으로 보는 견해도 있다). 다시 한번 강조하지만, 바이든 행정부 4년 내내 중국은 구조조정을 계속 시도할 가능성이 높다. 중국이 아시아 외환위기와 닷컴버블 붕괴 이후 보여주었던 과잉생산 추세로의 복귀도 당분간 기대하지 않는 것이 좋다. 중국에서 과잉생산이 재개되지 않은 한, 글로벌 원유시장에서 중국의 수요 회복이 빠르게 증가할 가능성은 낮다.

그림 82는 중국 경제 구조조정기의 시스템 작동 모습이다. 경제 작동 구조는 똑같지만, 강화되는 영역이 중국 경제 전성기 시절과 다르다. 시중에는 유동성이 너무 많고, 미국 등 해외 자산 투자의 안정성과 수익률이 높아지면서 달러 유출이 늘어나며, 위안화 가치는 변동성이 커지고 불안정해진다. 수출경쟁력은 약화되고, 중국 경제에 대한 기대감은 예전만 못해서 해외 자본 유입이 줄어들며 외환보유고가 감소한다. 외환보유고 감소를 그대로 방

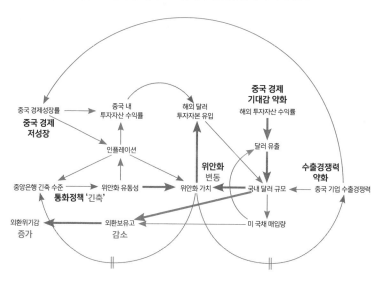

그림 82. 중국 경제 구조조정기의 위안화 강세와 약세 반복

치하면, 연준이 기준금리를 인상하여 신흥국에서 달러 자본 이탈
이 발생할 경우에 외환위기감이 커지는 원인이 된다.

마지막으로 중동 정세다. 2021년 8월 31일 아프간 주둔 미군
철수를 완료한 다음 날, 조 바이든 대통령은 대국민 연설을 통해
아프간전쟁 종료 의미를 "다른 나라들을 재건하려는 중대한 군사
작전 시대의 종료"라고 규정했다. 앞으로 미국은 군사력으로 중
동을 비롯한 타국에 미국식 자유민주주의를 이식하려는 노력을
하지 않겠다는 선언이었다. 미국이 중동과 중앙아시아에서 발을
빼는 선택을 내린 결정적 이유는 두 가지다.

첫째, 셰일 혁명이다. 2007년, 미국에서 '셰일 혁명'이 시작되
었다. 셰일 혁명은 석유와 천연가스의 중동 의존도를 낮추는 결정
적 계기가 되었다. 2012년, 오바마 대통령은 연두교서에서 "미국

은 100년간 쓸 수 있는 천연가스를 보유하고 있다."고 자랑했다. 셰일 혁명 덕택에 미국은 중동 정세가 불안해져도 1970년대 '석유 파동' 같은 위기를 더 이상 겪지 않을 수 있다는 계산이 섰다. 미국 인의 1인당 에너지 소비량이 줄어드는 것과 탈탄소 에너지 정책 도 부수적인 이유였다. 곧 미국은 '에너지 자급자족'에 성공한다. 실제로, 미국은 셰일 혁명 이후 이라크와 시리아에서 발을 뺐다. 아프간도 전략적 가치가 떨어졌다. 이것이 미국 국익에 도움이 되 지 않는 전쟁이라고 계산하게 된 이유 중 하나다. 둘째, 미중 패권 전쟁의 시작이다. 미국이 중국을 견제해야 할 최우선 국가로 보는 이유는 두 가지다. 하나는 중국이 미국의 패권국 자리를 노리기 때문이다. 다른 하나는 미국 경제에 있어서 유럽과 지중해, 중동 의 가치는 하락하고, 아시아와 태평양의 가치는 높아지고 있기 때 문이다.

미국이 아프간에서 발을 뺀 사건은 장기적으로는 미국의 국 익에 부합할 수 있다. 하지만 상당 기간은 중동의 정치적 불안정 성을 증가시키는 요인이 된다. 당장 아프간 정세가 불안해졌다. 아프가니스탄에서 미국의 실패와 중동에서 미군의 영향력 약화 로 이슬람 극단주의 테러리스트 그룹들도 다시 고무될 것이다. 바 이든 행정부가 이란과의 관계 개선에 나설 것이지만, 미국과 이란 의 갈등이 다시 높아질 가능성은 얼마든지 열려 있다. 이란과 탈 레반이 연합하는 것도 새로운 위험 요소다. 이런 잠재적 위험들은 언제든지 중동의 원유 가격을 폭등시킬 시한폭탄이다. 미국이 셰 일 혁명과 에너지 자립이라는 힘을 등에 업고 중동의 전략적 가치를 낮춘 것과 국제유가는 별개 문제다. 미국을 제외한 모든 나라들은 앞으로도 수십 년 동안 중동산 원유에 목을 매야 한다. 특히 도시화가 몇십 년은 더 지속되어야 하고, 1인당 에너지 소비량도 계속 늘고 있는 중국이나 인도는 중동산 원유가 절실하다.

원유시장,
단기 예측

　　원유 가격에 영향을 주는 이런 핵심 변수들을 반영하면서 원유시장의 단기, 중기, 장기 미래를 예측해 보자. 먼저 6~12개월 이내 단기적 전망이다. 최소한 2022년에도 상당한 기간 동안 글로벌 공급망 회복이 늦어지고, 물류비용 및 유통비용의 증가가 지속되며, 인건비 부담도 지속되면서 인플레이션 상승 압박이 계속될 가능성이 높다(2021년 9월 말, 파월 연준 의장은 그동안 인플레이션 압력이 단기에 그칠 것이라는 주장을 꺾고, 인플레이션 압력이 생각보다 오래 지속될 가능성을 인정했다).

　　2021년 한 해는 원유를 비롯한 각종 원자재 가격이 기술적 상승(리바운드 현상)을 했던 시기였다. 보통, 원유를 비롯한 각종 원자재 가격의 기술적 상승은 6~12개월 정도 지속되다가 '자연스럽게' 위기 이전 평균가격으로 수렴(하락)을 시작한다. 하지만 2022년에도 인플레이션 압력이 절정을 유지하는 시간이 길어지

그림 83. 2012년~현재까지 원유 가격 변화 추이

서부 텍사스산 중질유(USD/Bbl) 74.99 −0.46(−0.61%)

면, 원유 가격이 코로나19 이전의 평균가격으로 수렴하는 시점이 늦춰진다. 원유 공급자인 OPEC 입장에서는 싫지 않은 상황이다.

코로나19 이전 OPEC과 셰일 기업이 '오일 전쟁'을 벌일 때는 원유 가격이 상승하면 미국의 셰일 기업이 공급량을 늘려서 원유 가격을 하락시켰다. 원유 가격이 하락하면, 공급자 입장에서는 공급량을 줄여(감산) 원유 가격을 다시 끌어올려야 한다. 그러나 당시에 OPEC은 글로벌 시장점유율을 잃지 않기 위해 공급량을 줄이지 않고 원유 가격 하락을 용인하는 정치적 선택을 했다.

하지만 최소한 2022년은 상황이 다르다. 바이든 행정부는 탈탄소 에너지 산업은 지원하고 환경에 부정적 영향을 미치는 전통 원유와 셰일 산업에 대한 지원을 줄이는 정치적 선택을 하고 있다. 코로나19 위기 동안 원유 가격 급락 충격에서 수많은 셰일 기업들이 파산했고, 살아남은 기업조차도 더딘 생산 회복을 보이고 있다. 미국 경기가 추가 회복되더라도 미국 내 원유 공급이 '단기적으로' 크게 증가하지 않을 수 있다는 의미다.

신규 채굴로 발생하는 공급량 증가 가능성도 적다. 현재, 에너지 산업에 투자되는 자금의 상당 부분이 재생에너지에 집중되고 있다. 그만큼 석유 개발 등 화석에너지에 대한 투자는 줄어들었다. 글로벌 에너지 컨설팅 전문기업인 우드 맥킨지의 분석에 의하면, 2014년 8,070억 달러(약 929조 원)에 달했던 전 세계 석유 채굴 투자액은 2020년에는 3,290억 달러(약 379조 원)로 감소했다.[37] 또한 원유 가격이 급등하면서 인플레이션 압력을 키우자 바이든 대통령은 OPEC에 증산을 서두르라고 정치적 압력을 넣고 있다. 하지만 OPEC 입장에서는 증산을 급격하게 서둘러서 원유 가격을 스스로 대폭 하락시킬 이유가 전혀 없다. 국제적 압력이 커지더라도 자신들에게 최대한 이익을 보장해 주는 수준에서 증산 속도를 조절하며 움직일 가능성이 높다. 단기적으로 이런 추세가 유지되면, 달러 가치가 강세로 돌아서도 원유 가격에 큰 영향을 주지 않는다. 지지부진한 글로벌 공급망 회복, 물류비용 및 유통비용의 증가, 인건비 부담 지속, 인플레이션 상승 압박 등이 달러 가치 강세 경향을 상쇄할 가능성이 높기 때문이다.

그리고 2022년 한 해는 세계경제가 추가 회복 국면으로 들어간다. 특히 2021~2022년 봄까지 북반구 선진국 겨울이 평년보다 훨씬 추운 기온으로 떨어질 경우, 에너지 소비량도 이전보다 증가한다. 공급량은 느리게 증가하는데 단기적으로 수요는 크게 증가

한다. 탈탄소 에너지 정책에 가속을 붙이고 있는 유럽에서는 최근에 풍력발전 부진으로 천연가스 수요가 급증했다. 그 결과 유럽에서 천연가스 공급량이 수요를 따라가지 못하면서 그 공백을 원유로 메울 수밖에 없게 된 상태다. 이런 상황은 2021~2022년 봄까지 지속될 가능성이 높다. 이런 이유들로 뱅크오브아메리카는 2021~2022년 겨울철 석유 공급 부족이 하루 200만 배럴을 넘을 수도 있다고 전망했다.[38] OPEC+가 자진해서 감산량을 추가로 크게 줄여 원유 공급을 늘리는 정치적 선택을 할 가능성은 낮다.

원유시장, 중기 예측

    2~3년의 중기 전망은 어떨까? 먼저, 원유 가격이 코로나19 이전 평균가격으로 수렴하는 게 늦춰지긴 하지만 그 기간이 매우 길지는 않을 것이다. 빠르면 2022년 중후반부터(늦어도 2023년 초부터) 원유를 비롯해 각종 원자재와 상품 가격이 평균가격으로 수렴되기 시작할 가능성이 높다. 백신접종에 가속도가 붙으면서 전 세계경제가 회복 추세로 빠르게 전환되고, 원유 가격이 위기 이전 평균가격으로 수렴하는 추세가 시작되면 증산 규모를 놓고 OPEC+ 내에서도 의견 충돌이 커질 것이다.

    이 시점에서 바이든 행정부가 에너지 가격 안정을 위해 중요한 정치적 선택을 내리면 원유 가격의 평균가격 수렴 속도가 매우 빨라질 수도 있다. 미국은 2022년 11월 8일에 상원 100석 중 34석, 하원 전체, 주지사 50개 중 34개를 선출하는 중간선거를 치른다. 바이든 행정부와 여당인 민주당은 후반기 국정 운영은 물론이고

2024년에 치뤄질 대통령 선거에서 정권 재창출 가능성을 높이기 위해 2022년 중간선거에 총력을 다해야 한다. 전통적으로 미국의 중간선거 승패를 좌우하는 요인은 '민생'이다. 민생의 척도는 경제성장률, 일자리, 인플레이션율이다. 원유 가격은 인플레이션율을 비롯해서 기업과 가계의 에너지 비용과 직결된다.

바이든 행정부와 민주당 입장에서는 2022년 여름 휴가철부터는 에너지 비용 안정이 절실하다. 바이든 행정부가 셰일 산업 지원을 중단한 상태이기 때문에 미국 밖에서 원유 증산을 유도해야 한다. 가장 현실적인 대안은 바이든 대통령이 이란, 베네수엘라, 아프가니스탄 등과의 정치적 관계 개선을 통해 경제제재를 풀어서, OPEC과 비회원 주요 산유국 사이에 증산 규모를 놓고 갈등을 심화시키는 전략 구사다. 과거에 미국은 사우디아라비아와 정치적 관계를 통해 사우디와 러시아 간 원유 증산 경쟁을 멈추거나, 강력한 경제제재를 통해 세계 최대 석유 매장국인 베네수엘라와 이란의 원유 수출을 틀어막아 글로벌 원유 공급량을 조절한 바가 있다.

2022년 11월 중간선거 이전에, 바이든 행정부가 과거와 정반대의 정치적 선택을 통해 글로벌 원유 공급량을 늘려 원유 가격 안정을 유도할 가능성도 충분하다. 바이든 대통령은 이란과 베네수엘라와의 외교관계 정상화를 공약으로 내걸었다. 중간선거 전에 공약 이행을 위한 가시적 행보도 필요하다. 바이든 행정부가 이런 정치적 선택을 실제로 단행하면, 원유 가격의 40~50% 하락도 충분히 유발하는 변수가 된다. 전 세계 원유 생산량은 하루 1억

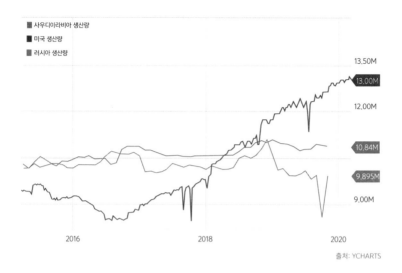

그림 84. 사우디아라비아, 미국, 러시아의 원유 생산량 추세

■ 사우디아라비아 생산량
■ 미국 생산량
■ 러시아 생산량

13.50M

13.00M

12.00M

10.84M

9.895M

9.00M

2016   2018   2020

배럴 정도다. 하지만 미국과 영국 투자시장에서 거래되는 원유 규모는 하루 10억 배럴이 넘는다. 정유시설이나 저장탱크가 없지만 원유 선물 차익거래를 노린 투자가 엄청나다는 의미다.

2020년 3월 코로나19가 전 세계를 강타했을 때, 원유 가격이 마이너스를 기록하는 초유의 사태가 벌어졌다. 전 세계 경제봉쇄가 일시에 일어나면서 원유 가격이 폭락을 거듭하자 원유 선물 만기일에 청산이나 차월물로 롤오버(변경)에 실패한 물량이 쏟아졌다. 결국 원유 선물 투자자들이 실물 원유를 인수해야 하는 어처구니없는 상황이 발생했고, 정유시설이나 저장탱크가 없는 선물 투자자들이 실물 원유를 마이너스 가격이라도 되파는 거래를 해야 했다. 국제 원유시장이 이런 구조를 가지고 있기 때문에 작은 변수 하나에도 가격이 크게 출렁인다. OPEC이나 미국 정부의 정치적 선택은 작은 변수 정도가 아니다.

　부가적으로 셰일 기업의 회복도 정해진 미래다. 바이든 행정부가 화석연료 기업에 연방보조금 지원을 중단하고 연방 소유 토지에서 신규 시추를 허용하지 않기로 했지만, 추가로 강한 규제를 하기에는 부담이 크다. 미국 석유산업이 몰락하면 다른 산유국에게만 유리하며, 2022년 11월 중간선거와 2024년 대통령 선거에서 셰일 지역을 포함한 석유 벨트 일자리 문제가 선거 승패를 좌우하는 핵심 이슈 중 하나이기 때문이다. 참고로 미 석유연구소API에 따르면 에너지 부문은 미국 GDP와 고용의 각각 7.6%, 5.6%를 차지한다. 셰일 채굴의 손익분기점은 평균 45달러 내외까지 하락했다. 하지만 여전히 전통 원유의 채굴 손익분기점보다 높다. 사우디아라비아는 원유 1배럴 생산에 10달러 정도의 채굴 비용만 쓴다. 셰일 채굴 기술이 빠르게 발전해도 손익분기점이 높은 이유는 셰일은 유정油井 개발 후 약 2~3년이 지나면 생산량이 급격히 하락하고, 원유에 비해 수송 인프라가 부족하기 때문이다.

　하지만 원유 가격이 고공 행진을 계속하면 셰일 기업도 기지개를 펼 수 있다. 또한 셰일 기업이 전열을 재정비하고 중동의 전통 원유와 공급 경쟁을 다시 재개하면 원유 가격 상승 추세에도 제동이 걸린다. 그림 84는 사우디아라비아, 러시아, 미국의 원유 생산량 추세를 비교한 것이다. 미국의 생산량이 지속적으로 상승 중이다. 미국의 생산량 증가는 중동산 원유 가격의 하락 요인으로 작용한다.

원유시장,
장기 예측

원유 가격의 장기적 전망은 어떨까? 조 바이든 행정부는 세일 오일 개발규제와 친환경 에너지 투자 확대 공약을 실행 중이다. 2024년 대선에서 민주당이 정권 재창출에 성공하면 바이든 행정부의 탈탄소 에너지 정책은 지속된다. 트럼프가 재선에 성공하면 셰일 산업에 대한 개발규제를 풀고 정부 지원도 재개하겠지만, 친환경 에너지 트렌드까지 바꿀 수는 없다. 탈탄소, 친환경 에너지로의 전환은 전 세계 산업계도 동참을 결정한 사안이다. 유럽, 중국, 미국을 비롯해서 OECD 대부분의 국가들이 2030~2050년 사이에 탄소중립 목표를 완료하겠다고 선언했다. 그림 85를 보자. 대표적인 친환경 에너지인 태양광의 발전 단가는 1976년 대비 99%로 감소했고, 신규 발전량의 40% 이상이 태양광과 풍력발전에서 일어나고 있다. 탈탄소, 친환경 에너지는 이제 거스를 수 없는 메가 트렌드다.

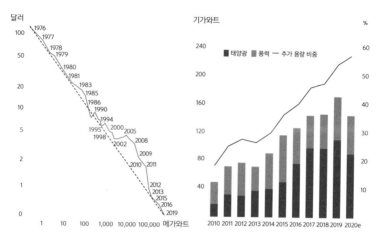

그림 85. 줄어드는 태양광발전 단가(왼쪽),
늘어나는 태양광과 풍력발전 비중(오른쪽)

출처: Lafond et al. via Our World in Data 12/01/20, Bloomberg 06/24/20

출처: IEA, 06/18/20

　　탄소 배출 주범으로 지목된 자동차업계도 전기차나 수소차 생산량 확대에 속도를 내고 있다. 현대 제네시스는 2025년부터 신규 생산 모델 전체를 전기차로만 생산하고, 2030년부터는 기존 내연기관차 연식 변경 모델 판매도 전면 중단하겠다고 발표했다. 폴크스바겐도 2030년까지 신규 판매 절반 이상을 전기차로 구성하겠다고 선언했고, 볼보는 2030년부터 내연기관차 신규 생산을 중단하겠다고 선언했다. 미국의 3대 자동차업체인 GM, 포드, 크라이슬러도 2030년에는 신차 판매의 40~50%가 전기차가 되기를 희망한다고 했고, 이 중 GM은 2035년부터 내연기관차 신규 생산 중단 계획을 발표했다.

　　하지만 이런 모든 행동과 계획이 원유 시대의 종말을 의미하지는 않는다. 석탄은 원유 이전 시대에 최고의 에너지 자원이었

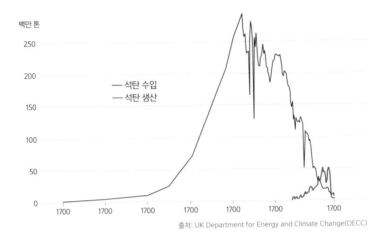

그림 86. 영국(위)과 미국(아래)의 석탄 생산량 변화

백만 톤

— 석탄 수입
— 석탄 생산

출처: UK Department for Energy and Climate Change(DECC)

백만 쇼트톤

2007년 석탄 소비 정점
2008년 석탄 생산 정점

— 생산량
— 소비량
— 수출량

2012년 석탄 수출 정점

출처: US Energy Information Administration, *Monthly Energy Review*

다. 우리는 지금 석탄의 종말 시대를 산다고 생각할 수 있다. 정말 그럴까? 그림 86은 영국과 미국의 석탄 생산량 변화를 나타낸 것이다. 영국의 석탄 생산량은 20세기 초반을 정점으로 계속 감소했다. 하지만 미국의 석탄 생산량은 2008년에나 정점에 도달했다. 전 세계 석탄 생산량도 2030년경에나 정점에 도달하고 감소 추세

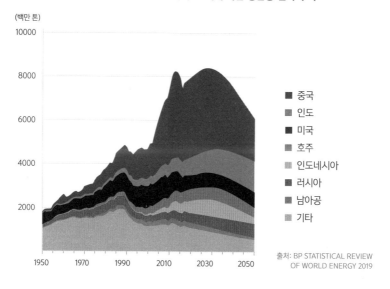

그림 87. 1950~2050년까지 전 세계 석탄 생산량 변화 추이

(백만 톤)

- 중국
- 인도
- 미국
- 호주
- 인도네시아
- 러시아
- 남아공
- 기타

출처: BP STATISTICAL REVIEW OF WORLD ENERGY 2019

로 꺾인다(그림 87 참조).

　석탄 가격도 여전히 강세다. 그림 88은 석탄 가격 상승률을 금과 비교한 자료다. 투자자 입장에서 보면, 석탄 투자가 금 투자보다 낫다. 그래서 요새는 석탄을 '검은 금Black Gold'이라고 부를 정도다. 2021년 9월, 중국의 부동산개발 기업인 헝다의 파산 문제가 부각되면서 중국발 금융위기 가능성 논쟁이 일어났다. 하지만 세계 언론은 중국의 진짜 위기는 '헝다 사태'가 아니라 '전력난'이라고 지적했다. 같은 기간에 중국의 주요 도시들은 신호등도 제대로 켤 수 없는 사상 최악의 전력난을 겪고 있었다. 광둥성을 비롯해 애플과 테슬라에 제품을 공급하는 공장들도 가동이 일시 중단되었다. 원인이 무엇이었을까?

　2020년 10월 중국은 호주 정부가 미국이 주도하는 화웨이 규

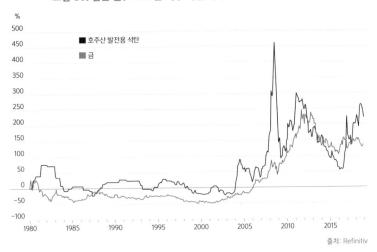

그림 88. 검은 금? 1980년 이후 석탄 가격과 금 가격 상승률 비교

제와 코로나19 기원에 대한 중국 책임론 제기 등에 동참한 것을 보복하는 차원에서 호주산 석탄 수입을 금지했다. 하지만 2021년에 들어서면서 중국 내 코로나19 상황이 안정되고 산업용 전력 수요가 늘어나자 발전용 석탄 공급 부족에 빠지고 말았다. 중국의 보복 규제 이전에 호주산 석탄은 중국 발전용 석탄의 50% 이상을 차지했다. 천하의 고자세로 주변국에 경제보복을 일삼던 중국이 호주산 석탄 때문에 곤경에 빠진 것이다. 석탄 시대의 종말을 고한 지 거의 100년이 다 되어가지만, 석탄의 생존력과 지배력은 여전히 강력하다.

필자는 석유 종말 선언이 나오더라도 석유가 최소 50년 이상 에너지 시장에서 영향력을 유지할 가능성이 높다고 본다. 그림 89, 90, 91을 보자. 코로나19 이전까지도 전 세계 에너지 시장에서 원유가 차지하는 규모는 계속 증가 중이었다. 미래에는 어떻게 변할

그림 89. 2019년 이전까지 전 세계 에너지 시장 변화 추이

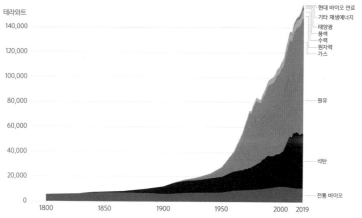

출처: Vaclav Smil (2017) and BP Statistical Review of World Energy

그림 90. 에너지 믹스ENERGY MIX 변화 추이

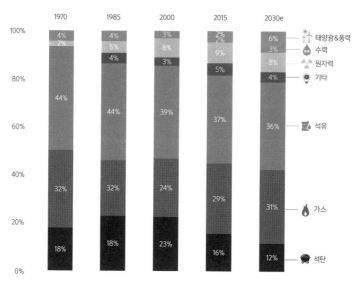

출처: EIA, WORLDOMETERS, VISUALCAPITALIST.COM

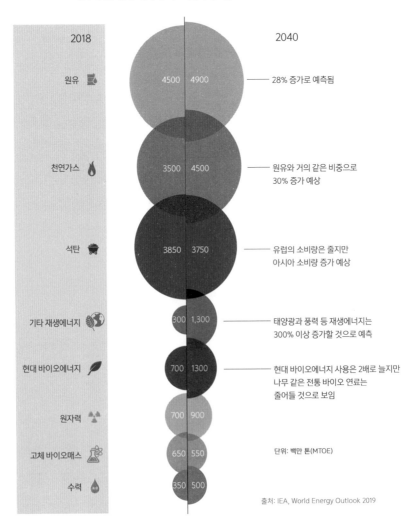

그림 91. 전 세계 에너지 믹스 변화 추이, 2018년 VS. 2040년

2018

2040

원유 4500 4900 ─── 28% 증가로 예측됨

천연가스 3500 4500 ─── 원유와 거의 같은 비중으로 30% 증가 예상

석탄 3850 3750 ─── 유럽의 소비량은 줄지만 아시아 소비량 증가 예상

기타 재생에너지 300 1,300 ─── 태양광과 풍력 등 재생에너지는 300% 이상 증가할 것으로 예측

현대 바이오에너지 700 1300 ─── 현대 바이오에너지 사용은 2배로 늘지만 나무 같은 전통 바이오 연료는 줄어들 것으로 보임

원자력 700 900

고체 바이오매스 650 550 단위: 백만 톤(MTOE)

수력 350 500

출처: IEA, World Energy Outlook 2019

까? 2030년경이 되어도 미국의 에너지 총소비에서 원유가 차지하는 비중은 36%다. 1970년과 비교하면 8%p 줄었지만, 2015년과 비교하면 감소율이 1%p에 불과하다. 전 세계로 범위를 넓혀도 마찬

가지다. 2040년에도 전 세계 에너지 총소비에서 원유가 차지하는 비중은 28%이고, 규모로도 가장 많다.

한편, 풍력, 태양광 등 천연에너지의 경우 1년 내내 안정적인 에너지 공급이 쉽지 않다. 2021년 가을과 겨울, 유럽에서는 천연가스와 원유 가격이 치솟았다. 원인은 풍력발전량 부족이다. 영국은 전체 발전량의 25%를 풍력에 의존한다. 하지만 바람이 많이 불지 않아 풍력발전량이 줄어들면서 전력공급에 문제가 생겼다. 영국은 일조량도 좋지 않아서 태양광발전도 효율성이 떨어진다. 이런 상황은 유럽 대부분의 국가에서 비슷하다. 바람과 일조량이 적은 해에 폭염이나 이상 한파까지 겹치면 전력난이 심각해지면서 냉난방용 천연가스 수요가 급증한다. 이런 약점을 이용해 러시아가 유럽 길들이기를 위해 천연가스 수출량을 조절하는 정치적 선택을 하면 천연가스 가격 상승 불똥이 원유 가격 상승까지 옮겨 붙는다. 천연에너지 의존도가 높아질수록 이런 구조는 강화될 수밖에 없다.

2022~2025년, 부동산 투자 트렌드의 핵심 변수

어느 나라를 막론하고 부동산 가격 변화에 영향을 미치는 가장 큰 변수는 두 가지다. 하나는 경제위기 발발이고, 다른 하나는 수요공급이다. 둘 중에서도 전자가 핵심이고, 후자는 부수적 변수다. 그림 92는 한국, 미국, 영국, 홍콩의 주택가격지수 변화를 나타낸 것이다. 경제위기가 발발하기 전까지 부동산 가격은 하락하지 않았다. 하지만 모든 나라들이 글로벌 경제위기가 발발하면 주택가격 하락이 발생했다. 한국의 경우는 노태우 정부의 200만 호 주택공급이 시작되는 시점에도 부동산 가격 하락이 발생했다.

경제위기를 불러오는 요인은 크게 두 가지로 나뉜다. 첫째, 오일쇼크나 전쟁, 팬데믹처럼 외부 충격으로 발생한다. 둘째, 막대한 부채가 쌓인 상황에서 중앙은행이 기준금리를 인상하면 채권시장에서 부실채권 문제가 생겨서 발생한다. 첫 번째 경우는 일정한 패턴이 없다. 하지만 두 번째는 일정한 패턴을 보인다. 중앙은

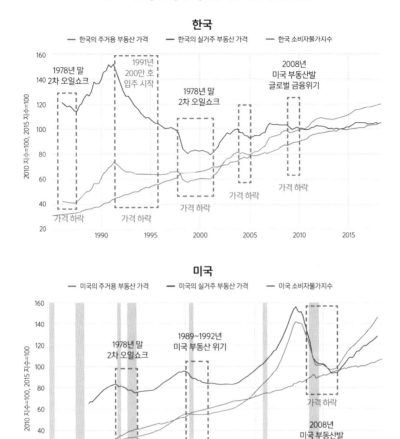

그림 92. 한국, 미국, 영국, 홍콩의 주택가격지수 변화

한국

— 한국의 주거용 부동산 가격 — 한국의 실거주 부동산 가격 — 한국 소비자물가지수

1978년 말
2차 오일쇼크

1991년
200만 호
입주 시작

1978년 말
2차 오일쇼크

2008년
미국 부동산발
글로벌 금융위기

가격 하락

가격 하락

가격 하락

가격 하락

가격 하락

미국

— 미국의 주거용 부동산 가격 — 미국의 실거주 부동산 가격 — 미국 소비자물가지수

1978년 말
2차 오일쇼크

1989~1992년
미국 부동산 위기

가격 하락

2008년
미국 부동산발
글로벌 금융위기

가격 하락

가격 하락

행의 통화 확장과 긴축정책, 부채의 확장과 축소가 서로 연동되어 있기 때문이다. 그래서 두 번째 요인으로 인한 부동산 가격 하락은 일정한 간격을 두고 반복해 발생한다.

2021년 말부터는 미국을 비롯해서 선진국 중앙은행들이 통화

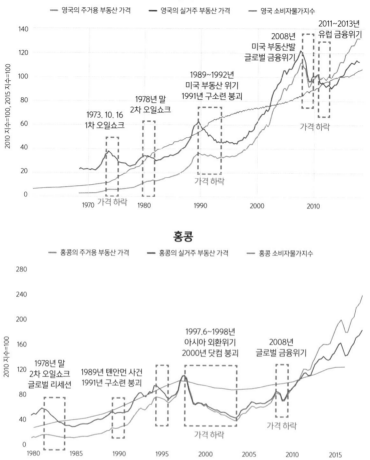

영국

― 영국의 주거용 부동산 가격 ― 영국의 실거주 부동산 가격 ― 영국 소비자물가지수

2011~2013년
유럽 금융위기

2008년
미국 부동산발
글로벌 금융위기

가격 하락

1989~1992년
미국 부동산 위기
1991년 구소련 붕괴

1978년 말
2차 오일쇼크

1973. 10. 16
1차 오일쇼크

가격 하락

가격 하락

홍콩

― 홍콩의 주거용 부동산 가격 ― 홍콩의 실거주 부동산 가격 ― 홍콩 소비자물가지수

1997.6~1998년
아시아 외환위기
2000년 닷컴 붕괴

2008년
글로벌 금융위기

1978년 말
2차 오일쇼크
글로벌 리세션

1989년 톈안먼 사건
1991년 구소련 붕괴

가격 하락

가격 하락

긴축정책으로 전환한다. 즉, 머지않은 미래에 글로벌 부동산 투자 트렌드가 바뀔 수 있다는 의미다. 중앙은행의 긴축정책이 부동산 가격에 영향을 미치는 시점은 빠르면 긴축 3단계(기준금리 인상) 부터다. 그림 93을 보자. 미국 주택가격지수를 기준금리 변화와 비교한 것이다. 긴축 3단계가 시작되고 약간의 시간이 지나면 집

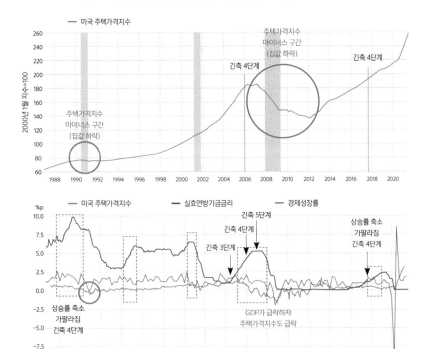

그림 93. 미국 주택 가격 변화 패턴 – 기준금리, GDP, 주택가격지수 비교

값 상승률이 줄어들기 시작한다. 이 시점이 긴축정책이 부동산 가격 변화에 영향을 주는 첫 번째 순간이다. 참고로 중앙은행의 기준금리 인상 효과는 실물경제(인플레이션 억제)에는 1년 정도 후에나 나타나고, 가계부채는 1%p 이상 상승한 후부터 증가 속도가 감소하기 시작한다.[39] 긴축 4단계(기준금리 인상 중반)에 이르면 부동산 가격 상승률 감소가 가팔라진다. 부동산 가격 버블이 심한 시기에는 긴축 4단계에 들어서면 부동산 가격 상승세 자체가 멈추고 일정 기간 박스권을 유지한다.

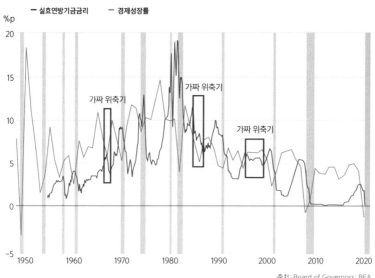

그림 94. 리세션 없는 경기 위축기 VS. 리세션을 동반한 경기 위축기

출처: Board of Governors; BEA

긴축 마지막 단계(5단계)에 진입하여 기준금리 인상이 멈추고 일정 기간 높은 금리가 유지된 후에는 경기 위축기가 시작된다. 경기 위축기는 두 가지로 분류할 수 있다. 리세션recession을 동반하는 경기 위축기와 리세션이 없는 경기 위축기다. 둘 중에서 부동산 가격 하락 혹은 폭락 사태는 리세션을 동반한 경기 위축기에 발생한다. 리세션을 동반한 진짜 위축기는 경제 주체들이 높은 기준금리를 견디지 못하고 파산하면서 기업, 가계, 금융권에 대규모 구조조정이 발생한다. 그렇기 때문에 진짜 위축기에는 금융 시스템이나 실물경제가 심각한 충격을 받고 휘청거리면서 경기침체 기간이 상당히 길어진다. 당연히 부동산 가격도 대폭락한다.

리세션이 없는 경기 위축기는 가짜 위축기이기 때문에 부동산 가격 폭락이 발생하지 않는다. 가짜 위축기는 금융 시스템이나 실물경제 전반에는 큰 충격이 없고, 경제 분위기만 잠시 침체되는 상황이다. 가짜 위축기에도 연준은 기준금리 인하를 단행한다. 하지만 극심한 경기침체가 아니기 때문에 연준이 기준금리를 조금만 인하하면 경제가 곧바로 반등한다. 그림 94에서 보듯이, 가짜 위축기는 리세션을 동반한 진짜 경기 위축기 사이가 길어지는 경우에 종종 발생한다.

2022~2025년,
한국 부동산의 미래

앞에서 설명했던 부동산 가격 흐름을 결정하는 변수를 2022~2025년까지 한국 부동산 시장의 미래에 대입해 보자. 필자의 분석으로는, 한국 부동산 시장은 지난 4~5년 동안 크게 3개 그룹으로 재편되는 단계에 진입했다. 제1그룹은 수도권을 제외한 지방의 절반 정도로 초저금리 유지와 엄청난 유동성, 투기세력의 움직임에도 불구하고, 지역산업 붕괴로 실업률이 높아지고 근로자 소득도 줄어들자 부동산 시장의 순리와 이론대로 가격 정상화에 도달했다. 지방 도시 내에 있는 구도심과 낡은 아파트의 경우 매매가가 폭락하면서 전셋값이 더 높아지는 역전세 현상도 오래전부터 시작되었다. 지방이라도 새 아파트를 선호하지만 새 아파트도 지역소득 하락에 맞춰서 가격이 형성되고, 낡은 아파트는 재건축할 가능성이 없어지면서 더 큰 폭으로 하락하며 나타나는 현상이다. 경상도, 강원도, 전라도 등의 주요 중소도시 구도심과 변두리 지역들이 대표적이다.

노무현 정부 당시 만들어지기 시작했던 일부 혁신도시들도 일자리, 주변 상권, 교육과 문화 등의 여건이 기대치에 못 미치고, 혁신도시로 이전한 공공기관 근로자들이 주말이면 서울로 올라가는 패턴이 바뀌지 않으면서 전세가와 매매가 차이가 적은 상태를 벗어나지 못하고 있다. 혁신도시 바람을 타고 서울 사람들이 이런 지역에서 갭투자를 노리고 신규 아파트를 구매했지만, 아파트 가격이 추가 상승하지 않으면서 발생한 현상이다. 침체된 혁신도시들은 대표적으로 경북 김천과 구미 일대, 경남 진주, 충북 진천, 강원 원주 등이다. 정리하자면, 제1그룹은 두 가지 특징을 보인다. 가격 정상화, 혹은 폭락과 깡통 전세 증가 위기다.

제2그룹은 지방의 나머지 절반으로 한동안 투기세력에 의해 풍선효과가 발생하면서 일시적으로 가격이 상승했지만 그들이 빠져나가자 부동산 가격이 다시 안정세로 돌아선 지역들이다. 이 지역은 근래 수도권 부동산 가격 상승과 '영끌' 투자 열풍에도 불구하고 더 이상 오르지도 내리지도 않는 관망세를 보인다. 혹은 서서히 가격이 하락하기 시작한다. 참고로 제2그룹은 수도권 아파트 가격이 언젠가 정상화 국면으로 돌아서면 빠른 가격 하락이 일어날 곳이다. 제2그룹은 제1그룹에서 일어나고 있는 가격 정상화가 아직 일어나고 있지 않지만, 깡통 전세 증가는 시작되었다. 여기에 몇 년 전 수도권 규제 강화가 시작되자 지방 도시로 투기 자금이 이동하면서 발생한 풍선효과가 사라지고 갭투자 위기가 커지는 중이다. 제2그룹의 대표적인 곳은 경남 창원과 김해, 전

남 순천, 충북 청주, 광주·부산·대구 등 지방 광역도시의 구도심이
다.[40]

제3그룹은 수도권, 세종시, 5대 지방 광역도시의 신도심 지역
으로 가격은 상승하지만 투자 위험성도 함께 높아지는 중이다. 낮
은 대출금리, 수십조 원의 토지보상금, 이미 풀려서 시중을 돌아
다니는 엄청난 유동성을 기반으로 한 투기 열풍, 하루가 멀게 상
승하는 아파트 가격을 보면서 '지금이 아니면 영원히 집을 살 수
없다'는 실수요자의 엄청난 절박감 등이 맞물리자, 젊은이들과 신
혼부부의 소위 '영끌' 투자가 아파트 구매에 몰려들고 수요와 공
급의 미스매치가 일어나면서 부동산 가격이 계속 상승 중이다. 현
정부 들어서 수많은 부동산 규제책을 쏟아냈지만 극대화된 눈치
작전을 유발하며 매도 물량은 사라지고 시장의 혼란만 가중되었
다. 그 결과 단기적으로 수도권에서 매물 부족에 의한 호가 상승
과 전셋값 폭등이라는 부작용이 커지고 있다.

필자는 어느 나라를 막론하고 부동산 가격 변화에 영향을 미
치는 가장 큰 변수로 경제위기 발발을 들었다. 그리고 경제위기
발발은 긴축 5단계가 끝날 무렵에 발생할 가능성이 높다고 했다.
거꾸로 말하면, 엄청난 규모의 주택공급이 일시에 일어나지 않는
한 경제위기가 발발하기 전까지 부동산 가격 대폭락은 거의 일어
나지 않는다. 코로나19 이후에도 이런 패턴이 그대로 적용될 가능
성이 높다. 즉, 2022년에 한국 부동산 시장에 대폭락이 발생할 가
능성은 낮다. 한국 중앙은행이 미국 연준보다 6~12개월 정도 먼
저 기준금리 인상을 시작한다는 것을 전제로 하면, 한국 부동산

가격 상승 속도가 줄어들기 시작하는 시점도 2023년경이나 되어야 가능할 것으로 예측된다.

한국도 긴축 4단계(기준금리 인상 중반부)에 이르면 부동산 가격 상승률 감소가 가팔라질 것이다. 이 순간까지도 상승률이 떨어질 뿐이지 명목가격 상승 추세는 계속 유지된다. 하지만 지금부터 2~3년 동안 부동산 가격이 더 오르고 주택담보대출 전체 규모와 대상이 늘어난 셈이기 때문에, 연준이 긴축 5단계에 들어선 후 리세션을 동반하는 경기 위축기가 시작되면 부동산 가격 대조정이나 대폭락을 피할 가능성은 더욱 낮아진다. 빚은 재산이 아니라 채무자를 향해 언젠가는 되돌아오는 치명적 부메랑이다. 필자의 예측으로는 미국 연준이 2~3%대까지 기준금리를 올리면 한국을 비롯해서 글로벌 부동산 시장에 큰 요동이 칠 가능성이 높다. 이 시점에 한국 가계의 소득 및 재정 상황이 악화되면 실수요자의 부동산 추격 매수 여력도 사라지게 된다. 실수요자가 부동산 구매를 포기하는 비율이 늘어나면 투기 자본도 이익률이 하락하면서 시장을 관망하거나 탈출하게 된다. 만약 이 시점에 공급 물량마저 늘어난다면 어떻게 될까?

한국 부동산 시장은 수요공급과 관련해 중요한 변수가 있다. 인구구조 변화다. 수요층의 변화다. 좀 더 정확하게 말하자면, 부동산 수요층의 나이 변화에 따른 소득과 자산의 변화다. 한국인은 자산의 70~80%를 부동산에 묶어두고 있다. 돈이 부족하면 부동산 자산에서 돈을 빼서 써야 한다. 방법은 두 가지다. 첫째, 주택을 팔지 않는다면 연금이나 주택담보대출로 현금을 빼서 사용한다.

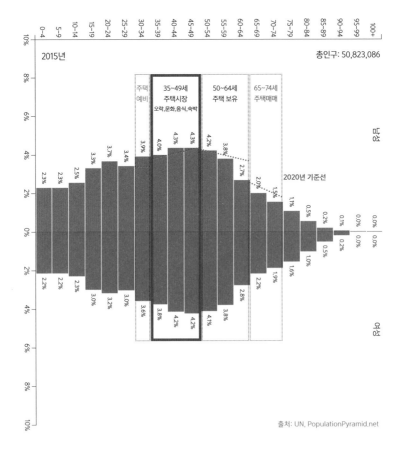

그림 95. 2015년 한국의 인구구조 변화와 부동산 시장

출처: UN, PopulationPyramid.net

둘째, 주택을 팔아서 작은 집으로 옮기거나 전세나 월세로 전환하고 남은 현금을 사용한다. 한국은 유럽처럼 은퇴 후 사회보장이 단단하지 않다. 미국이나 일본처럼 민간 연금을 층층이 쌓아놓지도 않았다. 이런 이유로 한국의 은퇴자는 현금 동원력이 고갈되면 '반드시' 집을 팔아야 한다. 물론 집을 팔지 않아도 되는 일부 계층에서는 나이가 들어도 주택을 매도하지 않는다. 세금 부담이 커지

면, 자녀에게 상속을 해서 버틴다. 하지만 이런 계층에 있는 사람들 숫자가 얼마나 될까?

그림 95를 보자. 필자가 한국 국민을 연령에 따라 부동산 시장과 연결 지은 그래프다. 한국에서 30~34세는 주택구매 예비 그룹으로 분류할 수 있다. 35~49세는 주택구매 실수요자 그룹, 50~64세는 이미 매수한 주택을 보유하며 버티는 그룹, 65~74세는 현금 동원력이 소진되면서 주택매매 가능성이 큰 그룹으로 나눌 수 있다. 2015년 인구구조를 가지고 4개 그룹의 비율을 보면, 주택구매 예비 그룹과 주택구매 실수요자 그룹은 2020년보다 많았다. 50~64세로 매수 주택을 보유하며 버티는 그룹과 65세 이상으로 주택매매 가능성이 큰 그룹은 2020년보다 적었다.

하지만 그림 96을 통해 코로나19가 종식되고 미국 연준이 기준금리를 올리고 있는 2025년의 미래를 보자(참고로, 굵은 점선으로 표시한 선들이 기준으로 잡은 2020년 비율이다). 주택구매 예비 그룹은 여전히 2020년보다 많다. 하지만 이들의 경제력은 2020년보다 더 좋아질 가능성이 적다. 35~49세의 주택구매 실수요자 그룹은 2020년보다 9.3% 감소한다. 50~64세로 매수 주택을 보유하며 버티는 그룹은 2020년보다 약간 높다. 하지만 65세 이상으로 주택매매 가능성이 큰 그룹은 2020년보다 무려 32% 증가한다. 즉 2025년경에는 주택을 구매하려는 숫자는 줄고, 은퇴 이후에 현금 동원력이 약화되면서 주택을 팔아야만 생활이 가능한 상황으로 몰리는 사람들의 숫자는 대폭 증가한다. 주택을 사려는 사람은 적고, 팔려는 사람은 늘어나는 상황이 실제로 일어난다. 그것도 기

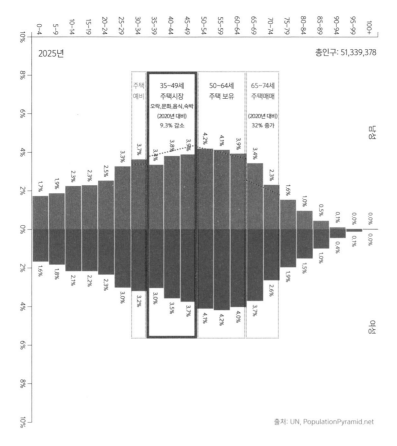

그림 96. 2025년 한국의 인구구조 변화와 부동산 시장 예측

출처: UN, PopulationPyramid.net

준금리가 오르면서 2020년 현재보다 유동성은 줄어들고, 금융비용 부담은 크게 늘어나는 상황에서 말이다.

이제 좀 더 미래로 가보자. 그림 97은 2030년의 미래다. 주택구매 예비 그룹은 2020년과 비슷한 수준으로 내려간다. 2030년에 이들의 경제력이 2020년 동일 세대보다 더 좋아질 가능성은 높지 않다. 35~49세 주택구매 실수요자 그룹은 2020년보다 10% 감소한

236   2025 미래 투자 시나리오

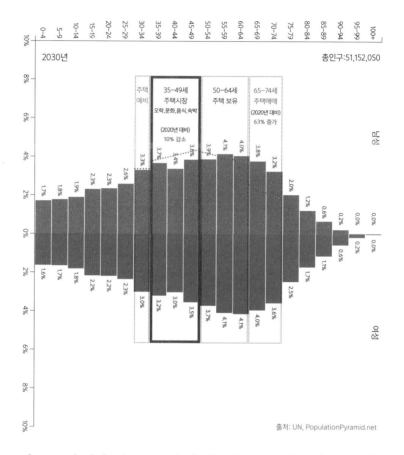

그림 97. 2030년 한국의 인구구조 변화와 부동산 시장 예측

2030년   총인구:51,152,050

주택예비 / 35~49세 주택시장 오락,문화,음식,숙박 (2020년 대비) 10% 감소 / 50~64세 주택 보유 / 65~74세 주택매매 (2020년 대비) 63% 증가

남성
여성

출처: UN, PopulationPyramid.net

다. 2025년 대비로는 0.7%p 추가 감소다. 50~64세로 매수 주택을 보유하며 버티는 그룹은 2025년과 비슷하다. 하지만 65세 이상으로 주택매매 가능성이 큰 그룹은 2020년보다 무려 63%나 증가한다. 2025년 대비로도 31%p가 증가한 수치다. 5년 만에 2배 증가다. 즉 2030년경에는 주택을 구매하려는 숫자는 계속 줄고, 은퇴 이후에 현금 동원력이 약화되면서 주택을 팔아야만 생활이 가능한 상

황으로 몰리는 사람들의 숫자 증가가 더욱 가팔라진다.

이 책을 읽는 독자가 올해 집을 사면 불과 10년 후에 마주칠 미래다. 일부에서는 인구구조 변화가 부동산 가격 변화에 큰 영향을 주는 변수가 아니라고 한다. 아니다. 인구구조 변화는 주택 수요와 공급에 영향을 미치는 결정적 변수 중 하나다. 단, 인구구조 변화는 부동산 가격뿐만 아니라 대부분의 경제 현상에 예상보다 늦게 영향을 미친다. 지연 현상이 크다. 특히 주택은 소비자 입장에서 경제적 능력이 약해질 경우에 가장 늦게 포기해야 하는 상품이다. 그렇기 때문에 가격에 미치는 시간에 지연 현상이 크게 나타날 뿐이다.

Part 3

패권전쟁의 시대,
반도체와 기술주,
버블 붕괴의 확률적 미래

미중 패권전쟁과
반도체 시장의 미래

    미국과 중국이 벌이는 패권전쟁은 투자시장에도 광범위한 영향력을 미치는 강력한 변수다. 미국과 중국은 세계경제는 물론이고 글로벌 투자시장에서 절대적 영향력을 발휘하기 때문에 그 어떤 투자상품도 미중 패권전쟁의 불똥을 피할 수 없다. 이런 강력한 힘을 가진 미중 패권전쟁이 2022년부터 '3라운드'에 돌입한다. 코로나19로 잠깐 멈췄지만, 미국과 중국의 패권전쟁은 둘 중 하나가 완전히 항복 선언을 하기 전에는 종료되지 않을 것이기 때문이다. 바이든 행정부 4년 내내 투자자들은 미중 간의 격렬한 충돌과 기싸움의 불똥이 투자시장 전반에 미칠 위험에 촉각을 곤두세워야 한다.

    미국과 중국 두 국가가 다시 충돌을 한다는 그 자체만으로도 투자시장은 술렁일 것이다. 필자는 2017년, 국내 기업들에 '앞으로 5년, 미중 전쟁 시나리오'를 발표하면서 트럼프 행정부와 중국 시

그림 98. 미중 무역전쟁의 충격과 양국의 주식시장

상해종합지수 3568(+0.90%)   미 다우지수 33968(−1.23%)

미중 무역전쟁 충돌

10%
하락

15%
하락

30%
하락

출처:TRADINGECONOMICS.COM

진핑이 벌일 강력한 무역전쟁을 준비하라고 조언했다. 2018년에 미국과 중국은 강력한 무역전쟁을 시작했고, 그 충격파는 경제 및 투자시장 전반으로 퍼져나갔다.

우선, 미국과 중국 두 나라의 경제성장률과 종합주가지수가 모두 하락했다. 다우지수의 조정 폭은 연준이 기준금리 인상을 시작했던 2015~2016년보다 컸고, 2010년 4월 13일 그리스의 구제금융 신청으로 유럽에 금융위기가 발발했을 때와 비슷했다. 중국의 주식시장은 충격이 더 컸다. 그림 98은 미국과 중국이 무역전쟁을 벌이던 당시 양국 주식시장의 충격을 비교한 것이다. 미국 다우지수의 최대 하락 폭은 15% 정도였지만, 중국 상해종합지수 하락은 30%에 달했다. 같은 기간, 한국 코스피지수도 20% 넘게 하락했다.

또한 달러 가치는 10% 상승하고, 위안화 가치는 12% 약세를

그림 99. 미중 무역전쟁의 충격 - 달러, 위안화 가치 변화

달러위안환율 6.45343(-0.38%)   달러인덱스 94.30935(-0.03%)

미중 무역전쟁 충돌

위안 12% 약세

달러 10% 상승

출처:TRADINGECONOMICS.COM

그림 100. 미중 무역전쟁의 충격 - 원유, 구리 가격 변화

구리 4.0970(-2.45%)   원유 75.9100(+1.44%)

미중 무역전쟁 충돌

45% 하락

23% 하락

출처:TRADINGECONOMICS.COM

보였다(그림 99). 원유 가격은 45% 하락했고, 구리 가격도 23% 하락했다(그림 100). 미국은 세계 최대 소비시장이면서 동시에 전 세계 투사시장의 방향을 결정하는 선도 국가다. 중국은 전 세계 공급망의 중심 국가다. 이들의 움직임, 경쟁, 갈등 관계에 따라 기업의 이익, 국가 성장률, 원자재 수요와 공급, 채권과 환율시장의 향방이 순식간에 뒤바뀐다.

미중 패권전쟁의 시작(제1차 국면)은 오바마 행정부 시절이었다. 2016년 트럼프가 대통령에 당선되면서 제2차 국면으로 발전했다. 바이든 행정부는 제3차 국면이다. 필자는 바이든 행정부 시기 4년 동안 미중 패권전쟁은 1~2차 국면을 뛰어넘는 갈등과 충돌이 벌어질 것이라고 예측한다. 오바마 대통령은 미중 간에 서로 동태를 살피면서 온건한 패권전쟁을 벌였다. 트럼프 대통령은 거침없는 말 폭탄을 주고받으며 전 세계를 긴장으로 몰아넣었다. 관세 폭탄이 양국 사이를 날아다니자 신냉전 시대가 시작되었다는 평가가 나왔다. 하지만 트럼프 대통령은 실리에 민감한 스타일이었다. 겉으로는 강렬하게 치고받는 모습을 연출하면서 지지층 결집을 유도했지만, 이면에서는 중국이 민감하게 생각하는 신장 위구르 인권 문제나 홍콩 민주화 시위 탄압에는 (겉으로는 경고와 엄포를 했지만) 이런저런 핑계를 대면서 실제 행동은 미뤘다. 중국도 실리를 추구하는 트럼프 대통령의 비위를 맞춰주면서 미국산 제품의 수입 물량을 늘렸다.

바이든 대통령은 다르다. 트럼프 대통령과는 반대로 갈 것이다. 겉으로는 신사적이고 합리적으로 중국과 패권전쟁을 벌일 것이다. 하지만 이면에서는 가장 강렬한 패권전쟁을 벌일 가능성이 높다. 바이든 행정부와 상하원을 장악한 민주당은 중국 공산당 정부가 가장 민감하게 여기고 금기시하는 인권과 환경문제를 직접 공격할 수 있다. 중국은 타국이 자국 내 인권과 영토와 관련된 문제를 거론하면 군사적 위협도 불사하면서 반드시 보복했다.

바이든 행정부가 중국과의 패권전쟁을 피할 수 없는 이유가 하나 더 있다. 미중 패권전쟁의 포문을 먼저 연 나라는 미국이 아니다. 중국이다. 그렇기 때문에 미국이 먼저 발을 빼면 국제적 망신 수준에서 끝나지 않는다. 중국에게 항복 선언을 한 것이 되면서 미국에 대한 신뢰와 기대치 하락은 물론이고, 미국 시대의 종말을 불러온 결정적 사건으로 역사에 기록될 것이다. 2008년 미국발 금융위기 이후, 전 세계는 미국의 영향력에 대한 강한 의구심을 갖기 시작했다. 중국은 이틈을 놓치지 않고 발톱을 드러냈고, 미국에 의심을 품는 국가들에게 미국을 대신할 새로운 구원자로 자신을 홍보하는 데 열을 올리고 있다.

2009년 1월, 원자바오 당시 중국 총리는 다보스 포럼에서 미국의 국채는 마음 놓고 사기 어렵다고 공공연하게 불만을 드러냈고, 2009년 3월 저우샤오촨 중국 인민은행 총재는 "SDR Special Drawing Rights (특별인출권, 1969년 IMF가 만듦)이 초국가적 기축통화가 될 수 있다."고 도발했다. 2010년, 후진타오는 서울에서 열린 G20 정상회의에서 "(달러를 대체할) 글로벌 기축통화 메커니즘이 만들어져야 한다."고 말했고, 2011년 1월《월스트리트저널》과의 인터뷰에서 "달러 기축통화는 과거 유물"이라며 공격 수위를 높였다. 중국은 실제 행동도 병행했다. 2008년 글로벌 위기 이후부터 중국 정부는 금 매수량을 늘렸다. 금을 많이 보유할수록 훗날 제1기축통화 자리를 놓고 미국과 힘겨루기를 할 때 유리하다. 아프리카와 개발도상국들에 경제협력과 지원을 강화하고, 국제무역에서 위안화로 거래하는 나라들도 점점 늘려가며, 일대일로정책으로 중국의 지배력을 키우려고 발빠르게 움직였다. 이런 중국의 행보는 단순히 잘사는 나라가 되기 위한 수준을 넘어 세계 제1의 패권국이 되려는 야심을 내비친 것이다.

2021년 9월, 중국 정부는 모든 암호화폐를 불법으로 규정했다. 중국이 전 세계에서 가장 강력한 암호화폐 제재를 하는 이유도 미중 패권전쟁 때문이다. 중국이 미국을 뛰어넘으려면, 기축통화 지위를 얻는 것이 필수다. 하지만 중국의 노력에도 불구하고 글로벌 시장에서 위안화 지위는 여전히 낮고, 달러를 넘어서는 것도 최소한 수십 년간 불가능하다. 디지털 위안화는 이런 상황을 일거에 반전시킬 카드다. 중국 정부가 디지털 위안화로 제1기축통화 지위국 자리를 노리려면 가장 먼저 비트코인을 비롯한 각종 암호화폐를 쳐내야 한다. 중국은 미국을 위협할 의도가 전혀 없다는 말을 계속한다. 하지만 뒤로는 다방면에서 거침없는 행동으로 미국 뛰어넘기에 가속페달을 밟고 있다.

중국은 절대 스스로 항복하지 않을 것이다. 오래전부터 그런 나라였다. 중국은 과거 황제국의 영광을 유럽과 미국에 빼앗겼다고 생각한다. 본래부터 자신이 세계의 중심이라는 중화사상을 가진 중국은 오랫동안 세계의 패권을 다시 잡을 때만 기다리고 있다. 중국은 역사상 단 한순간도 이인자에 만족한 적이 없었다. 앞으로도 이런 속내는 변함이 없을 것이다. 1949~1976년까지 27년간 중국을 지배했던 마오쩌둥은 "굴을 깊게 파고 식량을 비축하며 패권자라 칭하지 말라."고 가르쳤다. 겸손한 말이 아니다. 무서운 말이다. 와신상담하며 칼을 갈고 기회를 기다리자는 것이다. 1956년 8월 마오쩌둥은 제8차 전인대 1차 회의에서 "미국의 인구는 겨우 1억 7천만 명인데 중국의 인구는 이보다 몇 배는 많다. 그런데 천연자원은 우리처럼 풍부하고 기후도 우리와 비슷하다. 그러니 우리도 미국을 따라잡을 수 있다. 우리가 미국을 따라잡아야 하는가? 반드시 그래야 한다."고 외쳤다. 마오쩌둥을 이어 1976~1989년까지 13년간 중국을 지배했던 덩샤오핑도 "빛을 감춰 밖으로 새지 않도록 한 뒤 은밀히 힘을 기르라."고 강조했다. 도광양회韜光養晦 전략이다.

중국의 전략이 서서히 바뀐 것은 경제력이 커지면서부터다. 1989~2002년까지 지도자 자리에 있었던 장쩌민은 점점 커지는 경제력에 자신감을 가지고 '필요한 역할은 한다'는 유소작위有所作爲를 외쳤다. 뒤를 이어 2002년에 집권한 후진타오는 초기에 '평화롭게 우뚝 일어선다'는 화평굴기和平屈起를 내세웠다. 이때까지도 겉으로는 미국에 대항하는 태도를 보이지 않았다. 2008년 미국이 심각한 위기에 빠지자 후진타오가 이끄는 중국의 전략이 완전히 바뀌었다. 이내, 마오쩌둥 시절부터 수십 년간 깊이 감추고 있던 진짜 속내와 야심을 드러냈다. 2010년, 후진타오는 '거침없이 상대를 압박한다'는 뜻의 돌돌핍인咄咄逼人을 크게 외쳤다. 미국에 대한 전면전 선포였다. 현재 중국을 통치하는 시진핑 주석의 국가부강, 민족부흥, 인민행복의 세 가지 목표를 실현하겠다는 '중국몽中國夢'은 중국식 우선주의, 과거 G1의 영광을 회복하겠다는 의지를 완곡하게 표현한 말이다.

아지도 미국과 중국이 지신의 살을 베어내고 뼈를 깎아내는 적대 관계에 빠지는 일은 절대 없을 것이라고 낙관하는 사람들이 많다. 중국의 부상은 전통적인 강대국의 길과 다르고, 시대가 달라져서 패권 경쟁은 없을 것이라는 주장도 여전하다. 이는 21세기가 이념 경쟁의 시대가 아니고 중국도 이념에 별로 관심이 없어서 겉으로만 사회주의이지 속으로는 자본주의에 완전히 물들었다는 평가에 기반을 둔다. 중국은 옛 강대국처럼 군사적으로 호전적인 태도를 보이지 않을 것이며, 주변국에 불안감을 조성하는 일은 절대로 만들지 않을 것이라 확신하는 것이다.

필자는 그렇게 보지 않는다. 역사에서 1등의 자리, 황제의 자리, 세계 통치자의 자리는 절대로 타협이나 양보가 없었다. 미국도 영국, 구소련, 일본을 누르고 20세기 최고의 강대국이 되었다. 중국이 미국의 국익, 즉 제1기축통화국과 군사적 패권 지위를 침해하거나 넘어서는 행동을 멈추지 않으면 미국의 행동은 단 하나뿐이다. 중국을 이인자나 그 아래로 꿇어앉히고 아시아의 좋은 시장good market 역할만 하도록 강제적인 수단을 발휘하는 것이다. 미국은 공화당과 민주당이 치열하게 싸우지만, 대중국 전략은 언제나 일치한다. 미국의 국익을 넘어 생존이 걸린 문제이기 때문이다. 2008년 이후 미국은 앞으로 중국이 아무런 견제도 받지 않고

그림 101. 미중 패권전쟁 충돌 영역의 변화

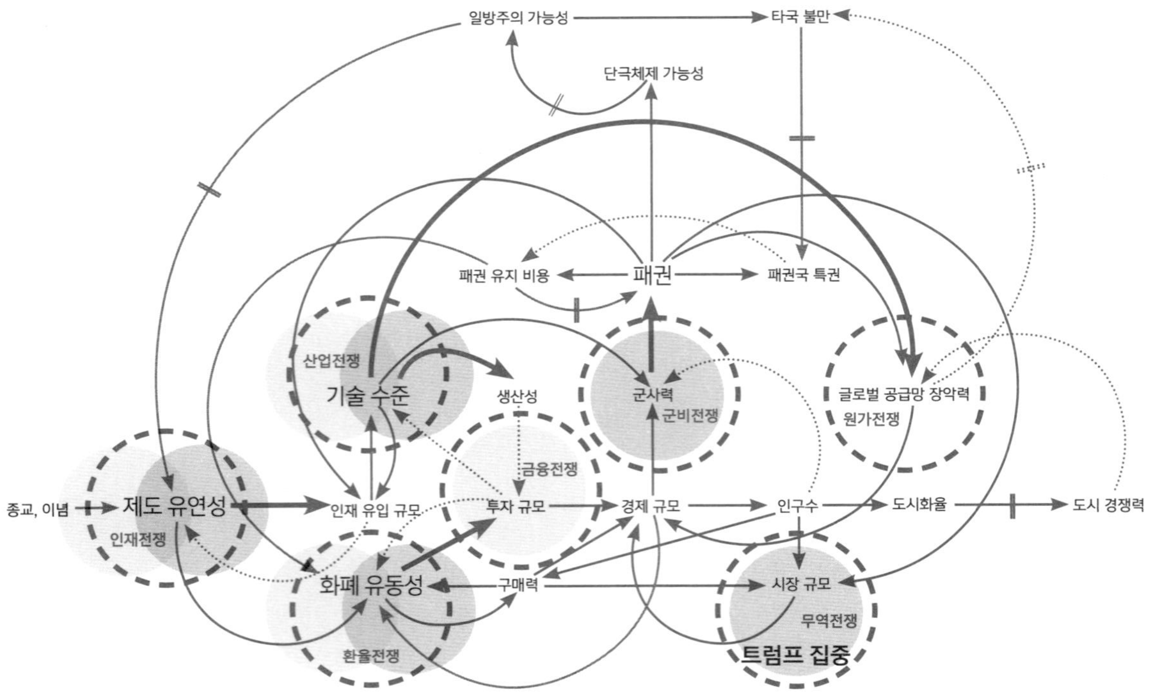

2025 미래 투자 시나리오

계속 성장한다면, 제아무리 미국도 더 이상 중국을 견제할 수 없게 될 때가 온다는 것을 확실하게 알았다. 그날이 오면, 경제 1위 자리만 내주는 것이 아니라 패권국의 지위도 잃는다. 패권국의 지위를 상실하면 제1기축통화국 지위와 이득도 잃는다. 즉, 미국의 몰락이다. 미국이 이를 모를 리 없다.

이런 상황에서 두 국가가 강 대 강으로 부딪히면 투키디데스의 함정Thucydides Trap에 빠질 수 있다는 경고는 별 의미가 없다. 바이든 행정부는 물론이고, 이후 정부들도 중국에게 항복을 받아낼 때까지 절대로 물러서거나 발을 빼지 않는다. 쉽게 물러설 수도 없고, 적당한 수준에서 타협하지도 않을 것이다. 단, 지금은 과거처럼 군대를 일으켜 전쟁을 할 수 없다. 경제가 그 일을 대신한다. 그래서 경제전쟁이 전면에 등장한다. 경제전쟁에서 승리하려면 무역전쟁, 금융전쟁, 기술전쟁, 에너지전쟁, 인재전쟁이 뒤따라야 한다. 그래서 패권전쟁은 국력을 전부 투여하는 총력전이고, 거의 모든 영역에서 충돌하는 전면전이다. 단, 세계경제 상황과 미국 정부의 성향이 바뀔 때마다 패권전쟁이 극렬하게 벌어지는 영역이 바뀔 뿐이다. 그림 101은 트럼프 행정부 시절과 바이든 행정부 시절에 미중 패권전쟁의 중심이 전환되는 상황을 보여준다. 회색 영역은 트럼프 행정부에서 집중했던 부분이고, 초록색 영역은 바이든 행정부에서 집중할 영역이다.

코로나19 발발 이후, 반도체 시장에 대한 관심이 부쩍 높아졌다. 코로나19 기간 비대면 환경이 확대되면서 미래 자동차, 인공지능, 로봇 등 미래 시장 성장 속도가 빨라지고 경제봉쇄가 풀리면

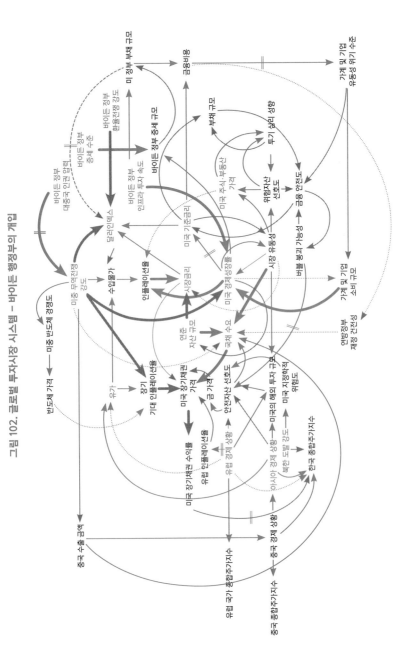

그림 102. 글로벌 투자시장 시스템 – 바이든 행정부의 개입

2025 미래 투자 시나리오

서 소비 수요는 늘어났지만, 글로벌 공급망의 병목현상으로 반도체 구하기가 힘들어지면서 IT, 자동차 등 반도체 의존도가 큰 제품 생산에 문제가 발생했기 때문이다.

하지만 반도체 관심을 증폭시킨 또 다른 이유는 미중 패권전쟁이다. 바이든 행정부와 시진핑 정부가 반도체 기술과 시장을 둘러싸고 힘겨루기를 시작했다. 필자가 보기에 반도체 전쟁은 미중 패권전쟁 3라운드의 핵심 전쟁터 중 한 곳인 기술전쟁(산업전쟁)의 신호탄이다. 이제부터 반도체는 미국과 중국의 전략적 자산에 속하게 될 것이다. 반도체가 원유나 철강처럼 전략적 자산에 속하게 되면, 원천기술 확보부터 생산시설 구축, 가격 책정과 거래까지 전 영역에서 정치적 선택이 중요한 변수로 부상한다.

미중 무역전쟁은 끝나지 않았다. 휴전 중일 뿐이다. 가까운 미래에 긴장이 다시 고조될 것이다. 바이든 시대는 '미국 우선주의'에서 동맹 연합에 기반한 대중국 대응으로 전환해, 미국의 무역수지 적자 해결보다는 지적재산권 보호나 미국과 동맹국의 공동 이익을 위한 정치적 고려로 전환될 것이다. 즉, 앞으로 반도체 가격은 물론이고 시장 움직임을 단순하게 수요공급의 법칙만으로 예측해서는 안 된다는 말이다. 그림 102는 바이든 행정부의 정치적 선택들이 글로벌 투자시장에 어떤 경로로 영향을 미칠지 보여주는 시스템 지도다. 이제부터 반도체 시장의 미래도 이런 큰 시스템 안에서 예측해야 한다.

제4차 산업혁명 시대, 투자 트렌드를 이끄는 힘

코로나19 이후, 제4차 산업혁명이 만드는 새로운 미래 시장이 본격 시작된다. 이 미래 시장을 겨냥하고 있는 투자자가 가장 먼저 주목해야 할 것은 '메타 도구'다. 메타 도구란 기존 경쟁의 판을 바꾸는 도구tool, technology를 만드는 도구(기술)를 가리킨다. 메타 도구가 만들 제4차 산업혁명기의 미래 전체를 알기를 원하는 독자는 필자의 다른 저서 《메타 도구의 시대》(2021, 넥서스Biz)를 참고하라. 여기서는 투자시장 트렌드와 관련한 핵심 내용만을 간단하게 소개하려고 한다.

메타meta라는 단어는 그리스어 μετά에서 유래한 것으로 '더 높은', '너머', '뒤에(이면에, 초월하여)' 등의 뜻이 있다. 너머(이면)에 있는 무엇, 어떤 매체나 분야가 자신의 범주에 대해 스스로 이야기하는 것을 의미하는 메타라는 단어를 '도구'에 붙이면 '겉으로 보이는 도구들의 이면에 있는 원리나 근원 기술', '나머지 도구들의 범주를 만드는 도구', '나머지 도구를 변화시키는 도구' 등의 의미를 갖는다. 한마디로 메타 도구는 '근원 기술'이자 동시에 '도구의 도구'다.

필자가 언급한 코로나19 이후에 본격 시작될 (제4차 산업혁명으로 만들어지는) 새로운 미래 시장들은 메타 도구에 의해 만들어진다. 예를 들어, 최근 부각되고 있는 '메타버스'도 지금부터 필자가 설명하는 세 가지 메타 도구에 의해 만들어지고 발전하는 결과물이다. 필자가 코로나19 이후에 본격 시작될 새로운 미래 시장을 주도할 것이라고 예측하는 메타 도구(도구의 도구)들은 다음과 같다.

첫 번째 메타 도구는 인공지능Artificial Intelligence이다. 필자가 인공지능을 메타 도구로 분류한 이유는 명확하다. 인공지능은 단순하게 '지능'이 아니다. 인공지능 기술은 지능의 범주에 대해 스스로 이야기하고 확장시키는 기술이다. 한마디로 인공지능 기술은 지능을 만드는 지능, 지능의 지능이다. 인공지능 기술은 생각의 힘을 강력하게 만드는 '새로운 생각 도구'다. 인공지능은 생각이라는 무형 도구를 사용하여 다양한 유형의 도구를 만들어내는 인간의 생각을 증진시키는 생각 도구다. 즉 생각 도구를 위한 생각 도구다. 심리학에서 '생각에 대한 생각'을 메타 인지라 부른다. 이는 자신의 인지과정에 대해 생각하여 자신이 아는 것과 모르는 것을 자각하고, 스스로 문제점을 찾아내 해결하며, 자신의 학습 과정을 조절할 줄 아는 지능과 관련된 인식을 가리킨다. 대표적 메타 인지는 '성찰'이다. 비록 당분간 인공지능이 성찰 능력을 갖지는 못하지만, 인간을 대신하여 문제를 해결하고, 인간의 생각을 확장하며, 인간의 학습 과정을 조절할 수 있다. 인공지능은 인간뿐만 아니라 지구상에 존재하는 모든 사물에 '지능'을 부여할 수 있는 막강한 힘도 가지고 있다.

필자는 예전에 인공지능 미래 시나리오를 발표하면서 "미래는 지능을 가진 도구와 그렇지 않은 도구로 나뉠 것이다."라고 예측한 바 있다. 앞으로는 지능을 가진 스피커와 지능이 없는 스피커, 지능을 가진 기계와 지능이 없는 기계, 지능을 가진 자동차와 지능이 없는 자동차, 지능이 있는 집과 지능이 없는 집처럼 모든 사물의 분류가 지능의 유무로 이루어질 것이다. 인공지능은 지능 자체의 향상뿐만 아니라, 지능의 효율성도 획기적으로 증진시킨다. 인간의 생각과 의사결정은 다양한 경우의 수를 탐색하고 조합하는 과정을 거친다. 다양한 경우의 수를 탐색하려면 고비용이 발생한다. 인공지능은 인간과 비교되지 않을 정도의 속도와 횟수로 거의 비용이 들지 않고도 인간이 탐색하지 못한 새로운 경우의 수까지 밝혀낸다.

인간은 인공지능이 이처럼 발견한 새로운 길을 연구하여 자기 것으로 만들 수 있다. 대표적인 실례가 바둑이다. 알파고 쇼크 이후, 인공지능 바둑 기사의 활약으로 과거에는 금기시되던 수들이 주목받고 포석과 정석에서 새로운 지평이 열리고 있다. 바둑의 새로운 진보가 일어나고 있다. 인공지능은 지금까지 인간이 개발한 도구에도 생명력을 불어넣어 새로운 형태의 대리자 역할을 하게 할 것이다. 인간은 가축을 기르기 시작할 때부터 인간을 대신해 생산활동을 하는 대리자를 생각했다. 식량을 위해 가축을 기르기도 했지만, 개, 소, 말, 낙타 등은 생산활동의 대리자를 목적으로 길렀다. 기계 동력을 발명한 후에는 생산활동의 대리자가 동물에서 기계로 바뀌었다. 이제 메타 도구 인공지능이 이런 기계 대리자를 '자율 도구'로 재탄생시키며 인간 대리자의 역사를 다시 쓰게 할 것이다.

두 번째 메타 도구는 3D프린터3D Printer다. 이것도 기술이자 동시에 도구다. 3D프린터는 거시 제조업에 혁명적 변화를 불러올 메타 도구다. 오바마 대통령 시절에 3D프린터는 잠시 투자자들의 주목을 받았지만, 시간이 지나면서 열기가 식었고, 현재는 오히려 과소평가되고 완전히 잊혔다. 많은 투자자들이 3D프린터를 말하면 흥미로운 장난감으로 치부하거나 문서를 인쇄하는 가정용 프린터 정도로 영향력을 축소해서 생각한다. 이 글을 읽는 독자도 그렇게 생각한다면 심각한 실수다. 필자는 3D프린터는 미래에 일으킬 파괴력에 비해 중요성이 간과된 도구라고 평가한다. 필자의 예측으로는 3D프린터는 여전히 파괴력을 가진 강력한 미래 도구다. 3D프린터 하나만으로 산업혁명을 일으키고도 남는다. 인간의 삶을 완전히 바꾼 '기계 창조'와 비교해도 손색이 없다.

3D프린터를 과소평가하는 이유는 느린 출력 시간, 출력 품질의 한계, 높은 가격 때문이다. 거꾸로 생각하면, 이 세 가지 문제만 해결되면 3D프린터는 지구상에 존재하는 거의 모든 물리적 제품은 물론, 살아 있는 장기까지 만들어낼 강력한 제조 도구가 된다. 출력 시간, 출력 품질, 가격이라는 세 가지 문제가 해결되는 것은 시간문제다. 필자는 3D프린터가 투자자에게 다시 주목받을 시기가 곧 올

것이라고 본다. 바로 '생각하는 3D프린터'가 출현하는 때다. 첫 번째 메타 도구인 인공지능과 좀 더 향상된 품질의 제품을 출력하는 3D프린터가 결합되기 시작하면 수천 년간 인간이 사용했던 제조 방식을 근본적으로 바꾸는 새로운 미래를 보게 될 것이다.

세 번째 메타 도구는 '나노Nano'다. 이것도 기술이자 동시에 도구다. 3D프린터가 거시 제조업에 혁명적 변화를 일으킨다면, 나노 기술은 미시 제조업에 혁명적 변화를 일으킬 것이다. 나노 기술(도구)은 나노 단위에서 혁명적 도구를 만들고 도구적 사용을 혁신적으로 가능케 하는 미시 제조 기술이다. 10^{-9}를 표현하는 접두어 나노nano는 n을 기호로 사용하여 nm(나노미터: 1nm=10^{-9}m), ns(나노초: 1ns=10^{-9}s) 등으로 사용한다. 과거에는 μ(미크론, 마이크로미터: 1μ=10^{-6}), m(밀리: 1m=10^{-3})를 합쳐 mμ(밀리미크론)으로 10^{-9}m를 표현했지만, 지금은 1nm(나노미터)로 대체되었다. 나노 미터는 과거에 사용했던 밀리미크론과 같은 값이다.

1나노미터는 10억 분의 1미터다. 이론적으로 나노 기술은 지구상에 현존하는 모든 도구를 나노 단위에서 재생산하는 게 가능하다. 나노 기술은 10억 분의 1미터 이하 단위에 있는 모든 공간과 그 속에 있는 물리적·생물학적 개체를 대상으로 도구적 사용을 가능케 한다. 이 기술 하나만으로 인류의 미래가 어떻게 바뀔지 상상하기 힘들 정도로 강력한 파괴력을 가진 메타 기술이다. 원자 하나하나를 조작하여 제품을 만들고 생명체를 조작할 수 있는 나노기술은 제조방식과 '생명이란 무엇인가'를 묻는 철학적 질문까지 바꾸는 강력한 미래 동력driving force이다.

나노기술은 우리가 다른 곳에 한눈을 팔고 있는 사이에 정보기술, 신경과학, 예술, 농업은 물론 우주개발에 이르기까지 모든 분야에서 쓰이는 도구로 발전하고 있다. 미국은 화학 촉매제 산업의 55%, 반도체 산업의 70%가 나노기술을 직간접적으로 이용한다.[41] 엄밀히 따지면, 세계 최고의 전기자동차 회사인 테슬라도 나노 기업에 속한다. 테슬라 전기자동차의 기술이 집약된 고성능 배터리, 차체 등은 나노기술 없이는 불가능하기 때문이다. 필자의 시각에서 볼 때, 미래 자동차 시장은 기존 자동차 시장에 인공지능과 나노기술이 삽입되면서 새로운 시장으로 탈바꿈한 사례다. 앞으로 전략적 자산으로 분류될 반도체 산업은 이미 나노기술의 격전지다. 쇠퇴해 가는 섬유산업도 나노기술이 접목되면서 새로운 미래 먹거리로 떠오르고 있다. 이외에도 미래를 바꿀 새로운 소재 개발을 비롯해 다양한 의학적 발전에 이르기까지 나노기술은 거침없이 진격하고 있다.[42] 제4차 산업혁명이 만들어낼 미래 시장은 이 세 가지의 메타 도구가 없이는 불가능하다. 그래서 필자는 제4차 산업혁명의 본질을 이렇게 규정한다.

우리가 3D프린터로 혁명적인 거시 제조 도구를 얻고,
나노기술로 혁명적인 미시 제조 도구를 얻으며,
여기에 인공지능이라는 혁명적인 지능 도구를 결합하여
인류의 현실과 가상세계 전체에서 문명의 진보를
만들어내는 것이 제4차 산업혁명의 본질이다.

투자 관점으로 접근해 보자. 이 글을 읽는 투자자는 앞으로 필자가 소개한 세 가지 메타 도구를 가장 잘 활용하는 기업, 산업, 국가를 주목하면 된다. 세 가지 메타 도구를 잘 활용하는 기업이나 국가가 기존 소재와 도구를 새롭게 변형하여 비즈니스에서부터 인간의 생물학적 존재방식까지 수많은 분야에서 놀랍고 경이로운 혁신을 주도하게 될 것이기 때문이다. 주도하면 미래 가치가 치솟는다. 미래 가치가 치솟으면, 주식가격도 치솟는다.

이들은 가장 먼저 생산활동(산업)의 변화를 일으킬 것이다. 생산에 투여되는 (지구상에 광물질로 존재하지 않는) 새로운 재료를 만들고, 기존 제품이나 도구를 새롭게 변형시켜 생산의 개념을 바꿀 것이다. 재료나 제품의 사용방식을 바꾸어 신제조방식과 신노동방식의 출현을 이끌 것이다. 신제조방식과 신노동방식을 주도하면서 기존 제품과 서비스의 획기적 변형을 일으켜 기존 시장구조를 개편할 것이다. 부의 질과 방식, 경제와 사회의 질과 운영방식도 변화시킬 것이다. 거기서 끝나지 않는다. 최종적으로 인간의 삶의 수준과 활동 범위, 존재방식을 바꾸는 데까지 나갈 것이다. 기업이나 국가의 운영방식과 주체도 변화될 것이다. 명예와 권력도 바뀔 것이다. 다시 말하지만, 이 도구를 지배하는 기업과 국가가 미래의 부와 세상을 지배할 것이다. 이런 변화는 먼 미래의 이야기가 아니다.

기술주 주식가격의
트렌드를 읽는다

코로나19 대재앙은 인적·물적으로 큰 피해를 낳았지만, 미래 산업과 새로운 시장의 도래를 최소 3~4년에서 최대 10년 정도 앞당겼다. 제4차 산업혁명의 가속화다. 코로나19 이후, 우리는 드디어 제4차 산업혁명으로 탄생하는 새로운 시장을 목도하게 될 것이다. 그만큼 경쟁도 치열해졌다. 필자는 "미래는 투자시장에서 숫자로 나타난다."고 말했다. 코로나19 이후, 미래 시장에 대한 경쟁이 빠르고 커질수록 투자시장에 나타나는 주가 숫자도 크고 빠르게 변화될 것이다.

어떤 이들은 코로나19 특수가 끝나면 기술주 상승 추세도 끝날 것이라고 말한다. 아니다. 필자의 예측은 다르다. 기술주들이 코로나19의 전면적 비대면 상황에서 가장 큰 특수를 누린 것은 사실이다. 하지만 기술주의 상승 추세는 코로나19 이전부터 시작되었다. 즉, 기술주의 놀라운 상승 추세를 만든 핵심 동력은 코로나

그림 103. 제3, 4차 산업혁명기 나스닥지수(기술주)와 다우지수(전통주)의 주가 비교

출처:TRADINGECONOMICS.COM

19가 아니라 제4차 산업혁명기의 도래다. 코로나19는 이미 시작된 기술주 상승 추세에 불을 붙인 것뿐이다. 그림 103을 보자. 기술주로 구성된 미국 나스닥지수를 전통주 중심인 다우지수와 비교한 것이다. 제3차 산업혁명기가 시작되자 기술주가 무서운 추세로 상승했다. 1995년부터 5년 동안 무려 11배 상승했다. 같은 기간 기존의 전통주 중심으로 구성된 다우지수가 3배 상승한 것과 비교되지 않는다. 필자의 분석으로는 2016년부터 제4차 산업혁명 초기 국면이 시작되었다. 해당 기간에 나스닥지수의 상승률은 3.4배로 다우지수의 2배 상승보다 강하다.

제3차 산업혁명기 초기에 나스닥지수 상승률과 비교하면 버블 붕괴 직전까지 기술주의 추가 상승 여력은 더 남아 있다. 코로

나19 이후부터는 미래 산업들의 시장 규모가 커지는 단계가 시작될 것이다. 예를 들어, 삼정KPMG는 글로벌 자율주행차의 시장 규모를 2020년 8조 5천억 원에서 2035년 1,334조 원으로 약 150배가량 증가할 것으로 전망했다. 국내 시장 규모는 2020년 1,509억 원에서 2035년 26조 1,794억 원으로 연평균 40% 성장할 것으로 예측했다.[43] 미래 시장이라 불리는 몇몇은 이미 연평균 30~40%씩 성장하기 시작했다.

자율주행차보다 더 빠르게 성장하는 시장이 인공지능 자율주행 로봇이다. 2020년 7월, 중국요리협회는 〈2019년 중국 요식업 톱100 및 톱500 매장 분석 보고서〉를 통해, 요식업의 인건비 상승 압박, 코로나19 유행으로 인한 매출 감소 문제를 해결하기 위해 서빙 로봇의 현장 투입이 증가하고 있다고 분석했다. 예를 들어, 메이톤美团과 차이나셰프클럽中饭协이 함께 오픈한 '언택트 식당'은 킨온keenon이라는 로봇이 판매와 홀 서빙을 담당한다. 중국 언론 커창스도 중국 내에서 서빙 로봇을 도입한 식당이 5천 개를 넘었다고 보도했다. 앞으로는 자리 안내 로봇, 서빙 로봇, 그릇 수거 로봇 등 다양한 로봇이 요식업 현장에 투입될 것이라는 전망도 했다.[44]

코로나19로 자율주행 배달 로봇이 등장하고, 산업 현장에 로봇 개가 실전 투입되면서 자율주행 로봇, 가정용 혹은 전문 서비스용 인공지능 로봇 시장을 둘러싼 미래 시장도 더 이상 신기루가 아니다. 실제 시장이 되었다. 최근 국제로봇협회는 2022년 가정용 인공지능 로봇의 시장 규모를 기존 97억 달러에서 115억 달러로 상향 조정했다. 시장조사기관 스트래티지 애널리틱스도 2019년에 310억 달러에 머물렀던 서비스 로봇 시장 규모가 2024년경에는 1,220억 달러로 4배나 성장할 것이라는 전망을 내놓았다. 시장조사기관 마켓츠앤드마켓츠에 따르면, 전 세계 스마트홈 시장은 2015년 460억 달러 규모에서 2022년 1,217억 달러(약 145조 원)로 3배 성장할 전망이다. 스마트홈 시장을 주도하는 핵심 기술과 디바이스는 AI 스피커다. 시장조사기관 가트너에 따르면, AI 스피커 시장은 2016년 7억 2천만 달러 규모에서 2021년 35억 2천만 달러(약 4조 2천억 원)로 5배 정도 급성장할 전망이다.[45]

코로나19 이후에 '메타버스'라는 화두가 지속되면서, 기존 2D 플랫폼 경쟁이 증강현실AR, 가상현실VR, 혼합현실MR의 3, 4차원 가상현실 기술, 동영상 미디어, 5G 실시간 모바일, 인공지능 등이 복합적으로 결합된 차세대 플랫폼 경쟁으로 가속화될 것이다. 글로벌 시장조사기관 스태티스타는 증강현실, 가상현실, 혼합현실 시장을 모두 합한 규모가 연평균 113%씩 성장하여 2024년에는 2,969억 달러에 이를 것으로 전망했다.[46] 또한 코로나19가 부각시킨 최대 화두는 의료와 바이오 산업의 미래다. 미래 의료를 말할 때, 4P를 자주 거론한다. Precision(정밀), Predictive(예측), Preventive(예방), Participatory(참여)다. 4P를 현실화시키는 것은 미래 기술이다. 코로나19는 4P가 먼 미래의 일이 아니라는 확신을 주었다.

금융업에서 일어나는 디지털 중심 대전환과 경쟁도 빨라진다. 코로나19로 은행 창구에서도 비대면 업무가 더욱 증가했다. 정부 지원금이나 특별 대출을 받기 위해 길게 늘어선 줄을 보면서

'기술 발전이 얼마나 빠른데, 감염병이 창궐한 상황에서도 은행 앞에서 길게 줄을 서야 하고, 은행 창구에서도 사람과 사람이 대면하면서 금융 업무를 처리해야 하는가'라는 생각을 했을 것이다. 코로나19를 지나면서 소비자들은 전통적인 은행이 하루 빨리 혁신되어야 할 구시대 산물이라는 판단에 확신을 얻었다. 전통적 은행 시스템의 불편함을 혁신하겠다는 기치를 내걸고 일어선 전 세계 1만 개가 넘는 핀테크 기업에 더 많은 관심을 기울이게 될 것이다. 그럴수록 빅테크 기술을 앞세운 새로운 경쟁자의 입지는 더욱 넓어진다.

필자의 예측으로는 코로나19 이후에도 기술주의 상승은 한동안 지속될 가능성이 높다. 선진국에서 글로벌 빅테크 기업에 대한 독과점 규제나 증세를 시도하겠지만, 미래를 주도하는 기술주의 거침없는 가치 상승 행보를 막을 수는 없다. 그런데 코로나19 기간, 나스닥 시장에 큰 버블이 만들어졌다. 버블 논쟁이 시작되는 것은 당연하다. 연준이 긴축 속도와 단계를 높일수록 버블 논쟁도 거세질 것이다. 하지만 필자의 분석으로는 아직 버블의 정점은 아니다. 앞으로 몇 년 동안 나스닥지수는 다우지수보다 더 빠르고 큰 폭의 상승률을 지속할 가능성이 높다.

초보 투자자 입장에서 어떤 기업이 제4차 산업혁명이나 세 가지 메타 도구의 최대 수혜 기업인지 찾기 힘들다면 어떻게 해야 할까? 어렵지 않다. 전통주보다 미래 기술주가 모인 섹터나 종합 주가지수에 투자하면 된다. 기업 찾기는 공부가 필요하지만, 어떤 나라가 제4차 산업혁명과 메타 도구 기술을 주도할지는 분명하다.

미국이다. 그다음은 유럽과 중국이다. 미래 기술, 미래 산업, 미래 시장 전쟁의 제1차 승부처는 원천기술과 글로벌 표준 전쟁이다. 이런 싸움에서 정부와 정치의 역할이 매우 중요하다. 새로운 시장이기 때문에 민간에서 자생한 시장 규모가 크지 않다. 정부가 신제품과 서비스의 구매 주체가 되고 인프라 투자를 해주어야 한다.

이것이 바로 바이든 행정부가 (막대한 정부 부채 증가 위험에도 불구하고) 천문학적 규모의 인프라 투자안을 발표하고 추진하는 이유다. 인프라 투자 전쟁으로 미래 산업 장악력과 속도를 높여서 미국의 미래 잠재성장률을 끌어올리려는 속내다. 의회도 기업이 기술을 더욱 빨리 발전시키고 시장을 만들어가도록 규제를 풀어주어야 한다. 미국 의회도 초당적으로 바이든 행정부의 글로벌 표준 전쟁을 후방 지원하고 있다.[47]

미국이 이런 행보를 보이면, 미국과 경쟁하는 중국과 EU도 머뭇거릴 수 없다. (하지만 투자시장에서는 1등에 주는 프리미엄이 엄청나다. 주가 상승률 자체가 달라진다. 초보 투자자라면 1등 기업, 혹은 1등 국가에 관심을 갖는 것이 좋다.) 미국, 중국, EU가 앞다투어 정부 주도로 인프라 투자와 미래 산업 지원책을 쏟아내면, 한국을 비롯한 신흥국도 가세할 수밖에 없다. 투자가 늦은 만큼 미래 경쟁력이 약화되기 때문이다. 한국 정부도 코로나19 이후를 바라보고 10대 뉴딜 간판 사업을 발표했다. 데이터 댐, 인공지능 정부, 스마트 의료 인프라, 그린 리모델링, 그린 에너지, 친환경 미래 모빌리티, 그린 스마트 스쿨, 디지털 트윈, SOC 디지털화, 스마트 그린산단이다. 전부 미래 기술과 미래 산업에 방점이 찍힌다.

바이든 행정부 4년은 전 세계 주요 선진국과 신흥국에서 미래 산업을 향한 숨가쁜 투자 전쟁이 벌어질 것이다. 제4차 산업혁명과 새로운 미래 산업에 대한 기대치가 높아지면 인공지능처럼 당장 상용화 범위 확대가 빨라지는 영역뿐만 아니라, 아직 기술적 축적이 더 필요해서 상용화나 실생활 사용이 먼 자율주행차, 하늘을 나는 자동차 혹은 드론 산업, 수명 연장 산업까지도 수혜를 입는다. 그만큼 기술주의 주가는 상승률이 커진다.

2022년, '리턴' 트렌드도
거세게 시작된다

제4차 산업혁명이라는 거센 물결을 타고 기술주 상승이 계속 되더라도 놓치지 말아야 할 투자 트렌드가 하나 있다. 리턴return 이다. 트렌드는 일종의 변화다. 변화는 왜 일어날까? 세상과 사회가 운동하기 때문이다. 운동하기 때문에 변화가 발생한다. 운동하지 않으면 변화하지 않는다. 운동이 곧 변화다(참고로 운동의 수학적 표현은 미분이다). 운동을 하려면 힘이 필요하다. 힘을 동력 power이라고도 부른다. 동력 중에서도 어떤 움직임의 근본이 되는 힘을 원동력driving force이라고 부른다.

동력이든 원동력이든 에너지가 발산하면서 나온다. 그런데 에너지를 생산하는 주체 혹은 에너지원이 있어야 한다. 힘을 만들어내는 주체 혹은 에너지원을 실체substance, ture nature라고 부른다. 실체는 두 가지다. 하나는 늘 변하고 지속하는 데 한계가 있기 때문에 사물의 근원이 되지 못하는 것이다. 사람, 동물, 식물의 객체가 여기에 속한다. 다른 하나는 늘 변하지 않고 일정하게 지속하면서 사물의 근원을 이루는 것이다. 원자다. 모든 실체는 원자로 수렴하고, 원자는 양자, 중성자, 전자의 조합이다.

트렌드는 이런 생태계 안에서 나타나는 특정한 운동의 흔적(힘과 힘의 운동 방향)이다. 운동의 흔적을 흐름이라고 부를 수 있다. 이런 흐름이 트렌드다. 한마디로, 트렌드는 특정한 방향으로 향하는 일정한 힘의 흐름이다. 트렌드 연구는 트렌드 분석과 예측이 있다. 트렌드 분석은 과거 특정한 시점에서 시작하여 현재까지 진행된 흐름을 추적하고 그 특성을 연구하는 것이다. 트렌드 예측은 그 흐름이 미래의 특정한 시점에도 같은 흐름과 성질을 유지할 것인지, 아니면 달라질 것인지 연구한다. 트렌드 분석을 하려면 정보, 지식, 비판적 사고가 필요하다. 트렌드를 예측하려면 무엇이 필요할까? 상상력이다. 아인슈타인은 미지의 대상과 영역에 대한 과학적 연구에 대해 이런 말을 했다.

"상상력이 지식보다 중요하다."

하지만 오해하지 마라. 아인슈타인은 이 말을 하고 곧바로 이렇게 이야기를 이어나갔다.

"지식은 우리가 지금 알고 이해하는 모든 것에 한정되어 있지만,
상상력은 온 세상을 포용하며 그 모든 것은
앞으로 우리가 알고 이해하는 무언가가 될 것이다."

결국 아인슈타인이 말한 상상력은 지식에 기반을 둔 논리적이고 확률적인 상상력이다. 논리적이고 확률적으로 상상하는 이유는 아직 발견하지 못한 지식을 알아내기 위함이다. 그러기에 철학적 상상력이다. 망상이 아니다. 미래 시나리오도 지식을 기반으로 한 철학적 상상력이다. 아직 오지 않은 미래를 알아내기 위한 것이다.

트렌드 예측도 마찬가지다. 논리적이고 확률적인 상상력이 필요하다. 그래야 아직 발견하지 못한 지식과 정보를 알아낼 수 있다. 트렌드는 세상과 사회의 운동 흔적이기 때문에 영원하지 않다. 지속시간과 범위에 한계가 있다. 유행도 한 방향으로 일정 기간 움직이는 흐름이지만, 지속시간이 상당히 짧고 동참하는 영역이 좁다. 트렌드는 유행보다 지속시간이 길고 같은 방향으로 움직이는 흐름에 동참하는 영역들이 많다. 필자는 지속기간이 1~3년 정도면 단기 트렌드, 3~5년 정도면 중기 트렌드, 5년 이상 10년 미만은 장기 트렌드, 10년 이상은 메가 트렌드라고 부른다. 그리고 이런 트렌드에 저항하는 흐름에 의한 트렌드 되돌림을 '역트렌드 reverse trend'라고 부른다.

코로나19 팬데믹이 2년 가까이 세계를 강타하며 강력한 충격과 함께 새로운 트렌드를 만들었지만 모든 것을 변화시키지는 않는다. 위드 코로나 시대가 되면, 지금 뉴노멀처럼 보이는 것들 중 상당수가 코로나19 이전으로 되돌아간다. 특히 2022년 한 해는 코로나19 이전으로 돌아가는 '리턴' 물결도 거세질 것이다. 투자시장도 예외가 아니다. 기술주의 상승세만 무섭게 나타나지 않는다.

필자는《바이든 시대 4년, 세계경제 시나리오》라는 책에서 "앞으로 4년, '의외로' 오프라인 소비, 오프라인 투자가 경제를 이끈다."고 예측했다. 2022~2024년(바이든 시대)은 의외로 미국을 비롯한 각국이 오프라인 소비와 오프라인 투자에도 무게 중심을 싣는 시대가 될 것이다.

코로나19 이전과 코로나19 상황에서는 온라인 소비와 온라인 투자가 각국 시장과 경제를 이끌었다. 오프라인 시대가 저물고 쇠퇴하는 분위기였다. 하지만 코로나19 이후 몇 년 동안은 온라인 소비와 온라인 시장이 계속 발전하는 가운데 '뜻밖에도' 오프라인 시장과 투자가 일시적으로 늘어나는 상황이 일어날 것이다. 이유는 명확하다. 코로나19 대재앙으로 각 나라에서 최소 1~2년 이상 오프라인 활동이 멈췄다. 그만큼 오프라인 활동과 소비, 오프라인 투자가 지연되었다. 코로나19 정국에서 벗어나기 시작하면, 억눌렸던 오프라인 활동과 소비, 오프라인 투자가 터져 나오면서 2~3년 동안은 코로나19 이전 시장 평균치를 넘어설 가능성이 높다. 코로나19로 인해 1~2년 정도 전 세계에서 사람과 상품의 이동이 급격하게 줄면서 원유 채굴, 물류 이동에 필요한 컨테이너선 주문량, 상품 제조에 필요한 각종 기계류 주문이 줄었다. 위드 코로나 시대가 시작되면, 전 세계가 빠르게 경제활동 제한을 풀고 사람과 상품의 이동이 정상화된다. 오프라인에서 신규 투자, 상품 제조와 운반을 위한 각종 기계와 선박 제작도 급증할 것이다.

코로나19 충격을 가장 크게 받은 부문이 자영업자와 소규모 상공인들이다. 많은 가게와 중소기업이 파산했다. 하지만 코로나

19가 끝나면 새로운 가게를 열고 신규 창업을 하는 분위기가 높아질 것이다. 사무실 수요도 다시 증가하고, 각종 집기 물품 구매도 증가한다. 가족과 보내는 시간도 다시 줄어든다. 우리 삶의 대부분을 지배했던 언택트 환경이 대부분 대면 환경으로 아주 빨리 되돌아갈 것이다. 코로나19가 종식되면 일부 대기업이나 코딩처럼 업무 성격 자체가 언택트 환경에 더 어울리는 회사를 제외하고 대부분의 회사는 다시 직장으로 출근한다. 학생도 모두 학교로 되돌아간다. 집에서 운동도 안 한다. 여행도 다시 간다. 비행기도 다시 탄다. 한산했던 도로는 다시 교통정체 지옥으로 변한다. 집 주변 포장마차나 음식점에서 여러 사람이 모여 웃고 떠들면서 밥 먹고 술 마시는 문화도 회복된다. 회사 옆 식당과 전국의 맛집들도 활기찬 예전으로 되돌아간다.

바로 여기에 바이든 행정부를 비롯해 주요 선진국 정부는 사회적 격차 해소와 미래 산업 주도권을 선점하기 위해 엄청난 수준의 인프라 투자를 단행할 것이다. 인프라 투자의 상당 부분은 오프라인 투자와 소비에 연결된다. 코로나19 사태 속에서 얻은 새로운 미래 경험은 인류에게 일, 학습, 종교활동, 생존방식에 대한 몇 가지 새롭고 창의적인 대안들을 알게 했다. 그래도 돌아갈 것은 되돌아간다. 이런 '역트렌드'를 빨리 포착하면 투자수익률을 높일 수 있다.

코로나19가 종식되고 대부분의 일상과 시장 환경을 과거로 되돌리는 강력한 동력은 세 가지다. 인간의 망각이라는 본성, 비용 문제, 관습이다. 인간의 본성은 아주 빨리 코로나19를 잊어버리도록 만들 것이다. 수십 년 동안 완벽하게 익숙했던 일상생활과 행동 패턴들은 강력하다. 인간의 망각도 강력하다. 언제 팬데믹이 있었는가 하는 모습이 펼쳐질 것이다. 코로나19 사태는 술자리에서 옛 추억거리로 회자될 뿐이다. 2009년 신종플루도 우리는 그렇게 망각의 세월에 흘려보냈다. 코로나19가 경제적 충격을 크게 주었기 때문에 비용 문제도 아주 민감한 사안이다. 새로 고치는 것보다 이전 것을 유지하는 게 비용이 덜 든다. 언제 다시 들이닥칠지 모르는 또 다른 감염병에 대비하기 위해 임시적인 요소들을 한도 끝도 없이 유지하는 것은 많은 비용이 든다.

관습도 무시 못 한다. 비용이 적게 들고 일부 새로운 장점을 발견했지만 관습대로 되돌아가는 것도 있다. 관습이 만들어지는 데는 여러 요인들이 작용했다. 그중 하나가 인간에 대한 이해다. 비용이 많이 들어도 회사가 대면 업무를 선호하는 데는 이유가 있다. 긍정적 이유 중 하나는 (스티브 잡스가 강조했듯이) 사람들이 오가며 물리적으로 부딪히고 만나서 편하게 이야기하는 환경이 창의성에 도움이 된다. 스티브 잡스는 생전에 '우연한 만남'을 중요하게 생각했다. 애니메이션 제작사 픽사를 인수한 후, 회사 건물에 화장실을 한 개만 설치하라고 지시한 일이나 현재 애플의 본사 건물을 설계할 때 원형으로 설계한 것은 창조적 생각이 지루하고 형식적인 회의가 아니라 우연한 만남이나 가벼운 커피 타임에서 나온다고 믿었기 때문이다. 미국 3대 통신사인 블룸버그 뉴스룸에 문을 열면 수다를 떠는 공간이 있는 것도 같은 맥락이다.[48]

비대면 노동환경은 근로자 입장에서도 불편한 점이 있다. 업무를 시작하고 끝내는 시간이 불분명해서 업무시간이 늘어날 가능성이 있다. 재택근무라고 하지만, 시간제가 아니라 성과제로 비대면 업무 측정을 하면 자연스럽게 업무와 연결된 시간이 늘어난다. 마이크로소프트가 2020년 6월 자사의 협업 툴인 팀즈 사용시간을 분석한 결과, 오전 8~9시, 오후 6~8시 사이 채팅량이 지난 3월 대비 각각 15%, 23% 증가했고, 주말 사용량은 200% 이상 높아졌다. 비대면 업무 증가로 정규 근무시간 외에도 일을 하게 되는 경향이 높아진 것이다.[49]

원격협업 기술과 스마트워크 환경이 완전하지 못한 것도 비대면 업무방식이 대세가 되기엔 시기상조인 이유다. 2020년 7월 9일, 마이크로소프트가 원격근무에 대한 업무동향지표Work Trend Index를 발표했다. 원격협업은 상대방과 물리적으로 다른 공간에 있어서 집중력 저하가 발생하고, 상대의 비언어적 행동을 인지하려면 더 많은 주의를 기울여야 하기 때문에 뇌에 더 많은 피로감을 주었다. 마이크로소프트는 자사의 화상 협업 도구인 팀즈에 비언어적 행동을 쉽게 인지하여 뇌의 에너지 소모량을 줄이도록 설계한 기술을 추가했다.[50] 당분간 이런 기술적 보완이 더 필요할 것이다. 원청의 눈치를 봐야 하는 대기업의 협력업체들, 대부분의 중소기업, 현장 업무나 고객을 직접 만나 응대해야 하는 업종, 저임금 노동 업종도 전면적인 비대면 업무방식은 남의 이야기다.

코로나19 이후에도 지금 이야기한 것들이 큰 영향을 미치지 않는 특수 영역의 업무는 재택근무를 유지할 가능성이 있다. IT 개발, 금융, 전문 서비스 중심의 일부 대기업에서도 비대면 업무

방식(재택근무)을 유지할 가능성이 있다. 혹은 비대면과 대면을 적절하게 섞는 하이브리드 업무방식, 시차출퇴근제, 탄력적 근로시간제, 선택적 근로시간제와 재택이나 원격근무제를 혼합하는 유연근무 방식일 가능성도 있다. 그런데 이런 업종과 기업들은 코로나19 환경 이전부터 '날렵한', '민첩한'이란 의미의 애자일agile을 화두로 내세워 조직 유연성 활성화 차원에서 비대면 업무를 늘려왔다.[51] 비용 절감, 효율적 시간 운영, 프로젝트 속도 상승, 출퇴근 시간 절약, 가족과 함께하는 시간의 증가, 교통비나 식사비 절약, 남의 눈치를 보는 상황 감소, 출근 복장 고민 감소 등 기업과 근로자 각각에게 나름 매력적인 장점들이 있었기 때문이다. 코로나19 이후 내린 새로운 결단이 아니다. 이들을 제외하면, 코로나19 종식 이후 근로 형태의 대세는 대면 업무로의 복귀다.

한국 노동환경 전체에서는 비대면 업무방식(재택근무)이 여전히 실험적 차원이거나 사무실 임대료를 절약하기 위한 보조적 수단에 불과하다. 먼 미래에 로봇이 현장 일을 대신하고, 완벽한 3D 가상환경과 초연결사회가 완성되어 원격협업의 피로감을 줄이며, 인공지능이 지적 노동의 상당 부분을 담당하면, 노동시장 전체가 비대면 중심으로 변화될 가능성이 매우 높다. 하지만 지금 당장은 아니다. 비대면은 새롭게 시작되는 작은 트렌드이고, 대면은 여전히 강력한 힘을 가진 트렌드다. 오히려 코로나19 이후에는 대면을 기본으로 하고 비대면의 장점을 접목하는 '혼합대면mixed tact'이 새로운 트렌드로 부상할 가능성이 높다. 필자가 이런 말을 하는 이유가 있다. 즉 2022년 코로나19 종식 이후 변화에서 투자

기회를 찾으려는 개인이나 기업이 있다면 변하는 것과 변하지 않는 것을 잘 구분하는 것이 중요하기 때문이다. 변하지 않고 코로나19 이전으로 되돌아가는 것은 그것에 맞춰야 한다. 그것도 아주 빠른 속도로 맞춰야 한다.

다가온 기후변화 위기와
대재앙 시나리오

위드 코로나 시대에 투자시장의 미래 방향을 결정짓는 마지막 핵심 동력은 '기후변화 위기'다. 코로나19 대재앙으로 기후변화 혹은 환경파괴에 대한 경각심이 높아졌다. 2022~2024년, 바이든 행정부 시기에 투자시장에서 기후변화와 관련된 이슈의 중요도는 점점 커질 것이다. 기후변화와 환경파괴에 대한 경각심을 높이는 심층 원동력은 두 가지다. 하나는 정치다. 예를 들어, 유럽연합과 바이든 행정부 등 '환경 가치'를 중심에 둔 정치세력이 국제사회의 공동 행동을 촉구하는 흐름이 계속된다. 특히, 환경과 인권을 중요한 기치로 내건 바이든 행정부가 미중 패권전쟁 3라운드를 벌이면서 환경파괴 이슈 카드를 전가의 보도처럼 휘두르며 중국을 압박할 가능성도 크다.

기후변화와 환경파괴에 대한 경각심을 높이는 또 다른 심층 원동력은 '자연' 그 자체다. 필자가 보기에, 인간의 환경파괴 시간과 범위가 커지면서 지구마저도 스스로 자신을 파괴하는 '생태 자살', '지구 자살' 상황 직전이다. 이런 상황을 알리는 신호가 두 가지 있다. 하나는 '감염병 일상화 시대'의 도래이고, 다른 하나는 '지구온난화global warming의 가속화'다.

2009년 신종플루가 전 세계적 대유행을 일으킨 후, 필자는 '다음 감염병 대유행' 시나리오를 발표했다. 빠르면 12년 이후에 또 다른 감염병 팬데믹이 발생할 가능성에 대한 예측이었다. 가장 유력한 발병 진원지로 중국을 거론했다. 필자가 예측을 발표한 지 12년이 지난 2020년, 코로나19 팬데믹이 인류를 습격했다. 스페인 독감의 피해를 넘어서는 대재앙이었다. 발병 시작 국가도 필자가 주목했던 중국이었다. 현재, 인류는 코로나19 대재앙을 어느 정도 극복하고 위드 코로나 시대로 진입하고 있다. 하지만 안심하기는 아직 이르다. 감염병 대재앙은 반드시 다시 돌아올 것이다.

코로나19 이후, 우리는 감염병 일상화 시대를 살아가게 될 것이다. 지엽적 감염병과 팬데믹이 하나의 패키지를 이루는 패턴이 반복되는 뉴노멀 상황이다. 패턴의 반복 주기는 10~12년이다. 예를 들면, 다음과 같다. 2009~2010년, 신종플루의 전 세계 팬데믹 사태가 일어났다. 그 이후 지엽적인 감염병 발병이 일어났다. 2013년 메르스, 2014년 에볼라, 2016년 지카바이러스다. 그리고 2020~2021년 코로나19라는 전 세계 팬데믹 사태가 다시 발생했다. 2009년과 2020년 팬데믹 사이는 12년이고 그 안에 지엽적 감염병 발병이 세 차례 일어났다. 이전 팬데믹과 다음 팬데믹 사이에 3~4개 정도의 위협적인 지엽적 감염병이 발생하는 패턴이 '감염병 일상화'라는 뉴노멀의 기본 구조다.

감염병 일상화 패턴은 또 다른 특징이 있다. 패턴을 반복할 수록 치사율이 높아진다는 것이다. 2020년에 발병한 코로나19 바이러스는 2009년에 발병했던 신종플루보다 강력했다. 100년 전에 근대 역사상 최악의 감염병 사태로 기록된 스페인독감보다 강력했다. 다음에 다시 찾아올 팬데믹 감염병은 감염성과 치사율이 코로나19보다 한 단계 높아져 나타날 가능성이 크다. 코로나19 팬데믹과 다음번 팬데믹 사이에 등장할 지엽적 감염병도 위력이 한층 강력해져서 나타날 것이다.

환경파괴와 지구온난화 현상이 계속되는 한, 새로운 바이러스 출현 가능성도 점점 커진다. WHO는 지난 40여 년 동안 새로운 감염병이 39개 발견되었다고 발표했다. 페스트, 뎅기열, 콜레라, B형간염 등 기존 감염병도 계속 변이를 일으키면서 인간의 면역체계를 회피하는 능력을 기르고 있다. 동물에게만 발생하는 인플루엔자 바이러스가 변종을 일으키고 종간 경계를 뛰어넘어 인간을 공격하는 사례도 늘고 있다. 2010년 6월 3일, 중국 중부의 후베이성 어저우鄂州시 어청鄂城구에 사는 22세의 임산부가 조류에만 발병하는 인플루엔자(H5N1)에 감염돼 숨지는 사건이 발생했다. 이 바이러스의 치사율은 60~80%였다. 이 조류 인플루엔자 바이러스도 인간에게 감염되기 시작했기 때문에 언젠가는 코로나19나 스페인독감 바이러스처럼 팬데믹을 일으킬 수준으로 변이나 변종에 성공할 가능성이 있다. 그러면 또 한 번의 대재앙이 일어난다.

감염병 일상화 시대의 도래보다 두려운 것은 '지구온난화의 가속화'다. 유엔 산하 정부간기후변화위원회IPCC는 1.4℃에서 5.8℃까지의 지구 평균기온 상승을 인간에게 주어진 지구 종말의 시간표라고 제시했다. IPCC는 인류가 온실가스 배출량을 최대로 늘려서 5.4℃까지 평균기온을 상승시키면 깊고 무시무시한 길, 지옥으로 가는 길, 파멸적 재앙이 열리는 최악의 시나리오가 펼쳐질 것이라고 경고했다. 필자는 IPCC가 발표한 자료를 기반으로 지구의 평균기온이 1℃씩 상승할 때마다 어떤 재앙이 일어나는지 정리해서 소개한다.[52]

지구의 평균기온이 1℃ 상승할 경우 기온 변화로 인해 숲, 바다, 아프리카와 북극까지 자연 생태계의 모습이 바뀐다. 대표적 재앙은 세계 곳곳에서 극심한 가뭄과 대형 산불이 빈번하게 반복적으로 일어나는 상황이다. 2015년, 영국 기상청은 지구 기온이 1850~1900년 평균치보다 1.02℃ 높다는 조사 결과를 발표했다. 2015년은 지구 평균기온이 1℃를 넘는 첫해로 공식 기록된 날이다. 현재, 우리는 지구온난화가 만들어내는 대재앙의 관문으로 지목된 '지구 기온 2℃ 상승'의 절반에 이르렀다. 지구 전체의 평균기온이 상승하면서 매년 30만 명이 말라리아 같은 기후 관련 질병으로 사망하고, 10%의 생물이 멸종위기에 처한다. 안데스산맥의 작은 빙하도 녹고, 지구상에서 가장 큰 빙하를 보유한 남극도 녹아내린다. 북극 바다의 얼음은 영원히 사라질지도 모른다. 빙하가 녹으면 해수면 평균치가 올라간다. 빙하는 이산화탄소나 메탄을 가장 많이 포집하는 방패다. 이것이 녹아내리면 방어벽이 깨지면서 온실가스 배출이 급격히 상승하고 평균기온 2℃의 관문으로 질주하는 속도를 빠르게 만든다. 빙하는 햇빛의 80% 이상을 반사하지만, 바다는 햇빛의 95%를 흡수하여 온도가 높아진다. 지구의 대기 온도가 상승하고 다시 얼음이 녹는다.

이런 위험이 스스로 강화 피드백을 더욱 빠르게 작동시키면, 앞으로 10~20년 후에는 최소한 북극의 빙하 지대가 궤멸될 수도 있다. 강화 피드백을 멈추지 못하면 히말라야 만년설이 전부 녹고, 북극의 빙하와 동토층이 완전 궤멸되며, 남극의 대빙하 지역이 더 많이 녹아내린다. 영구 동토층이 녹으면 러시아와 캐나다의 건물 및 도로 손상이 커진다. 온난화로 가장 빠르게 충격을 받고 있는 지역은 열대지방이나 사막이 아니다. 북극이다. 북극의 현재 기온 상승폭은 지구 전체 상승폭보다 2배 빠르다. 지난 50년 동안 기온이 2~3℃ 높아지면서 북극의 일부는 풀과 나무가 자라는 초목 지대로 변하고 있고, 북극곰의 서식지가 줄어들고 있다.

지구의 평균기온이 2℃ 상승할 경우, 플랑크톤이 소멸하고 바다가 산성화된다. 대표적 재앙은 가뭄이 빈번해지면서 대홍수가 반복적으로 발생하는 구조의 고착화다. 대홍수는 1℃ 상승과 정반대되는 현상이다. 대홍수의 원인은 집중호우와 해빙이다. 기후 불안정으로 슈퍼 태풍 발생이 늘어나고, 지구 곳곳이 몬순기후대로 변하면서 집중호우가 발생하는 지역이 늘어난다. 2021년 7월, 중국 허난성에 기상 관측 이래 가장 많은 비가 내렸다. 3일 동안 내린 비의 양은 정저우 지역에서 1년 동안 내릴 총강수량과 맞먹었다. 중국에서는 1천 년에 한 번 있을 만한 폭우라는 평가가 나왔다. 지구 평균기온이 2℃ 상승하면 이런 홍수가 빈번하게 발생한다.

더 중요한 것이 있다. 인간 생활에 치명적 위험이 실제로 발생하는 시점은 평균기온이 2℃ 상승할 때라는 것이다. 예를 들어, 6천만 명 이상이 말라리아에 노출되고, 홍수로 1천만 명이 영향을 받으며, 곡물 재배에 치명적 위기가 발생하여 국제 곡물 가격이 크게 상승해서 전 세계 소비자를 공격한다. 33%의 생물, 모든 해양 산호가 멸종위기에 놓이면서 어업에도 심각한 위기가 발생한다. 지구의 거의 모든 지역에서 인간에게 치명적인 열파heat wave가 발생한다. 여름에는 2003년 유럽에서 수만 명이 죽었던 혹서 현상이 매년 나타난다. 폭염, 열파와 혹서는 농작물에도 치명적이다. 열대지역 농작물이 크게 감소(아프리카는 5~10%)하고, 5억 명이 굶어 죽을 가능성이 높아진다.

기후변화로 대규모 주거지 이동이 발생한다. 대규모 기후난민의 출현이다. 선진국에서도 기후난민이 발생할 수 있다. 해안가에서는 쓰나미 공격이 빈번해지고 해수면이 증가하며 도시와 마을이 사라지고, 내륙지역에서는 사막화로 도시와 마을이 사라지기 때문이다. 산림이 사라지면 그 장소는 사막이 된다. 사막의 모래바람이 인간이 생존할 수 없는 지역으로 만든다. 아마존도 사막과 초원으로 변한다. 기후난민의 숫자는 독재와 경제적 고통을 피해 후진국에서 발생하는 난민 숫자와 비교되지 않을 정도라고 예측된다. 기후난민이 발생하지 않는 지역도 안심할 수 없다.

가뭄과 사막화로 세계 곳곳에서 작은 물줄기는 완전히 말라 사라지고, 큰 강들도 수위가 줄고 수질이 나빠지며, 남아프리카와 지중해에서는 물 공급량이 20~30% 감소할 수 있다. 먹을 수 있는 물이 줄어들면 물을 빼앗기 위한 전쟁이 벌어진다. 전 세계가 죽음의 전쟁으로 빨려 들어갈 수 있다. 물 부족은 핵전쟁의 공포를 넘어서는 위협이다. 전 세계 인구의 절반을 잃는 대가를 치르고서라도 물을 확보하려는 선택을 강요받게 된다. 다음번 세계대전은 이념이나 경제가 아니라 기온 상승이 직접 원인이 될 수 있다. 전문가들은 현재 추세라면 앞으로 30년 후가 되면 지구 평균기온이 추가로 1℃ 상승(1900년 기준 2℃ 상승)할 가능성이 높다고 전망한다.

지구의 평균기온이 3℃ 상승할 경우, 지금까지와는 차원이 다른 재앙이 다가온다. 대표적 재앙은 아마존 우림 지대와 바닷속 산호 숲들이 사막으로 변한다. 바다 온도가 높아지면서 산호초가 완전이 멸종하는 백화현상이 일어나면 바다 생태계가 뿌리부터 흔들린다. 아마존 우림 지대가 완전히 소멸되면 지구는 폐암에 걸린 시한부 환자와 비슷한 상황에 처하게 된다. 인간이 할 수 있는 일은 없어지고 속수무책 상황이 시작된다.

실제로 3℃가 인간 대응의 마지노선이다. 그다음부터는 끝장이다. 지옥문이 열린다. 지구를 버리고 화성으로 이주할 준비를 시작해야 할지도 모른다. 지구의 평균기온이 3℃ 오르면 식물이 심한 스트레스를 받고, 가뭄과 뜨거움으로 먹이가 줄며, 생태계가 혼란에 빠진다. 기근 피해자도 5억 5천만 명이 추가로 증가하고 최대 300만 명이 영양실조로 사망한다. 건조해진 아마존 우림 지대가 산불로 몸살을 앓는다. 아마존 산림이 심하게 훼손되면서 온실가스가 배출되고, 이산화탄소를 흡수할 여력도 급격하게 줄어든다. 나무 등이 타서 지구 온도를 1.5℃ 추가로 상승시킬 동력이 생성되면서 지구온난화는 제어 불가능해지고 생태 자살이 현실화된다. 인간도 식물도 동물도 점점 생존의 한계점에 도달한다.

지구가 뜨거워진 상황에서 집중호우가 내리면 더위를 식히는 작용보다 엄청난 습도를 발생시켜서 오히려 땀을 배출하기 더 어렵게 만든다. 습기가 없는 날에는 열파 현상이 인간을 괴롭힌다. 최대 50% 생물의 멸종이 현실화된다. 북극과 남극에서 엄청난 양의 빙하가 녹으면서 해수면이 상승하고 플로리다, 뉴욕, 런던이 물에 잠긴다. 지구상의 거의 모든 작은 섬과 낮은 땅은 물에 잠긴다. 방글라데시는 전 국토의 20%가 수몰 지역이 된다.

기후변화로 집중호우만 빈번해져서 물 부족 문제는 더 심각해진다. 아프리카와 지중해 주변에서는 물의 양이 30~50% 줄어들고, 유럽에서는 10년마다 심각한 가뭄이 발생하면서 전 세계에서 10억~40억 명이 물 부족 상황에 처한다. 대부분의 국가와 도시들은 단수나 제한 급수를 시행하고 수자원시설과 급수시설에는 군대가 배치된다. 상당수의 저수지에서 물이 말라버리고, 남아프리카, 호주, 남유럽, 남미, 미국 서부, 중앙아시아 등에서는 사막화가 가속화된다. 열대지역은 곤충들에게 점령당하고, 북반구 전 지역에 걸쳐서 열대지방의 풍토병이 발생한다. 침수지역이나 사막화가 진행되는 지역의 주민들이 다른 도시로 이주하거나 국경을 넘어 다른 나라로 대이동을 감행한다. 일부 나라는 국경을 넘어오는 사람들을 막기 위해 군대를 동원하는 선택을 해야 한다.

지구의 평균기온이 4℃ 상승할 경우, 인간의 과학기술이나 노력으론 상황을 되돌리기는 고사하고 늦추기조차 불가능하다.

30~50%의 물이 줄고, 아프리카 농작물의 15~35%가 감소하며, 아프리카에서 최대 8천만 명이 말라리아로 사망한다. 해안지역 인구 중 최대 3억 명이 홍수 피해를 입고, 이탈리아·스페인·그리스·터키가 사막이 되며, 중앙 유럽은 여름에 50℃ 가까이 기온이 오른다. 남극의 얼음이 녹으면서 해수면이 5미터 추가 상승하고, 북극의 얼음이 녹으면서 북극곰 등 얼음을 필요로 하는 생물이 멸종한다. 가장 큰 문제는 지구 평균기온이 3℃ 상승하면 추가 동력이 발생하여 자동으로 4℃ 상승이 일어나고, 다시 5℃ 상승으로 거침없는 진군을 한다는 점이다. 깊고 무시무시한 길, 지옥으로 가는 길, 파멸적 재앙을 더 이상 되돌릴 수 없는 상황에 빠지는 것이다. 4℃부터 1년 365일 국가 재난 비상상황이 전개된다. 지구 어디에도 환경 재난으로부터 숨을 곳이 없어진다.

지구의 평균기온이 5℃ 상승할 경우, 지구는 더 이상 우리가 알던 행성이 아니다. 지구상에 존재하는 모든 빙하가 사라지고 정글도 불타버린다. 대표적인 재앙은 지구상에서 이미 수많은 사람들이 기아, 난민, 감염병, 기후 재난, 물을 빼앗기 위한 전쟁으로 죽었다는 현실이다. 세계 곳곳이 지옥이다. 간신히 살아남은 사람들 사이에도 격렬한 투쟁이 멈추지 않는다. 과학기술이 발전했다면 부자들과 기득권자들은 이미 달이나 화성으로 이주를 시작했을 것이다. 지구의 평균기온이 6℃ 상승할 경우, 어떤 식으로 지구가 멸망할지 그 누구도 상상할 수 없다. 지구가 불타 생지옥이 될 수도 있다. 반대로, 정상적인 열염분 순환thermohaline circulation 구조에 왜곡이 생기면서 해수 컨베이어벨트가 망가지고 빙하기가 도래하여 거의 모든 생명체를 죽음으로 몰아넣는 고통을 줄 수도 있다.

'감염병의 일상화'와 '지구온난화의 가속화'가 벌어지는 것은 두 가지 원인이 결정적이다. 하나는 환경파괴다. 다른 하나는 세계화다. 인간은 삶의 편리와 생존 이득을 위해 지구환경을 파괴한다. 더 나은 주거시설을 얻기 위해 나무를 베고, 산을 깎고, 강과 바다를 메워 집을 짓고 도시를 건설한다. 지구온난화도 환경파괴의 결과물 중 하나다. 지구온난화는 장기간에 걸쳐 지구의 평균기온이 높아지는 현상이다. 이를 일으키는 주요 원인은 온실가스 배출이다. 산업혁명 이후, 제1온실가스 이산화탄소 농도는 30% 이상 증가했고, 제2온실가스 메탄은 2배 증가했다. 이들 온실가스는 공장, 자동차, 헤어스프레이 같은 생활용품, 가축의 배설물 등에서 배출된다. 모두 인간이 편리하고 풍족한 삶을 살기 위해 노력한 과정에서 나온 부작용들이다.

'환경파괴나 오염이 감염병 발병과 무슨 관계가 있을까?' 하는 의문을 가질 수 있다. 신종 감염병은 완전히 새로운 바이러스가 유발하지 않는다. 거의, 이미 존재하는 바이러스(혹은 있었지만 알지 못했던 바이러스)가 원인이다. 환경이 바뀌지 않으면 바이러스나 세균은 제자리에만 있어서 서식지 자체가 다른 인간과 만날 위험이 없다. 환경파괴가 서로 만나는 접점과 상호작용 가능성을 늘리면서 인간을 직접 공격하는 빈도가 높아지는 것이다. 말라리아 등 일정 지역에서만 인간을 공격하는 질병도 환경파괴가 불러온 지구온난화 현상으로서 기온과 강수량이 상승하면서 인간을 공격하는 지역을 넓혀간다. 바이러스가 변이와 변종을 반복하는 과정에서 종간의 경계를 뛰어넘어 인간을 공격하는 종말적 사태가 발생할 가능성도 커진다. 지구온난화가 계속되어 지구가 점점 더워지면, 감염병과 각종 질병을 일으키는 매개곤충인 진드기나 모기 등의 분포 지역도 확대된다. 곤충의 번식과 활동량도 증가한다. 열대 정글 속에 숨어 있던 라임병Lyme Borreliosis, 말라리아, 뎅기열 등 무서운 감염균들이 모기 등 매개곤충을 통해 북반구 도시들까지 전파될 확률도 높아진다.

미래에도 인간은 부와 국가 발전이라는 명분을 앞세워 지구의 모든 지역들을 개발하고 생태계 파괴를 지속할 것이다. 전 세계 인구는 2023년에 80억 명을 돌파한다. 2058년이면 100억 명이다. 그동안 더 많은 도시를 건설하기 위해 더 많은 산과 바다와 정글이 파괴될 것이다. 더 많은 소비가 일어나면서 더 많은 온실가스도 배출될 것이다. 집단 가축사육도 포기하지 못할 것이다. 더 많은 고기를 먹기 위해 어쩔 수 없는 선택이다. 가축사육이 늘어나면, 가축이 배출하는 메탄가스도 늘어난다. 일부 국가에서는 이익을 늘리기 위해 비위생적인 가축사육과 도축도 지속할 것이다.

그런 행위는 동물과 인간의 종간 감염 가능성을 높이면서 지금보다 강력한 변종바이러스가 발생할 가능성을 키운다. 조류독감은 밀집, 효율, 약물, 돈벌이가 작동하는 전 세계 곳곳에 있는 공장형 양계장을 무한 복제의 터전으로 삼고 있다.[53] 원숭이나 침팬지에서 발병하는 원숭이면역결핍바이러스SIV는 사냥꾼이 잡은 고기를 먹거나 사냥을 하는 과정에서 변종으로 바뀌어 인간에게 감염된 것으로 추정된다. 학계에서는 치사율이 80%를 넘어 역사상 가장 치명적인 바이러스로 분류되는 에볼라바이러스도 비슷한 방식으로 인간에게 전염되었을 것으로 추정한다. 에볼라바이러스는 건강한 사람이라도 악수 한 번만으로 감염시킬 정도로 전염성이 매우 강하다. 사람 몸속으로 침투한 에볼라바이러스는 단백질 막을 파괴하고 세포 속으로 들어가 세포가 터질 정도로 빠르게 증식한다. 모든 세포들이 터지면서 사람은 피를 토하고 죽는다. 현재 에볼라바이러스는 감염된 사람(숙주)이 죽는 속도가 빨라서 지역 방어망을 뚫고 전 세계로 빠르게 퍼지지 못하고 있다. 하지만 에볼라 바이러스가 변이와 변종을 계속하고 있기에 언제든지 숙주를 죽이는 치명률을 낮추고 전염성을 높여 전 세계로 퍼질 능력을 확보할지 모른다. 2003년 최초 발병한 중증급성호흡기증후군Severe Acute Repiratory Syndrome, SARS도 중국 남부 광둥성의 박쥐가 사향고양이에게 감염시켰고, 그 고기를 인간이 도축해서 먹는 과정에서 인간 몸에 침투했다.

가축사육이 늘어나면 집단 사육하는 가축의 질병 감염을 막기 위한 항생제 남용도 증가한다. 가축의 몸속에서 항생제에 내성을 키운 균들이 밖으로 흘러나와 인간의 몸속에 들어오면, 다른 균들에도 내성을 전달할 수 있다. 최후의 항생제인 반코마이신Vancomycin에도 내성을 보이는 균Vancomycin-Resistant Staphylococcus Aureus, VRSA이 이미 출현한 상태다. 미국에서는 항생제내성세균MRSA, 반코마이신 내성장구균VRE 등의 병원 내 2차감염으로 많게는 200만 명의 환자가 감염되고, 10만 명 이상 사망한다. 약이 없으면 만들어지지 않았을 것이라는 평가를 받는 MRSA는 이미 주요 선진국의 병원에 대부분 침투해 있다.[54] 교묘하게도 MRSA가 환자 과밀 병원과 환자들의 자유로운 이동을 따라 서식하기 때문이다. 병원에서 환자에게 남용하는 항생제는 슈퍼박테리아 출현을 앞당기는 요인이기도 하다. 슈퍼박테리아 집단 발병이 이미 시작되었다는 것에 유념해야 한다. 항생제는 내성을 지닌 슈퍼박테리아가 느리지만 점점 큰 문제로 발전하고 있다는 것을 의미하는 중요한 신호이기 때문이다.

여기에 세계화가 더해지면서 특정 지역에서 발생한 살인적 질병과 바이러스는 비행기, 배, 자동차 등을 통해 순식간에 전 세계로 퍼진다. 사스바이러스는 처음에 감염 환자를 치료하던 의사를 감염시켰고, 그 의사가 결혼식에 참석하기 위해 150킬로미터 떨어진 홍콩으로 가서 12명의 피로연 손님에게 병을 옮겼다. 결혼식 피로연을 마치고 각자의 나라로 돌아간 12명을 통해 싱가포르, 베트남, 캐나다 등으로 빠르게 감염이 확산되었다. 이런 방식으로 8개월 동안에만 30개 국가에서 8천 명 정도가 감염되었다. 그중 774명이 사망했다.

2020년 발생한 코로나19 바이러스도 중국 우한의 봉쇄망을 어떻게 뚫었을까? 비행기다. 필자는 코로나19 발병 초기에 향후 코로나19가 전파되는 경로와 순서를 예측하는 데 다양한 자료를 참고했는데, 그중에서 가장 효과적이었던 것은 전 세계 항공기 운항 지도였다. 단일 자료로는 가장 높은 예측 적중률을 보여주었다. 미래에는 이동수단의 발달이 가속화되면서 세계는 더 빠르게 이동하고 더 광범위하게 접촉할 것이다. 지금도 매년 10억 명 정도가 여행과 업무를 위해 세계를 돌아다닌다. 미래에는 이 숫자가 2~3배 더 늘어날 것이다. 그만큼 전염병의 세계적 확산 위험도가 커진다.

먹거리의 세계화도 질병이나 전염병을 전파시키는 원인으로 작용한다. 1993년, 장출혈성 대장균 'O157'이 미국산 쇠고기로 만든 햄버거 패티에서 발견되었다. 미국이 O157 대장균에 오염된 소고기를 수출하면서 전 세계로 병균이 퍼져나간 것이다. 뇌를 잠식하는 죽음의 프리온prion (단백질protein과 바이러스입자virion의 합성어)으로 불리는 크로이츠펠트-야코프병Creutzfeldt-Jakob Disease, CJD도 전 세계를 공포에 떨게 했다. 일명 인간 광우병이다. 프리온도 바이러스처럼 지속적으로 변이와 변종을 거듭한다. 가정 요리나 패스트푸드의 재료로 많이 쓰이는 오리, 닭, 메추라기도 국가들 간에 서로 주고받는 중요한 먹거리 무역 품목들 중 하나다. 그러나 매년 정기적으로 고개를 드는 조류독감 때문에 공포에 쌓인 양계업자들이 세계 곳곳에서 미친 듯이 오리나 닭, 메추라기를 폐사시킨다. 무역의 세계화는 먹거리뿐만 아니라 해충, 잡초, 세균, 조작된 유전인자들을 무차별적으로 뒤섞는 데 일조한다. 광우병은 동물성 단백질 사료의 국제무역을 최적의 유통 경로로 삼고 있다. 그 안에 세계적인 살인마가 숨어 있는 것이다.

원자재와 곡물 가격의
슈퍼 사이클 패턴

　　이런 기후변화 위기 시대를 '원자재와 곡물 가격의 미래'를 예측하는 데 중요 변수로 대입하면 어떻게 될까? 원자재와 곡물 가격 트렌드에 영향을 미치는 변수 중 하나가 달러다. 그림 104를 보자. 구리, 철, 목재 등 각종 원자재와 곡물 가격(콩)이 달러 가치 변화와 어떤 관계가 있는지 보여준다. 기본적으로 역방향 관계다.

　　달러 가치가 각종 원자재와 곡물 가격에 영향을 주는 것은 분명하다. 하지만 원자재와 곡물 가격도 수요공급 법칙이 핵심 변수다. 폭발적인 인구 증가와 급속한 도시화 현상이 수요 부분에서 중요한 역할을 한다. 전 세계 인구는 2023년에 80억 명, 2058년이면 100억 명을 돌파한다.

　　반면, 기후변화 위기는 공급 부분에서 결정적인 영향을 미친다. 그림 105를 보자. 1900년부터 코로나19 이전까지 원유, 금속, 가축, 농산물 등의 상품가격 변동 추세다. 시간이 지날수록 슈

그림 104. 원자재 및 곡물 가격과 달러 가치의 관계

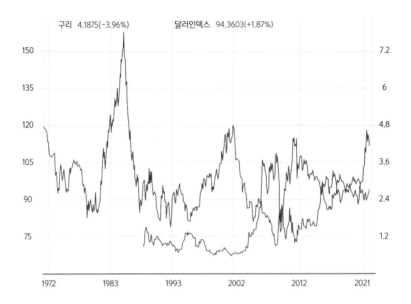

구리 4.1875(-3.96%)　　　달러인덱스 94.3603(+1.87%)

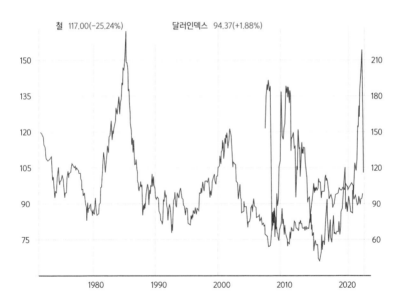

철 117.00(-25.24%)　　　달러인덱스 94.37(+1.88%)

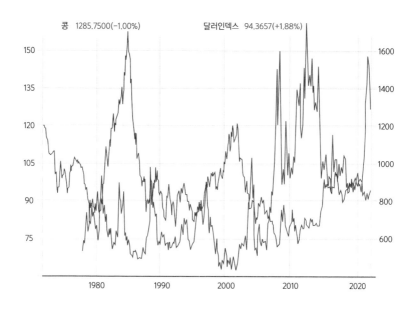

콩 1285.7500(-1.00%)　　　　달러인덱스 94.3657(+1.88%)

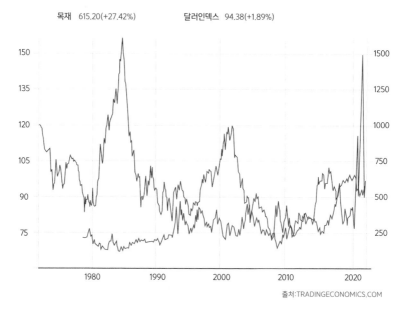

목재 615.20(+27.42%)　　　　달러인덱스 94.38(+1.89%)

출처:TRADINGECONOMICS.COM

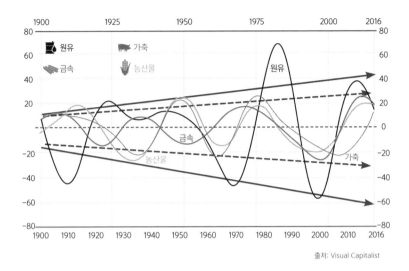

그림 105. 원유, 금속, 가축, 농산물 등의 상품 가격 변동 추세

출처: Visual Capitalist

퍼 사이클의 변동폭이 커지는 것을 볼 수 있다. 인구 증가로 인한 소비 규모 증가, 기후 위기로 인한 생산 규모 변동성 증가가 겹치면서 생기는 현상이다. 슈퍼 사이클의 변동폭만 큰 게 아니다. 2011~2020년까지 미세 추세만 보더라도 원자재와 곡물 등의 상품 투자수익률 변동성이 매우 심하다(그림 106). 옥수수 투자수익률 하나만 보더라도, 매년 큰 폭으로 들쭉날쭉하다(필자가 초록색 박스로 표시한 것은 해당 연도에 마이너스 수익률을 기록한 상품이다. 상단에 − 수익률과 + 수익률이라고 표시한 것은 해당 연도에 수익률이 플러스와 마이너스 중에서 어떤 것이 더 많았는지 표시한 것이다).

미세 추세에서 일어나는 변동성은 경제 사이클과 미중 무역전쟁 같은 정치적 사건, 그리고 공급자 측면에서 공급량 조절 실

2025 미래 투자 시나리오

그림 106. 2011~2020년까지 원자재와 곡물의 상품 투자수익률

-수익률 2011	+수익률 2012	-수익률 2013	-수익률 2014	-수익률 2015	+수익률 2016	+수익률 2017	-수익률 2018	+수익률 2019	+수익률 2020
10.06% 금	19.19% 밀	26.23% 천연가스	11.35% 팔라듐	-2.50% 납	103.67% 석탄	56.25% 팔라듐	18.59% 팔라듐	54.21% 팔라듐	47.89% 은
8.15% 원유	15.19%	7.19% 납	6.91% 원유	-9.63% 옥수수	60.59% 아연	32.39% 알루미늄	17.86% 밀	34.46% 원유	26.02% 구리
5.76% 석탄	12.16% 아연	1.70% 팔라듐	3.91% 아연	-10.42% 금	59.35% 천연가스	31.19% 구리	6.91% 옥수수	31.55% 니켈	25.86% 팔라듐
2.78% 옥수수	12.11% 천연가스	0.17% 아연	3.80% 알루미늄	-10.72% 석탄	45.03% 원유	30.49% 천연가스	-0.44% 백금	21.48% 백금	25.12% 금
-9.94% 은	9.87% 백금	-1.00% 석탄	-1.72% 금	-11.75% 은	20.96% 팔라듐	30.49% 아연	-1.58% 금	18.31% 금	24.82% 옥수수
-17.82% 밀	8.98% 은	-5.44% 납	-2.24% 밀	-17.79% 알루미늄	17.39% 구리	27.51% 니켈	-8.53% 은	15.21% 은	19.73% 아연
-18.27% 팔라듐	8.00% 옥수수	-6.72% 구리	-5.52% 옥수수	-19.11% 천연가스	14.86% 은	24.27% 납	-14.49% 백금	11.03% 밀	18.66% 니켈
-18.95% 알루미늄	7.52% 팔라듐	-11.03% 백금	-11.79% 백금	-20.31% 밀	13.58% 알루미늄	13.09% 금	-16.54% 니켈	3.40% 옥수수	15.99% 천연가스
-20.86% 백금	7.14% 알루미늄	-14.02% 알루미늄	-14.00% 구리	-26.07% 백금	13.49% 니켈	12.47% 원유	-17.43% 알루미늄	3.36% 구리	14.63% 구리
-21.35% 구리	4.18% 구리	-18.63% 니켈	-15.51% 석탄	-26.10% 구리	11.27% 납	6.42% 은	-17.46% 구리	-4.38% 알루미늄	20.79% 백금
-21.55% 납	2.33% 알루미늄	-22.20% 밀	-16.00% 납	-26.50% 금	8.56% 금	4.66% 밀	-19.23% 납	-4.66% 납	10.81% 알루미늄
-24.22% 니켈	-7.09% 원유	-28.04% 금	-19.34% 은	-29.43% 팔라듐	1.16% 백금	2.99% 밀	-22.16% 석탄	-9.49% 아연	3.25% 납
-25.24% 아연	-9.22% 니켈	-35.84% 니켈	-31.21% 천연가스	-30.47% 원유	-1.88% 옥수수	-0.36% 옥수수	-24.54% 아연	-18.02% 석탄	-1.29% 석탄
-32.15% 천연가스	-16.78% 석탄	-39.56% 옥수수	-45.58% 원유	-41.75% 니켈	-13.19% 밀	-20.70% 천연가스	-24.84% 원유	-25.54% 천연가스	-20.56% 원유

(세로축: 투자수익률)

출처: Visual Capitalist

패 등이 영향을 미친다. 하지만 거시적 관점에서 슈퍼 사이클은 인구 증가와 기후 위기가 결정적이다. 앞으로 기후 위기가 커질수록 거시적 관점에서 원자재와 곡물 등 상품의 슈퍼 사이클 변동폭은 계속 커질 가능성이 높다.

지구의 평균기온이 1℃ 상승한 현재, 우리는 지금 1℃ 상승이 만들어내는 재앙의 중심을 지나고 있다. 세계 곳곳에서 극심한 가뭄과 대형 산불이 빈번히 반복적으로 일어나면서 1℃ 상승이 만

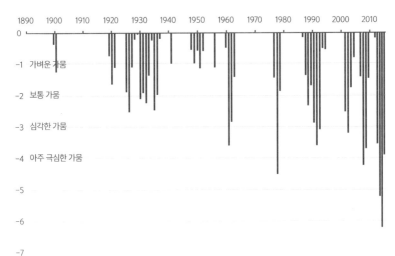

그림 107. 1896~2016년까지 미국의 가뭄지수

| 1890 | 1900 | 1910 | 1920 | 1930 | 1940 | 1950 | 1960 | 1970 | 1980 | 1990 | 2000 | 2010 |

0

−1 가벼운 가뭄

−2 보통 가뭄

−3 심각한 가뭄

−4 아주 극심한 가뭄

−5

−6

−7

출처: www.ncdc.noaa.gov

들어내는 재앙은 원자재와 곡물 가격에도 직접 영향을 주기 시작했다. 그림 107을 보자. 1965년에 미국의 파머 박사가 발표한 '수문학水文學적 가뭄지수'를 기준으로 최근까지 미국의 가뭄지수를 측정한 것이다. 시간이 갈수록 미국의 가뭄지수가 심각해지고 있다. 참고로, 수문학은 지구상의 물을 연구하는 학문이다. 그림 108를 더 보자. 미국에서 매년 일어나는 각종 재앙들의 발생 횟수다. 2000년 이후부터 산과 들에서 발생하는 황무지 화재wildland fire 횟수가 급증하고 있다. 천둥 번개를 동반한 비바람thunderstorm이 꾸준히 증가하고 있고, 가뭄 횟수도 빠르게 늘고 있다.

전문가들은 현재 추세라면 앞으로 30년 후가 되면 지구 평균 기온이 추가로 1℃ 상승(1900년 기준 2℃ 상승)할 가능성이 높다고 전망한다. 평균기온이 2℃ 상승하면, 곡물 재배에 치명적 위기가

그림 108. 미국에서 매년 발생하는 재앙들의 횟수

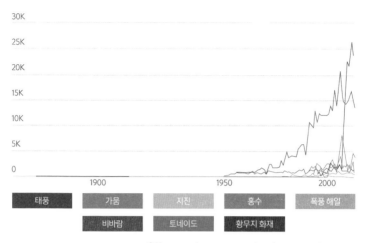

출처: www.ncdc.noaa.gov, earthquake.usgs.gov, fam.nwcg.gov

발생하여 국제 곡물 가격이 크게 상승하고 전 세계 소비자를 공격한다. 33%의 생물과 해양의 모든 산호가 멸종 위기에 놓이면서 어업에도 심각한 위기가 발생한다. 대홍수가 빈번해져 농업 지역에 골치덩어리가 되고 아마존이 사막으로 변하여 열대지역 농작물이 크게 감소하면서 선진국에서는 에그플레이션agflation이 반복되고, 후진국에서는 5억 명이 굶어 죽는다. 유럽에서는 수만 명의 목숨을 앗아간 이상 한파가 겨울철마다 발생하여 에너지 대란으로 원유나 천연가스 가격 폭등이 반복적으로 일어난다.

물론 코로나19 이후에 유럽과 미국 등 선진국을 중심으로 지구온난화와 환경파괴 문제에 대응하는 행동이 빨라지면서 위기의 속도를 늦출 수도 있다. 하지만 이런 행동은 반드시 화석연료에서 친환경 에너지로의 빠른 전환을 전제로 한다. 그러면 기온 상승으로 인한 원자재 및 곡물 가격의 변동성 확대 가능성이 조금 낮아질 수 있다. 하지만 친환경 에너지 수요가 증가하면서 친환경 관련 원자재 가격이 뛰는 그린플레이션(그린+인플레이션)이라는 새로운 변수가 생겨난다.

또한 지구온난화와 환경파괴에 대한 인류의 대응이 빨라져도 기온 상승 속도를 느리게 만드는 것은 꽤 오랜 시간이 걸린다. 그리고 중국과 인도, 아프리카 등에서 급격하게 도시화가 진행되고 중산층이 증가하면서 1인당 에너지 소비량이 커지는 현상은 막을 방법이 없다. 즉, 인간의 행동과 기온 상승 속도 하락이라는 결과 사이에 상당한 시간의 지연 현상이 발생한다. 결국, 앞으로 20~30년은 원자재와 곡물 가격 변동성이 더욱 커질 것이고, 동시에 슈퍼 사이클 패턴이 반복되면서 역사적 전고점은 계속 높아질 가능성이 크다.

확률적 미래,
닷컴버블 붕괴가 재현된다

필자는 코로나19 이후에도 기술주는 한동안 거침없는 가치 상승 행보를 보일 가능성이 높다고 예측했다. 하지만 그런 추세가 영원히 이어지지는 않는다. 언젠가는 급제동이 걸린다. 급제동이란 대폭락을 가리킨다. 필자가 지난 100년간 미국 주식시장을 포함해서 투자시장 전반을 분석한 결과, 자산 버블은 다음과 같은 두 가지 특징과 두 가지 패턴을 보였다.

버블의 두 가지 특성

역사적으로 버블은 언제나 과소평가되었다.

역사적으로 버블은 언제나 붕괴했다. 예외가 없다.

버블 대붕괴의 두 가지 패턴

버블 규모와 버블 붕괴 규모는 비례한다.

버블이 붕괴되면 버블이 시작되었던 원래 위치나
그보다 약간 아래까지 하락하는 패턴을 보였다.

과거에 발생했던 각종 버블 붕괴나 금융위기를 되짚어 보면, 주식이든 부동산이든 자산 가격에 내재된 버블은 대부분 과소 평가되었다. 1630년대 네덜란드에서 희귀한 튤립 구근 선물가격이 무려 6천 길더(현재 가격으로 7억 5천만 원~15억 원)가 되었어도 미친 가격이라고 말하는 사람이 없었다. 1985~1991년까지 일본 부동산 버블이 무섭게 부풀어 오를 때, 상업용 부동산은 397%, 주거용과 산업용 부동산은 160%, 주택지구 땅값은 296%까지 상승해도 여전히 싼 가격이라는 말이 나왔다. 나스닥 종합주가지수가 1995년부터 5년 만에 11배 상승했을 때도 더 오를 수 있다는 분위기가 팽배했다.

현재, 그 어떤 현물이나 정화正貨와 안정적으로 태환兌換할 수 없는 암호화폐 코인 하나가 수백만 원, 수천만 원이 되어도 미친 가격이라고 말하는 이들이 적다. 테슬라의 주가수익률P/E ratio이 400배가 넘어도 거의 모든 투자자들이 비싼 가격은 아니라고 말한다. 테슬라의 주가수익률은 2020년 9월에 1천 배를 넘겼지만, 1년이 지난 2021년 9월 현재 400배 수준으로 줄어들었다. 주가수익률 숫자와 상관없이 반토막 나자 거의 모든 투자자들이 테슬라 주가가 매우 싸졌다고 말한다. 테슬라의 주가를 다른 주식들과 비교한 다음 쪽의 표를 보자. 테슬라 주가수익률이 400배로 낮아졌어도 모든 빅테크 회사, 투자의 현인이 이끄는 버크셔 해서웨이,

테슬라 주가수익률 비교(2021년 9월 현재)

종목명	코드	산업 분야	시가총액 (백만 달러)	종가	연간 등락률(%)	주가 수익률
애플	AAPL	컴퓨터-소형 컴퓨터	2,358,028	145.85	31.13%	27.92
마이크로 소프트	MSFT	컴퓨터 소프트웨어	2,172,555	298.58	46.89%	36.27
알파벳 A주	GOOGL	인터넷 서비스	1,820,815	2,805.67	94.43%	29.60
알파벳 C주	GOOG	인터넷 서비스	1,819,742	2,818.77	95.15%	29.59
아마존	AMZN	전자상거래	1,666,778	3,380.50	12.94%	57.23
메타플랫폼스 (페이스북)	FB	인터넷 서비스	967,098	343.21	44.06%	25.41
테슬라	TSLA	전기자동차	767,479	751.94	64.53%	403.76
버크셔 해서웨이 A주	BRK.A	부동산, 보험	625,221	295,891.00	20.77%	26.50
버크셔 해서웨이 B주	BRK.B	부동산, 보험	623,262	197.00	20.93%	26.41
TSMC	TSM	반도체 – 파운드리	578,559	111.65	39.92%	29.67
엔비디아	NVDA	반도체 종합	516,891	219.41	69.91%	71.03
제이피모건 체이스	JPM	은행	499,410	163.69	74.82%	11.15
비자	V	금융 거래 서비스	448,927	222.75	12.05%	42.60
존슨앤드존슨	JNJ	대형 제약	422,434	161.50	11.26%	17.58
알리바바 그룹 홀딩	BABA	전자상거래	391,961	148.05	-49.64%	19.07
월마트	WMT	소매, 슈퍼 마켓 체인	382,164	139.38	1.17%	22.10

은행주나 월마트보다 여전히 20~40배 비싸다. 하지만 사람들은 이 정도 주가도 싸다고 말한다. 비이성적 평가가 서서히 시장을 지배하는 중이라는 신호다.

물론 자산 가격이 비이성적 수준으로 부풀어 오를 때마다 버블 경고가 나왔다. 하지만 시장은 이런저런 이유를 대면서 가격을 합리화했다. '시대가 변했다', '지금의 수치는 과거의 위험과 다르다'는 해석에 시장과 투자자가 동조했다. 비교 대상이 전부 버블이 끼면, 올바른 판단을 내리기가 원천적으로 불가능하다. 버블끼리 비교·분석하면 거품이 아닌 것처럼 보이기 때문에 버블이라고 말하기보다 뉴노멀이라고 해석할 수밖에 없다. 하지만 이런 모든 말들은 착각에 불과하다. 버블이 과소평가되는 이유가 있다. 버블이 크게 일어나는 시대에는 대부분의 자산이 비이성적인 가격까지 오른다. 비교 대상이 전부 버블이 끼었기 때문에 올바른 판단을 내리기가 원천적으로 불가능하다. 참고로 2021년 9월 현재, 나스닥 버블은 아직 이 정도는 아니다. 그렇기 때문에 아직 붕괴의 시기는 아니고 오히려 비이성적 판단이 나스닥 전반으로 확대되는 시간이 필요하다. 그 과정에서 나스닥지수도 추가 상승할 가능성이 높다. 하지만 이번에도 역사가 반복되는 것은 시간문제다.

역사적으로 버블은 언제나 붕괴했다. 단 한 번의 예외도 없었다. 버블을 만들어내는 근본적 장치는 빚(신용)이다. 현대 자본주의 경제를 신용창조에 의한 경제성장 시스템이라고도 부른다. 미래 소득을 앞당겨서 사용하는 일명 '신용창조'를 사용하면 경제를 수십 배 빠르게 성장시킨다. 투자시장도 수십 배 빠르게 상승시킬 수 있다. 하지만 빚은 공짜가 아니고 영원히 빌려 쓰기만 할 수 없다. 언젠가는 빚으로 빚을 돌려 막는 상황을 멈추어야 할 시간이 온다. 이자와 원금을 동시에 갚아야 하는 상황이 온다. 이런 상황을 잘 통제하지 못하면 거대한 위기가 발생한다. 버블 붕괴와 그에 따른 금융 시스템의 위기와 충격이 오는 것이다. 이런 잠재적이고 예고된 위험을 경제학자, 금융 시스템 관리자, 주식 투자자들 모두 잘 알고 있다. 하지만 인간의 탐욕이 문제다. 탐욕 때문에 빚 관리에 번번히 실패해서 버블 붕괴를 피하지 못했다. 역사는 반복된다.

버블은 붕괴가 시작되면 부풀어 오른 규모와 붕괴 규모가 비슷하기 때문에 버블이 시작되었던 원래 위치나 그보다 약간 아래까지 하락하는 패턴을 보인다. '많이 오르면 많이 떨어진다'는 버블 가격의 이치가 작동하기 때문이다. 과거 1634년 튤립 버블도 4개월 만에 95% 폭락했고, 1719~1720년에 일어난 미시시피 버블은 최고점 대비 97% 폭락했으며, 1719~1722년에 발생했던 영국 남해회사 버블도 90% 이상 폭락했다. 부동산도 마찬가지였다. 일본과 미국의 부동산 버블 붕괴 모두 또 다른 버블 발생 직전까지 하락했다. 지난 100년간 미국 주식시장도 버블 붕괴 패턴이 곧잘 들어맞는다. 1930년 대폭락에도 버블이 부풀어 오른 규모와 붕괴 규모가 비슷했고, 2001년 나스닥 버블 붕괴도 마찬가지였다. 코로나19 이후, 기술주가 한동안 거침없는 가치 상승 행보를 보이더라도 버블을 해소해야 하는 시간은 반드시 온다. 현재 상승 추세를 감안하면, 단순한 조정 수준을 벗어날 가능성이 높다. 필자의 예

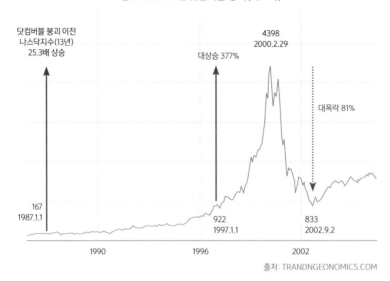

닷컴버블 붕괴 이전
나스닥지수(13년)
25.3배 상승

대상승 377%

4398
2000.2.29

대폭락 81%

167
1987.1.1

922
1997.1.1

833
2002.9.2

1990

1996

2002

출처: TRANDNGEONOMICS.COM

측으로는 '닷컴버블 붕괴의 재현'이 일어날 가능성이 높다.

다음번 버블 대붕괴 시점을 예측할 때, 한 가지 주의해야 할 것이 있다. 가계부채의 총량이 계속 증가하거나 부동산이나 주식 시장에 버블이 크다고 해서 버블 붕괴가 자동으로 발발하지 않는다는 점이다. 우리의 경우도 미국이 긴축을 시작한다고 해서 곧바로 버블 대붕괴가 발발하지 않는다. 가계부채의 증가와 한국 기업의 역량 저하, 부동산이나 주식가격 폭등, 긴축 시작 등은 버블 대붕괴의 발발 가능성을 높일 뿐이다.

긴축 기간이 되면, 강한 기술적 조정이나 대조정 정도는 가능하다. 필자는 투자시장에서 부풀어 오른 버블이 조정되는 방식을 세 가지로 분류한다. 기술적 조정, 대조정, 대폭락이다. 급격한 기술적 조정은 하루 2~5% 내외 하락폭을 2~3일 맞으면서 총

10~15% 미만으로 하락한 후 마무리된다. 완만한 기술적 조정은 한 달 정도 기간에 대략 10~15% 미만 하락한다. 기술적 조정이 발생하면, 이전 주식 가치로 회복되는 데는 최소 1개월, 최대 5~6개월이 소요된다. 기술적 조정이 발생하더라도 금융 시스템이나 실물경제에 심각한 문제가 발생하지 않기 때문에 중앙은행과 정부는 주식시장에 거의 개입하지 않는다. 투자자의 낙심이나 두려움 수준으로 본다면 기대감 후퇴, 일시적 방향 전환은 기술적 조정에 속한다. 대조정은 급격한 기술적 조정을 한 달 동안 2번 정도 연속으로 맞거나, 2~3개월 동안 완만한 기술적 조정이 2번 정도 연이어 일어나는 상황이다. 대략 총 20~30% 정도 하락한다. 대조정이 발생하더라도 중앙은행과 정부가 주식시장에 '역시' 개입할 가능성은 반반이다.

대폭락은 공황 매도panic selling가 일어나면서 한 달 정도 기간에 급격한 기술적 조정이 3번 이상 연속되는 경우다. 대략 30% 이상 하락한다. 대폭락이 발생하면 문제의 원인이 금융 시스템과 실물경제의 심각한 결함 발생이거나, 주식시장 대폭락이 이런 결함을 악화시킬 가능성이 높기 때문에 중앙은행과 정부가 주식시장에 직접 개입할 가능성이 매우 높다. 주식시장 버블 대붕괴는 최소한 종합주가지수가 30% 이상 하락하는 대폭락을 가리킨다. 연준이 긴축 1~4단계를 진행하는 동안에는 대폭락이 일어날 가능성이 낮다. 주가가 조정받는 사건이 발생하더라도, 강한 기술적 조정(10~15% 미만 하락)이나 대조정(총 20~30% 정도 하락) 정도만 가능하다. 지난 100년의 미국 주식시장을 분석해 보면, 종합주가지수 기준으로 최소 30%, 최대 50% 수준으로 하락하는 버블 대붕괴는 대부분 긴축 5단계에서 발생했다. 이번에도 이런 패턴이 재현될 가능성이 확률적으로 가장 높다.

그리고 버블 대붕괴 수준의 충격은 금융 시스템에 큰 충격이 가해질 때만 발생한다. 미국의 경우 금융 시스템에 대충격이 가해지려면 어떤 일이 벌어져야 할까? 바로 채권시장의 위기다. 금융 시스템 위기는 돈을 빌린 사람(가계, 기업, 정부)과 돈을 빌려준 사람(금융기관) 사이에 발생하는 채권 부실 위기가 스위치다. 이들 사이에 어떤 문제가 발생해야 금융위기로 전이될까? 둘 중 한 곳에서 재무 위기나 유동성 위기가 발생해야 한다. 그래서 채권 이자 지급이나 원금 상환, 혹은 채권 재발행에 급작스런 위축이 발생해야 한다.

돈을 빌린 사람 측에서 재무 위기는 소득(이익) 감소, 이자 부담 증가다. 유동성 위기는 신용등급 하락이나 일시적 신용경색 등으로 단기적 현금 흐름에 문제가 발생한 것이다. 재무 상태가 건전해도 일시적으로 발생하는 유동성 위기도 있다. 외부 환경 전체가 일시적으로 왜곡되거나 경색되는 경우다. 9·11 사태가 대표적이다. 돈을 빌려준 사람 측에서 재무 위기는 돈을 빌려주고 담보로 잡은 채권 부실 증가, 자신이 투자한 영역에서 부실 증가(파생상품 부실 등)다. 금융기관의 재무 위기는 부실채권이 늘어나거나 위험 대출이나 투자가 과다한 경우다.

둘 중 한곳에서 재무 위기나 유동성 위기가 발생하면 금융 시스템 위기로 전이될 가능성이 높아진다. 하지만 이들에게서 금융

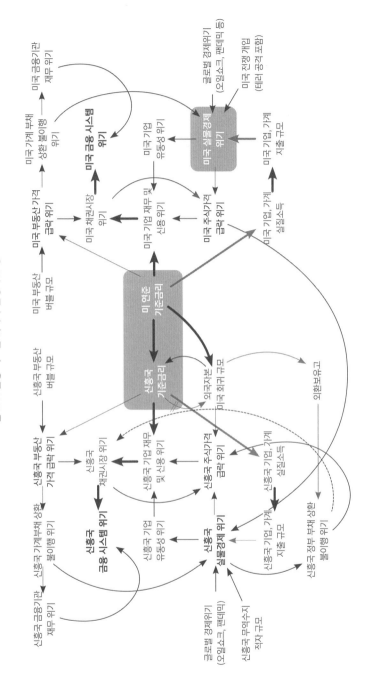

그림 110. 금융 시스템 위기가 발생하는 경로

Part 3 · 패권전쟁의 시대, 반도체와 기술주, 버블 붕괴의 확률적 미래 위기로 전이될 만큼의 재무 위기나 유동성 위기가 발생하는지 파악하는 것은 내부자가 아니면 힘들다. 일반인이 이들에게서 심각한 재무 위기나 유동성 위기가 발생할 가능성이 커지는 것을 추정할 수 있는 다른 신호나 징후는 없을까? 있다. 그림 110에서 보듯이, 미국 실물경제 위기가 중요한 신호다. 미국 실물경제가 빠르게 침체 조짐을 보이기 시작하면, (그림처럼) 시스템 경로를 타고 채권시장으로 위기가 옮겨가고, 채권시장에서 위기가 발생하면 주식시장이 폭락하면서 금융위기 가능성이 단기간에 빠르게 높아진다.

미국에서 이런 일이 발생하면, 신흥국은 자국의 경제 상황과 상관없이 외국자본 탈출이 빨라지면서 기준금리가 빠르게 인상되고 외환시장, 금융시장, 주식시장으로 동시에 위기가 전이된다. 신흥국 중에서 자본 개방도가 높고 금융시장이 클수록 충격은 배가된다. 세계은행World Bank 연구에 따르면, (역사적으로 볼 때) 한국처럼 선진국과 개발도상국 중간에 위치한 나라가 큰 금융시장을 가지고 있는 경우, 한국보다 미국의 금리가 더 높거나 글로벌 금융시장의 변동성이 커지면 큰 타격을 입는다. 금융시장이 클수록 외국 투자자들이 돈을 넣고 뺄 기회가 많기 때문이다.

필자는 다음번 미국 경제의 대침체 발생 시점을 연준의 긴축 5단계 무렵(2025년 전후, 6~12개월 시차가 있을 수 있음)으로 예측하고 있다. 따라서 투자시장의 버블 대붕괴도 비슷한 시점에 발생할 가능성이 가장 높다. 미국 실물경제의 급격한 위축도 연준의 긴축정책 5단계 기간에 시작된다. 연준의 긴축정책 5단계가 시작되면 기업이익이 감소하고, 소비절벽이 생기며, 실업률은 상승으로 돌아서고, 경제성장률이 하락하는 실물경제 대침체(리세션) 국면이 시작된다. 경기 호황에서 불황으로 자연스런 전환이다. 하지만 그 과정에서 금융 안정도가 낮은 영역에서 채권 부실이 발생한다. 당연한 구조조정이지만 후폭풍이 만만치 않다.

IMF는 2019년 10월에 발표한 〈금융안정 보고서〉와 언론 브리핑을 통해 2008년 금융위기 이후 초저금리 상황에서 급증한 기업 부채를 글로벌 금융위기의 가장 큰 뇌관으로 지적했다. IMF는 2021년에는 미국, 중국, 일본, 유로존 등 주요 경제권 8개국의 채무 불이행(디폴트) 위험 기업 부채가 19조 달러(약 2경 2,600조 원)까지 늘어날 것으로 예측하면서 "미국에서 과도한 차입을 통한 인수 합병이 늘어나면서…… 미국 기업의 차입매수LBO가 급격히 증가했고, 이는 기업 신용도 약화로 이어지고 있다."고 분석했다. IMF 분석으로는 미국 신용시장에서 투자적격등급 하한선인 'BBB' 기업 비중이 2008년 말 전체의 31%에서 2019년 9월 말 47%로 증가했다. 같은 기간 BBB 이상 투자적격등급 신용시장도 2조 5천억 달러에서 6조 9천억 달러 규모로 증가했다. 코로나19 이전에 미국 증시의 장기 호황과 초저금리로 기업이 시장에서 돈을 많이 조달한 만큼 투자 부적격으로 떨어질 가능성이 있는 기업 비중도 함께 늘어난 셈이다.

코로나19가 발발하자 주식시장은 일시적으로 대폭락에 빠졌다. 하지만 정부와 중앙은행이 막대한 돈을 퍼부으면서 주식시장을 살렸다. 미국은 글로벌 금융위기를 막기 위해 채권시장에도 무제한으로 유동성을 공급했다. 너무 빨리, 그리고 너무 광범위하게 살리는 바람에 부실기업과 부실채권의 구조조정이 전혀 이루어지지 않았다. 경제 셧다운 기간이 길어지면서 좀비기업 숫자가 더욱 늘었다. 이렇게 2008년 금융위기 이후부터 2019년까지 만들어진 부실을 털어내지 못한 채 미국을 비롯한 세계경제는 2021~2025년을 지나가게 된다. 2022~2025년까지 미국을 비롯한 주요 선진국과 신흥국의 기업, 가계, 정부 영역에서 부채 증가가 계속될 것이다. 주식, 부동산, 암호화폐 등 자산시장, 기업 채권시장과 원자재 시장에서 버블에 버블, 부실에 부실이 쌓이는 상황이 펼쳐질 것이다. 긴축 단계마다 크고 작은 '발작'이 일어나면서 조정이 반복되겠지만, 대폭락과 근본적인 구조조정은 일어나지 않을 것이다.

하지만 긴축 5단계에 이르러서 경제 대침체(리세션) 신호가 시작되면, 미국 채권시장에서 BBB 등급 기업의 이자 지불능력이 악화되면서 연쇄적 신용위기와 파산이 시작될 것이다. 미국 채권시장의 위기는 미국 주식시장, 암호화폐 시장, 부동산 시장으로 차례로 옮겨가면서 연쇄적으로 대폭락을 발생시킬 것이다. 그리고 연쇄 대폭락은 빛의 속도로 한국을 비롯한 전 세계 주식시장, 부동산 시장, 암호화폐 시장으로 옮겨가고, 각국의 실물경제도 한순간에 식어버릴 것이다.

만약 연준이 긴축 3단계 부근에서 이상한 낌새를 눈치채고 기준금리 인상을 갑자기 멈추거나 기준금리 인하로 핸들을 급하게 돌리면 버블 대붕괴의 시간은 잠시 미뤄질 수 있다. 그러면 리

그림 111. 리세션 없는 경기 위축기 vs 리세션을 동반한 경기 위축기

가짜 위축기를 제외하면, 글로벌 리세션은 7~8년이 기본 주기(가짜 위축기가 포함되면 9~10년 주기 형성)
가짜 위축기 이후, 기준금리 재상승으로 2~4년 이내 글로벌 리세션 발생(짧은 리세션 주기도 2~4년 주기 형성)

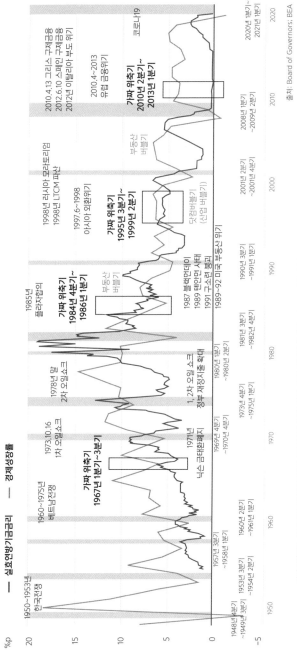

출처: Board of Governors; BEA

진짜 위축기는 높은 기준금리를 견디지 못해 파산하면서 기업, 가계, 금융권에 대규모 구조조정이 발생하는 상황이다.
가짜 위축기는 경제 분위기만 잠시 침체되는 상황이다. 극심한 경기 침체가 아니기 때문에 연준이 기준금리를 조금만 인하하면 경제가 곧바로 반등한다.

세션이 없는 경제 위축기로 경로가 변경된다. 하지만 이것은 미봉책에 불과하다. 조삼모사다. 버블 대붕괴 시간이 2025년 이후로 조금 더 미뤄졌을 뿐이고, 그 다음번 대붕괴의 규모 가능성만 더 키울 뿐이다. 필자가 경제 대침체가 다시 찾아올 것이라고 예측하면 이런 질문을 자주 받는다.

경제 대침체를 예측할 수 있다면,
그것이 발생하지 않도록 막을 수도 있지 않나요?

필자의 대답은 이렇다. "경제 대침체가 오는 것은 막을 수 없다." 인간의 생로병사 혹은 봄, 여름, 가을, 겨울의 사계절을 알면서도 막을 수 없는 것과 같은 이치다. 대신에 경제 대침체가 반드시 온다는 것을 알고 있고, 정확하지는 않아도 '어림셈'으로 그 시점을 추정할 수 있는 통찰력을 발휘하면, 충격을 최소화할 수 있다. 겨울이 오더라도, 먹을 것을 미리 준비하고 따뜻한 옷과 난방 시설을 준비하면 겨울을 지혜롭게 잘 보낼 수 있는 것과 같은 이치다.

암호화폐는
테슬라 주가와 같이 간다

　버블의 특성과 패턴이 암호화폐 시장에서도 그대로 적용될까? 그렇다. 역사적으로 버블은 언제나 과소평가되고 언제나 예외없이 붕괴했으며, 버블 규모와 붕괴 규모는 비례하고, 버블이 터지면 버블이 시작되었던 원래 위치나 그보다 약간 아래까지 하락하는 경향을 갖는다는 버블의 특성과 패턴이 암호화폐에도 그대로 적용될 것이다.

　그림 112는 암호화폐의 황제주인 비트코인의 가격 변동 추이다. 비트코인은 2021년 4월 13일에 6만 3,674달러를 기록하면서 2015년 7월 31일(281달러) 대비 227배까지 상승했다. 하지만 언제나 대폭락할 수 있는 가능성이 있다. 비트코인 가격은 트럼프 대통령이 당선된 이후 2015년 7월 31일(281달러) 대비 68배까지 상승했지만, 미중 무역전쟁이라는 대형 악재를 만나자 83% 대폭락했다. 앞에서 언급한 버블의 특성과 패턴이 그대로 적용된 셈이

그림 112. 비트코인의 가격 변동 추이

비트코인
48,103.49달러
지난 5년간 47,496.51(+7,825.05%)달러

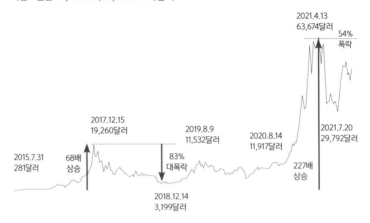

다. 코로나19가 발발하자, 거의 모든 투자자산과 원자재, 곡물 상품의 가격이 폭등했다. 비트코인 가격도 대폭등을 다시 시작했다. 2021년 4월 13일에는 2015년 7월 31일(281달러) 대비로는 227배, 코로나19 발발 이전 최고점(2019년 8월 9일 1만 1,532달러) 대비로는 5.5배 상승했다. 하지만 미국 장기채권금리가 상승하고, 연준의 긴축 시작이 우려되며, 중국이 암호화폐 규제의 칼을 꺼내자 일순간에 54% 폭락하는 흐름을 보였다.

이런 사실을 보면, 비트코인을 비롯한 암호화폐도 버블의 특성과 패턴에서 예외가 아니다. 비트코인의 가격 움직임을 보면, 테슬라 주가 움직임과 비슷한 점이 많다. 그림 113은 지난 10년 동안 비트코인과 테슬라 주식가격의 변화 추세다. 필자의 분석으로는 비트코인과 테슬라 주가가 비슷한 움직임을 보이는 것은 두 가

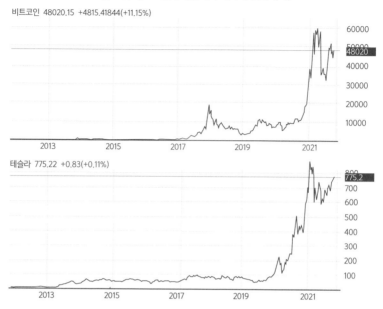

그림 113. 비트코인과 테슬라 주식가격 변화 추세

비트코인 48020.15 +4815.41844(+11.15%)

테슬라 775.22 +0.83(+0.11%)

지 큰 이유가 있는 듯하다. 하나는 투자자들의 미래 가치 투영이고, 다른 하나는 막대한 유동성 공급이다. 필자는 이런 비유를 종종 한다.

암호화폐와 테슬라 주가는 같이 간다!

암호화폐만큼 테슬라 주식 가치에 대한 버블 논쟁도 많다. 테슬라의 CEO 일론 머스크도 비트코인이나 도지코인 같은 암호화폐의 열렬한 지지자다. 일론 머스크의 말 한마디에 암호화폐의 가격이 오르내린다. 일론 머스크는 테슬라 자금으로 막대한 암호화폐를 구매했고, 비트코인으로 테슬라 자동차를 거래하는 것도 긍

그림 114. 닷컴버블 초기 네트워크 황제주 시스코의 7년 주가, 105배 상승

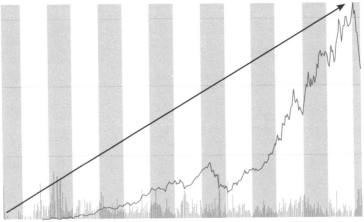

출처: Yahoo Finance

정적으로 생각한다. 테슬라와 암호화폐 시장이 점점 한몸이 되어 가는 듯하다. 테슬라의 주가수익률은 2020년 9월에 1천 배를 넘겼지만, 1년이 지난 2021년 9월 현재는 400배 수준으로 줄어들었다. 비트코인처럼 테슬라의 주가도 폭등과 폭락을 반복하면서 아슬아슬하게 우상향 중이다.

테슬라 주가의 버블과 붕괴 가능성에 대해 논쟁할 때 알아야 할 사실이 있다. 경이적인 주가 상승률을 기록한 회사는 테슬라가 처음이 아니다. 1990년대 후반부터 2000년까지 닷컴버블이 일어날 때, 제3차 산업혁명을 대표하는 황제주로 등극했던 시스코 시스템즈 주식은 7년 만에 무려 105배 상승률을 기록했다. 주가 상승 곡선이 경이적인 '기하급수적 성장 효과exponential growth effect'를 보였다. 테슬라는 제4차 산업혁명이라 불리는 미래 산업 버블 초기의 미래 자동차 황제주다. 테슬라도 최근에만 폭발적인 주가

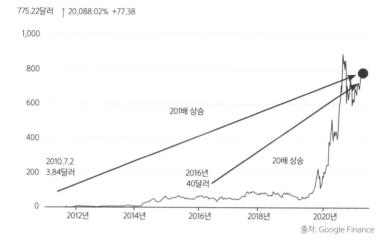

그림 115. 테슬라 주식 가치의 변화 추이, 12년 동안 201배 상승

775.22달러 ↑ 20,088.02% +77.38

1,000

800

600

400

201배 상승

2010.7.2
3.84달러

200

2016년
40달러

20배 상승

0

2012년　　2014년　　2016년　　2018년　　2020년

출처: Google Finance

상승률을 보인 것은 아니다. 지난 12년 동안 무려 201배 상승했다. 그것도 최근 약간 조정을 받은 탓에 상승률이 조금 낮아진 수준이다. 지금 당장 테슬라 주식의 버블 붕괴가 일어날 것이라고 해도 과언은 아닌 듯 보인다.

　하지만 필자는 테슬라 주가의 버블 붕괴를 예측하는 데 10년 만에 몇 배가 상승했느냐, 실적 대비 주가수익률이 얼마나 되느냐 하는 것은 부수적 요소라고 생각한다. 당장 버블 붕괴가 일어날 것이라는 판단은 절반만 맞다. 필자의 예측으로는 테슬라 주식 가치가 지금보다 더 상승해도 전혀 이상하지 않다. 제3차 산업혁명이라고 불리던 IT 혁명 버블 초기에 네트워크 황제주로 불렸던 시스코는 상장 후 7년 만에 105배 상승했지만, 그 후 3년을 더해 10년으로 늘리면 1,029배가 상승했다. 이런 말도 안 되는 일이 기술혁명 버블 초기에는 간간히 일어난다. 시스코에 비하면, 테슬라

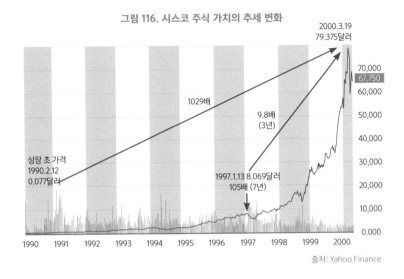

그림 116. 시스코 주식 가치의 추세 변화

2000.3.19
79.375달러

1029배

9.8배
(3년)

상장 초 가격
1990.2.12
0.077달러

1997.1.13 8.069달러
105배 (7년)

70,000
67,750
60,000
50,000
40,000
30,000
20,000
10,000
0.000

1990 1991 1992 1993 1994 1995 1996 1997 1998 1999 2000

출처: Yahoo Finance

는 12년 동안 201배 정도밖에 상승하지 못했다.

제4차 산업혁명기의 미래 자동차 황제주인 테슬라의 주가도 앞으로 3~4년 동안 추가 상승하면서 상장가 대비 1천 배에 이르는 일이 일어날 가능성은 없을까? 불가능하지 않다. 주식가격이 부풀어 오르는 데는 네 가지 변수가 작동한다. 유동성, 펀더멘털, 투자심리, 착시현상이다. 먼저 개별 주식이든, 인덱스 상품이든 주가가 부풀어 오르려면 돈이 몰려야 한다. 기본 이치다. 돈이 몰리려면, 돈이 많이 풀려야 한다. 당연한 논리다. 코로나19 이후 엄청난 돈이 시장에 풀려 있다. 연준이 긴축을 시작해도 1~2년은 시장 유동성이 급격하게 줄지 않을 것이다.

그다음 이유는 펀더멘털이다. 즉, 기업이나 국가가 돈을 잘 벌어야 한다. 유동성이 엄청나게 풀린 상황에서 펀더멘털이 강력하면 주식가격은 무서운 상승세를 탄다. 그림 117은 1950년 이후

그림 117. 1950년 이후 미국 기업이익 vs 다우지수 추이

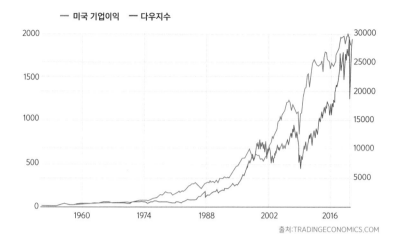

출처:TRADINGECONOMICS.COM

미국 기업의 이익 추세와 다우지수가 어떻게 연동해서 움직이는 지 보여준다. 전체적으로는 기업이익 추세와 다우지수 추세가 동 조되고, 세부적으로는 기업이익의 변화가 다우지수 변화에 선행 해서 움직이는 모양새다. 주식시장의 방향은 펀더멘털의 추세와 거의 일치해서 움직이지만, 시기마다 주식시장의 상승 폭이나 속 도는 그 당시 연준의 통화 및 신용정책에 따른 유동성 규모와 속 도에 따라 달라진다. 중앙은행이 저금리 기조를 장기간 유지하면, 특정 시기보다 유동성 증가 규모와 유통 속도가 점점 빨라져서 국 가나 기업의 펀더멘털 수준보다 더 높게 주식 가치가 상승한다. 버블 규모가 커진다는 말이다. 1990년대 일본 부동산 버블, 2001년 닷컴버블, 2008년 미국 부동산 버블, 현재 주식시장 버블도 모두 장기간 초저금리에 영향을 받아 거대하게 부풀어 올랐다.

투자심리는 특정 주식이나 특정 국가의 종합주가지수가 펀

더멘털보다 더 높은 가치(버블)로 상승하는 데 영향을 준다. 투자심리는 인기도. 풀린 돈이 몰려 오려면 인기가 있어야 한다. 인기가 있으려면 알려져야 하고, 명분이 있어야 한다. 인기가 있고 명분이 있으려면 기대치(비전)와 호재가 있어야 한다. 테슬라 주가는 테슬라의 펀더멘털(매출과 이익) 상승세, 시장 유동성 증가, 투자심리가 모두 반영된 가격이다. 여기에 해당 산업에서 글로벌 1등이라는 강력한 프리미엄까지 더해졌다. 테슬라 CEO 일론 머스크가 던지는 비전과 그에 대한 신화적 인기도는 투자시장에서 강력한 심리적 효과를 만들어내고 있다. 그를 향한 신화적 인기도는 암호화폐 시장에도 고스란이 이어져 테슬라와 암호화폐의 동조화를 만들고 있다.

주가가 부풀어 오르게 만드는 마지막 요인은 착시현상이다. 착시현상은 연준이 기준금리를 올리는 데도 불구하고 주식시장이 한동안 상승 추세를 계속 유지하는 이유를 설명하는 중요한 요인이다. 연준이 고용과 물가(인플레이션) 과열을 막기 위해 긴축정책으로 전환하면 투자시장에서는 일시적으로 투자심리가 위축된다. 그러면서 기술적 조정이 일어난다. 하지만 주가 조정은 이내 진정이 된다. 연준이 기준금리를 올리는 행위가 경기 과열에 대한 긍정적 대응이라고 투자자들이 심리적 인정과 해석을 하기 때문이다. 연준이 긴축을 시작해도 썩 좋은 수준의 기업이익이 지속되는 것도 주가 재상승을 뒷받침하는 요인이다. 기업이익이 여전히 증가 추세를 유지한다는 지표가 계속 나오면 주식시장이 채권시장보다 매력적이라는 착시현상이 발생한다. 그림 118은 필자

그림 118. 미국의 기준금리, 경제성장률, 인플레이션, 유동성, 주식시장 관계

핵심은 경제성장률과 주식시장의 동기화, 인플레이션과 유동성은 주가 흐름에 부수적 영향

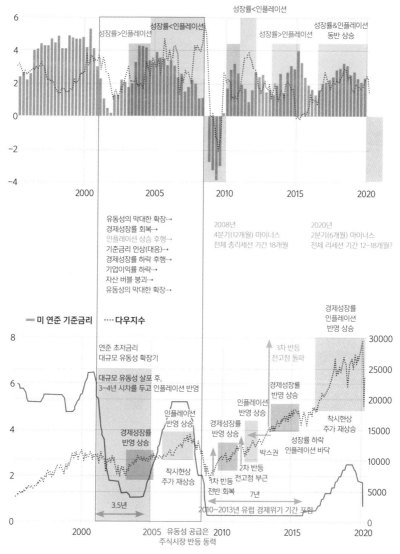

주식시장 거시 움직임
경제성장률(펀더멘털)
인플레이션율(버블) 동기화

주식시장 미시 움직임
실제 성장률 가격 예측 선반영
해당 지표 발표 후,
다음 버블 가격 기대치 후반영

가 지금까지 설명한 주가가 부풀어 오르는 데 영향을 미치는 네 가지 요소(유동성, 펀더멘털, 투자심리, 착시현상)를 종합해서 나타 낸 것이다.

주가가 부풀어 오르는 이유를 알면, 테슬라 주가가 추가로 더 상승할 수 있느냐에 대한 나름의 계산법이 설 것이다. 테슬라는 제4차 산업혁명기의 미래 자동차 황제주다. 시장에는 여전히 돈 이 많다. 위드 코로나 국면으로 접어들면, 소비는 추가로 상승하 고 기업 매출과 순이익 증가 추세도 유지될 것이다. 바이든 행정 부는 인프라 투자를 진행하면서 시장에 더 많은 돈을 공급할 것이 다. 정부 투자가 늘어나고, 내수 소비가 살아나고, 기업이익의 증 가 추세가 지속되면 경제성장률도 양호하게 유지된다. 일론 머스 크가 던지는 비전과 그의 신화적 인기도 잘 유지되고 있다. 이런 상황이라면 테슬라 주가가 앞으로 3~4년 동안 더 상승할 가능성 도 없지 않다.

그럼에도 테슬라 주가는 기술주 중에서 최고의 버블을 안고 있다. 역사적으로 버블은 언제나 과소평가되고 언제나 예외없이 붕괴했으며, 버블의 크기와 붕괴 규모는 비례하고 버블이 터지면 원래 위치나 그보다 약간 아래까지 하락하는 경향을 보인다는 버 블의 특성과 패턴을 테슬라도 피해갈 수는 없다. 제3차 산업혁명 기 황제주로 등극했던 시스코는 상장 후 10년 만에 1,029배 상승 했지만, 닷컴버블 붕괴기에 날개 없는 추락을 했다. 그림 119에서 보듯이 시스코 주식은 88%까지 대폭락한 후, 12년간 전고점 대비 3분 1에서 5분 1 사이의 박스권에 머물렀다.

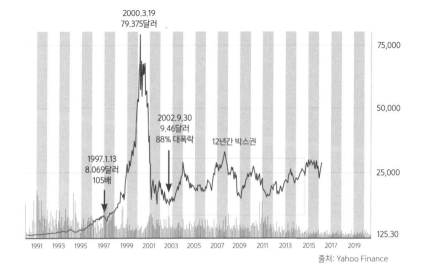

그림 119. 시스코 주식 가치의 추세 변화와 대폭락

2000.3.19
79.375달러

2002.9.30
9.46달러
88% 대폭락

12년간 박스권

1997.1.13
8.069달러
105배

75,000

50,000

25,000

125.30

1991 1993 1995 1997 1999 2001 2003 2005 2007 2009 2011 2013 2015 2017 2019

출처: Yahoo Finance

테슬라 주가의 대폭락이 언제인지는 정확하게 예측할 수 없지만, 반드시 한 번은 대폭락이 오는 것이 주식시장의 원리이자 세상의 이치다. 테슬라 주가의 대폭락이 일어난다면, 다음의 두 가지 가능성이 있다.

1) 나스닥 전체 버블 붕괴냐?
2) 테슬라 주식 단독 버블 붕괴냐?

시스코 주식의 대폭락 사건은 닷컴버블 붕괴와 함께 일어났다. 앞으로 3~5년 이내에 나스닥 전체의 버블 붕괴가 일어나면서 테슬라 주식도 대폭락할 것이다. 테슬라는 나스닥 종합주가지수나 다른 나스닥 기업의 주가보다 훨씬 큰 폭으로 상승하기 때문에 나스닥의 대폭락이 일어난다면 평균치보다 더 큰 폭으로 떨어질 가능성이 크다. 이런 미래가 테슬라만의 것은 아니다. 비트코인을 비롯한 모든 암호화폐 가격도 나스닥 전체의 버블 붕괴가 일어날 때 대폭락을 피할 수 없을 것이다. 비트코인을 비롯한 암호화폐의 대폭락 규모는 어느 정도가 될까? 답은 정해져 있다. "역사적으로 버블 규모와 붕괴 규모는 비례하고, 버블이 터지면 버블이 시작되었던 원래 위치나 그보다 약간 아래까지 하락하는 경향을 갖는다."는 버블 붕괴의 특성에 따라 하락 폭이 정해질 것이다.

한 가지 와일드카드,
스태그플레이션

'위드 코로나 시대, 새로운 투자 트렌드와 신호를 읽는 방법'에 대한 필자의 생각을 정리할 때가 되었다. 마지막으로 한 가지 와일드 카드만 더 생각해 보자. 미래학에서는 와일드 카드wildcard를 '뜻밖의 미래'라고 부르기도 한다. 필자가 가장 우려하며 추적 중인 뜻밖의 미래는 스태그플레이션 상황이다. 위기 발생 가능 시점은 2022년 중반에서 2023년이다.

현재, 대부분의 사람들이 인플레이션율에 주목하고 있다. 필자도 2022~2025년에 가장 확률적으로 높은 미래를 '부담스러운 인플레이션 상황'으로 본다. 하지만 인플레이션율이 부담스럽게 높아지다가 경제성장률이 갑자기 저조한 상황이 도래할 가능성이 있다. 필자는 111 리바운드 효과를 설명하면서 "111 리바운드 효과가 끝나면 경제성장률 지표가 위기 이전의 평균으로 빠르게 수렴할 것이다."라고 예측했다. 필자가 우려하는 '스태그플레이션

그림 120. 미국 경제성장률과 소비자물가의 연평균 변화율 비교

— 경제성장률   — 소비자물가지수(식품 및 에너지 제외)

출처: BEA; BLS

상황'은 111 리바운드 효과 이후에 경제성장률 지표가 위기 이전 평균치보다 더 많이 내려가는 미래다.

필자가 앞에서 예측했듯이, 최소한 2022년 한 해에도 글로벌 공급망 회복 지연과 병목 현상으로 물류비용 및 유통비용 증가가 지속되고, 인건비 상승 부담도 지속되면서 인플레이션 상승 압력이 유지될 가능성이 높다. 2021년 9월 말, 파월 연준 의장도 그동안 인플레이션 압력은 단기에 그칠 것이라는 주장을 꺾고, 인플레이션 압력이 생각보다 오래 지속될 가능성을 인정하지 않았는가! 2022년 한 해에도 상당히 부담스런 인플레이션율을 각오해야 한다. 이런 상황에서 경제성장률이 위기 이전의 평균치보다 낮아지면 뜻밖의 사태가 벌어진다. 실물경제가 뒷받침된다면 인플레이

선율 숫자가 3, 4, 5%이든 무엇이든 큰 문제가 안 된다. 그림 120을 보자. 1965년부터 2010년까지 미국 경제성장률의 연평균 변화율과 (변화가 심한 식품과 에너지 물가는 제외한) 미국 소비자물가의 연평균 변화율을 비교한 것이다. 1980년대 중반까지는 소비자물가(인플레이션)의 연평균 변화율이 10%를 웃돌았다. 하지만 경제성장률 연평균 변화율은 그 이상이었다. 1980년 중반 이후부터는 연평균 최고 인플레이션 변화율이 5~6% 수준이었다. 역시 경제성장률은 그 이상이었다.

'인플레이션율이 높아도 경제성장률이 더 높은 수준을 유지하면 경기는 양호했다'는 것이 기본 원리다. 우리가 두려워하는 '경기침체(리세션)'가 발생한 시기(회색 선으로 표시)는 경제성장률보다 인플레이션율이 더 높이 올랐을 때다. 수치와 상관없이 인플레이션율이 경제성장률을 추월하면 어떤 일이 벌어질까? 미국 경제는 70%가 소비에 의존하고, 17%는 기업 투자가 담당한다. 인플레이션 상승률이 가계소득과 기업이익률보다 높아지면, 가계와 기업 입장에서는 실질소득이 감소한다. 실질소득이 감소하는 상황에서 물가 상승이 지속되면 나쁜 인플레이션에 속한다. 나쁜 인플레이션은 가계와 기업의 소비와 투자심리를 위축시킨다. 이런 상황이 단기에 그치면 큰 영향이 없다. 하지만 나쁜 인플레이션과 실질소득 감소가 장기화되면, 소비와 투자가 실제로 축소된다. 미국 경제의 70%, 17%를 각각 차지하는 소비와 기업 투자가 위축되면 정부가 투자를 늘려도 경제성장률 하락을 막을 수 없다. 경제성장률 하락 추세가 길어지면 경기침체로 전환된다.

그림 121. 2022년 중반~2023년 미국 경제 시나리오

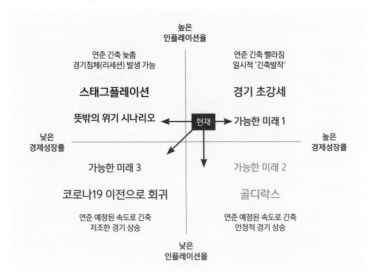

다시 강조한다. 2022년 중반에서 2023년까지 투자자들이 주목해야 할 숫자는 인플레이션율이 아니다. 인플레이션율과 경제성장률 수치 간의 관계다. 인플레이션율이 높아도 경제성장률이 더 높은 수준을 유지하면, 경기는 양호하고 투자시장도 우상향이다. 하지만 인플레이션율 숫자가 얼마든지 경제성장률보다 '높으면' 경기는 추락하고 투자시장도 충격에 빠진다. 그림 121은 필자가《바이든 시대 4년, 세계경제 시나리오》에서 제시했던 2022년 중반에서 2023년 사이에 '생각해 볼 만한 미국 경제 시나리오들'이다.

필자는 2021년 8월에 이 그림의 네 가지 시나리오를 발표하면서 '뜻밖의 위기 시나리오(스태그플레이션)'가 전개되는 경로를 다음과 같이 설명했다.

뜻밖의 위기 시나리오

2021년에 실물경제가 회복 국면에 진입하지만, 2022년 중반경 111 리바운드 효과가 끝난다. 추가 경제 상승 동력이 절실히 필요한 상황이다. 하지만 (공화당과 민주당의 갈등으로 인해) 바이든 행정부의 대규모 인프라 투자안이 대폭 축소되어 실시되거나 혹은 인프라 투자안이 발목 잡혀서 '추가 동력'을 만드는 데 실패한다. 그 결과, 미국 경제성장률은 코로나19 이전의 평균치로 빠르게 수렴(하락)되고 시장에 실망감을 안긴다.

이런 상황에서도 코로나19 시기에 풀린 엄청난 유동성은 시장에 계속 영향을 미치고 자산시장(부동산과 주식)과 상품 가격 인상에 압력을 가한다. 주식시장은 연준이 높은 인플레이션과 자산시장 버블에 대응하기 위해 긴축 속도를 올릴 것이라고 우려한다. 투자심리가 서서히 얼어붙으며 주식가격이 일시적으로 폭락하고 실물경제 분위기도 나빠진다. 그러나 연준은 낮아지는 경제성장률과 주식시장 침체 때문에 긴축 시점을 잡지 못하고 갈팡질팡하는 모습을 보인다. 시장은 더욱 혼란스러워진다.

바이든 행정부와 민주당은 2022년 중간선거에서 상하원 과반을 지키기 위해 친노동정책에 가속도를 내면서 임금 상승 압박을 키운다. 바이든 행정부의 환경정책(온실가스 감축과 무역 간 연계 강화로 탄소국경세 도입 현실화, 2035년 전력 부문 온실가스 순배출량 제로 목표, 2050년 미국

100% 청정에너지 경제 선언)도 기업의 비용 증가를 불러와 인플레이션율 상승에 압박을 더한다. 법인세, 국외소득세 GILTI 등도 줄줄이 인상되면서 기업을 압박한다.

결국, 기업의 비용은 늘어나고 이윤은 줄어든다. 미중 패권전쟁도 다시 고조되면서 글로벌 시장에 긴장감을 높인다. 코로나19로 무너진 글로벌 공급망 회복이 생각보다 늦어지면서, 원자재 및 수입 물가가 높은 수준에서 좀처럼 내려오지 않는다. 결국, 경제성장률은 하락하고 인플레이션율이 높은 수준을 유지하면서 둘 간의 역전 현상이 발생한다. 미국 경제의 위험신호가 연이어 나오자, 세계경제도 연달아 혼란에 빠진다.

만약 2022년 중반~2023년 사이에 뜻밖의 위기 시나리오가 현실이 된다고 해도, 천만다행인 사실이 하나 있다. 스태그플레이션 혹은 경기침체(리세션) 상황이 발생하면, 그 기간은 대략 6~18개월 이내에 종료된다는 점이다(참고로, 한국의 경우 경기침체 상황에 빠지면 그 기간은 대략 1~3년 정도 지속된다).

2022년 중반~2023년 사이에 스태그플레이션이 발생한다면, 초기가 가장 안 좋다. 초기에는 위기에 대응하는 주체인 중앙은행과 정부가 우왕좌왕할 가능성이 높기 때문이다. 경제와 물가가 동시에 하락하는 디플레이션이 발생하면, 연준과 정부가 통화 확장정책과 재정 확장정책을 동시에 구사하면 된다. 둘 다 일관되게 돈을 풀면 된다. 인플레이션이 발생하면, 연준은 긴축정책을 통해 시중에 풀린 돈을 회수하고 정부는 지출을 줄이면 된다. 둘 다 일관성 있게 긴축을 하면 된다. 디플레이션과 인플레이션은 방향만 잘 맞추면 된다. 하지만 경제와 물가가 서로 반대로 가는 상황은 완화이든 긴축이든 어느 한 방향을 쉽게 선택하기 힘들다. 현재 상황에서 '뜻밖의 위기 시나리오'가 현실화될 확률적 가능성은 낮지만, 세상일은 아무도 모른다. '설마~' 하는 사태가 1년에도 한두 번은 일어나지 않는가!

Part 1. 위드코로나 시대, 종합주가지수의 미래

1. 네이버 지식백과(두산백과), "스태그플레이션", https://terms.naver.com/entry.naver?docId=1117111&cid=40942&categoryId=31816

2. 임온유, 〈'기술 표준 영향력 키워라' 미국 바이든 따라 의회도 중국 견제〉, 《아시아경제》, 2021.5.1.

3. 김문관, 〈ESG 펀드 '환경, 사회, 지배구조' 투자 금액 1년 새 400% 폭풍 성장〉, 《이코노미조선》, 2020.4.20.

4. 이은지, 〈'위드 코로나' 전환해도⋯⋯ 예전으로는 못 돌아가〉, 노컷뉴스, 2021.9.20.

5. 정우진, 〈3중 변이 등 '퍼펙트 스톰'⋯⋯인도 실제 감염자 5억 명〉, 《국민일보》, 2020.4.28.

6. 오정은, 〈WHO '코로나 사망자, 실제론 2~3배 많다. 최대 800만 명'〉, 《머니투데이》, 2021.5.21.

7. 민영규, 〈ADB '코로나19로 세계경제 손실 최대 1경 818조 원 전망'〉, 연합뉴스, 2020.5.15.

8. 정창화, 〈백신 공급 지연에 세계경제 4년간 2,679조 원 손실〉, KBS, 2021.8.30.

9. 임선영, 〈WHO '코로나 퇴치 가능성 매우 낮아…… 변이 계속 나타 날 것'〉, 《중앙일보》, 2021.9.9.

10. 배재성, 〈파우치 '2022년 봄이면 일상 복귀 가능' 접종률은 언급 안 해〉, 《중앙일보》, 2021.8.24.

11. 김원장, 〈호찌민 사상 유례없는 전 주민 외출 금지, 식료품은 군이 배달〉, KBS, 2021.8.24.

12. 최형석, 〈자사주 790조 원 산 미국 기업들, 상승장 계속되나〉, 《조 선일보》, 2021.9.2.

13. 박용범, 〈빠른 백신 보급에, 미국 실업수당 청구 1년 새 최저〉, 《매 일경제》, 2021.4.29.

14. 이기훈, 〈1억 명 접종, 4,400조 원 투하, 양 날개로 다시 날아오르는 미국〉, 《조선일보》, 2021.4.6.

15. 이재철, 〈'연준 2인자' 미국 올해 7% 성장 가능할 수도〉, 《매일경제》, 2020.5.18.

16. 황시영, 〈미국 경제, 이 달 팬데믹 이전으로 복귀〉, 《머니투데이》, 2021.3.10.

17. 이기훈, 앞의 글.

18. 조재길, 〈코로나 이후 못 쓴 돈 6,000조 원…… '글로벌 소비 빅뱅 온 다'〉, 《한국경제》, 2021.4.19.

19. 이윤영, 〈바이든, 3~4세 유치원 무상교육 추진…… 220조 원 투입〉, 연합뉴스, 2021.4.28.

20. 이슬기, 〈미국 UBS 'S&P500 내년 5,000 간다'〉, 《한국경제》,

2021.9.1.

21. 정의길, 〈2차 대전 비용 2.5배 투입, 바이든의 미국, '복지의 귀환'〉, 《한겨레》, 2021.5.11.

22. 강영임, 〈미국 올 전반기 재정적자 1,900조 원 '역대 최고'〉, 《데일리 한국》, 2021.4.13.; 강규민·윤재준, 〈코로나 충격 줄이긴 했지만, 미국 반기 재정적자 1조 7천억 달러〉, 《파이낸셜뉴스》, 2021.4.13.

23. 서형교, 〈골드만삭스 '미국 증시 최대 변수는 증세…… 퀄리티 주식으로 대피하라'〉, 《한국경제》, 2021.9.14.

Part 2. 긴축의 시대, 채권부터 부동산까지 투자시장의 미래

24. https://www.wsj.com/articles/what-wall-street-is-telling-us-about-the-u-s-economic-outlook-11619429403

25. https://www.nasdaq.com/articles/r.i.p-bond-bull-market-1981-2021-2021-03-16

26. 서준식, 《왜 채권쟁이들이 주식으로 돈을 잘 벌까?》, 팜파스, 2010, 68-81쪽.

27. 앤서니 크레센치, 김인정 옮김, 《현명한 채권투자자》, 리딩리더, 2013, 36쪽.

28. 레이쓰하이, 허유영 옮김, 《G2 전쟁》, 부키, 2014, 61-68쪽.

29. 네이버 지식백과(미국 다이제스트 100), "달러는 금이다 - 브레턴우즈 체제(1944년)", https://terms.naver.com/entry.naver?do-

cId=2070719&cid=62123&categoryId=62123, 유종선,《미국 다이제스트 100》, 가람기획, 2012.

30. 레이쓰하이, 앞의 책, 76-77쪽.

31. 네이버 지식백과(두산백과), "로널드 레이건Ronald Wilson Reagan", https://terms.naver.com/entry.naver?docId=1087807&cid=40942&categoryId=34318

32. 윤채현·박준민,《지금 당장 환율공부 시작하라》, 한빛비즈, 2008, 51쪽.

33. 최용식,《회의주의자를 위한 경제학》, 알키, 2011, 227-230쪽.

34. 차대운,〈'빚 관리 고삐' 중국, 총부채 비율 276.8%로 소폭 하락〉, 연합뉴스, 2021.5.2.

35. 안유화,〈중국의 그림자금융에 따른 위기와 기회〉, 한국자본시장연구원,《중국 금융시장 포커스》2013 여름호.

36. 차대운, 앞의 글.

37. 안준호·류정,〈탈탄소 갈 길 먼데 유전개발 멈춰, 유가 고공 행진〉,《조선일보》, 2021.7.24.

38. 방현철,〈금리가 오르자 미국 증시에서 벌어진 상황〉,《조선일보》, 2021.9.28.

39. 전슬기,〈'올라간 금리' 효과 시차는? 실물 1년, 부동산 제각각〉,《한겨레》, 2021.8.31.

40. 김하나,〈'서울 절반 정도라도 관심을' 깡통전세 속출하는 지방 도시〉,《한국경제》, 2020.7.20.

41. 박근태, 〈20년 전만 해도 낯설었던 나노기술, 이젠 제조방식과 삶의 철학까지 바꿔〉, 《한국경제》, 2018.07.13.

42. 박근태, 〈병든 세포만 치료, 미세한 환경오염 감시, 나노기술이 여는 신세계〉, 《한국경제》, 2018.07.13.

43. 오세성, 〈테슬라 이것 때문에 900만 원 더 써도 1년 기다려 산다〉, 《한국경제》, 2020.7.7.

44. 〈중국 외식업계, 코로나19 위기에 로봇으로 대응〉, 《로봇신문》, 2020.6.10. http://www.irobotnews.com/news/articleView.html?idxno=21022

45. 이창균, 〈지금 떠나요. AI 스피커, 사투리 알아듣고 옛 가전 '조정'〉, 《중앙선데이》, 2020.8.1.

46. 강경주, 〈'메타버스 시대, 스마트폰 대체할 것' 삼성, 애플, 페북 주목하는 '이것'〉, 《한국경제》, 2021.10.2.

47. 임온유, 앞의 글.

48. 김보라, 〈'제3의 공간'된 오피스, 스타벅스와 경쟁하라〉, 《한국경제》, 2020.7.3.

49. 이건한, 〈원격 협업, 대면보다 더 많은 피로감 준다〉, 블로터, 2020.7.10.

50. 이건한, 위의 글.

51. 곽도영, 〈4+1, 3+2, 출근 형태 바꾼 BBIG 기업, 일하는 방식도 다르다〉, 《동아일보》, 2020.7.15.

52. 마크 라이너스, 이한중 옮김, 《6도의 악몽》, 세종서적, 2008, 137-199쪽; 권 다이어, 이창신 옮김, 《기후대전》, 김영사, 2011, 16, 39쪽;

모집 라티프, 오철우 옮김,《기후 변화 돌이킬 수 없는가》, 길, 2010, 54-55쪽.

53. 앤드류 니키포룩, 이희수 옮김,《대혼란: 유전자 스와핑과 바이러스 섹스》, 알마, 2010, 11, 26쪽.

54. 앤드류 니키포룩, 위의 책, 355-361쪽.

2025 미래 투자 시나리오

초판 1쇄 인쇄일 2022년 1월 28일
초판 2쇄 발행일 2022년 2월 20일

지은이 최윤식

발행인 박헌용, 윤호권
편집 이영인 **디자인** 박지은(표지) 박정원(본문)
발행처 ㈜시공사 **주소** 서울시 성동구 상원1길 22, 6-8층(우편번호 04779)
대표전화 02 - 3486 - 6877 **팩스(주문)** 02 - 585 - 1247
홈페이지 www.sigongsa.com / www.sigongjunior.com

ISBN 979-11-6579-898-7 03320

*시공사는 시공간을 넘는 무한한 콘텐츠 세상을 만듭니다.
*시공사는 더 나은 내일을 함께 만들 여러분의 소중한 의견을 기다립니다.
*알키는 ㈜시공사의 브랜드입니다.
*잘못 만들어진 책은 구입하신 곳에서 바꾸어 드립니다.